「자본」의 방법과 헤겔 논리학

「자본」의 방법과 헤겔 논리학

지은이 가쿠다 슈이치
옮긴이 김성칠

1판 1쇄 발행 2018년 6월 30일

펴낸곳 두번째테제
펴낸이 장원
등록 2017년 3월 2일 제2017-000034호
주소 (13290) 경기도 성남시 수정구 수정북로 92, 태평동락커뮤니티 1005호
전화 070-7671-7392
팩스 0303-3441-7392
전자우편 secondthesis@gmail.com
페이스북 facebook.com/thesis2
블로그 secondthesis.blog.me

ISBN 979-11-960960-2-1 93170

이 도서의 국립중앙도서관 출판예정도서목록(CIP)은
서지정보유통지원시스템 홈페이지(http://seoji.nl.go.kr)와
국가자료공동목록시스템(http://www.nl.go.kr/kolisnte)에서
이용하실 수 있습니다.(CIP제어번호: CIP2018019990)

「자본」의 방법과 헤겔 논리학

「資本」の方法とヘーゲル論理学

가쿠다 슈이치 지음
김성칠 옮김

일러두기

1. 이 책은 가쿠다 슈이치(角田修一)의 『「資本」の方法とヘーゲル論理学』(大月書店, 2005)을 완역한 것이다.
2. 원서 주석은 모두 각주로 처리했으며, 단행본에는 겹낫표(『 』)를, 잡지 및 논문과 기사, 이외에 저자가 강조를 위해 표기한 부분에 홑낫표(「 」)를, 마르크스가 헤겔의 표현을 인용한 곳에는 겹화살괄호(《 》)를, 이외에 보충 설명이 들어간 부분은 대괄호([ ])를 이용해 표기했다.
3. 외국 인명, 지명, 도서명은 국립국어원의 외래어 표기법과 용례를 따랐다. 다만 국내에서 이미 굳어진 인명과 지명의 경우 통용되는 표기로 옮겼다. 의미 전달을 위해 필요한 경우 원어나 한자를 병기했다.

출전과 한국어 판본

— 카를 마르크스, 『경제학 비판 요강』 Karl Marx, Friedrich Engels Gesamtausgabe(MEGA) 2 Abteilung, Band 1, Teil 1, 2, Karl Marx Ökonomische Manuskripte 1857/58, Dietz Verlag Brelin, 1976, 1981. 한국어판 『정치경제학 비판 요강』 I , II, III. 김호균 옮김 백의, 2000(재판, 그린비, 2007). 본문에서 표기는 『경제학 비판 요강』으로 하며, 인용과 관련해서 MEGA 원서 쪽수를 표기한다. 단 국역본과 번역문은 같지 않다.

— 게오르그 빌헬름 프리드리히 헤겔, 『논리학』 G. W. Hegel, Wissenschaft der Logik, Werke 5, 6, Suhrkamp Verlag, 1969. 한국어판으로는 게오르그 빌헬름 프리드리히 헤겔 『대논리학』(I ,II, III) 임석진 옮김, 지학사, 1982, 1983. 여기 임석진 역본은 다음과 같다.
G.W.F. Hegel, Wissenscharft der Logik, ERSTER BAND DIE OBJEKTIVE LOGIK(1812/13), FELIX MEINER VERLAG HAMBURG, 1978.
G.W.F. Hegel, Wissenscharft der Logik, ZWEITER BAND DIE SUBJEKTI VE LOGIK(1816), FELIX MEINER VERLAG HAMBURG, 1981.
본문에서 인용과 관련해서는 『대논리학』의 본질론과 개념론의 경우, 임석진이 번역한 국역본 쪽수를 표기한다. 단 번역문은 같지 않다.
『대논리학』의 존재론의 경우에는 G.W.F Hegel, Wissenschaft der Logik, ER STER BAND DIE OBJEKTIVE LOGIK, ERSTER BAND DIE LEHRE VON SEIN(1832), FELIX MEINER VERLAG HAMBURG, 1985.을 인용하며, 그 약어는 ERSTER BAND DIE LEHRE VON SEIN[1832]로 한다.

— 게오르그 빌헬름 프리드리히 헤겔, 『엔치클로페디 제1부 논리학』 Enzyklopädie der philosophischen Wissenschaften im Grundrisse, Werke 8, Suhrkamp Verlag, 1970. 한국어판으로는 G. 헤겔 『논리학』, 전원배 옮김, 서문당, 1978. 등이 있다. 본문에서 인용할 때에는 『제1부 논리학』이라고 표기하고 절 번호를 넣었다.

차례

머리말

근대 부르주아사회의 기초는 자본이다. 자본이 근대적 토지 소유와 임노동을 만들어 내고 그것들의 존재 방식을 규정한다. 따라서 근대 경제학의 기본 개념은 자본이다. 마르크스는 이렇게 생각하여 『경제학 비판』 체계를 구상했고 우선 자본의 개념부터 엄밀하게 전개하고자 했다. 그 성과가 『1857/58년 경제학 초고』다(신MEGA판 역은 『마르크스 자본론 초고집』 ① ②, 大月書店. 지금까지는 『경제학 비판 요강』이라고 일컬어져 왔다).

이 초고를 집필할 때, 마르크스가 헤겔의 『논리학』을 다시 한 번 통독하고 크게 도움을 받았다고 썼던 사실은 널리 알려져 있다. 이것은 경험과학이라고 할 경제학의 방법에 "헤겔의 방법을 비판적으로 적용했다."(1870년 6월. 쿠겔만(Kugelman)에게 보낸 편지)는 것을 의미한다. 여기서 다음과 같은 문제가 발생한다.

헤겔 철학의 도달점은 절대이념이며, 자연도 정신도 종교도 예술도 이 절대이념의 양식이다. 논리는 순수사유에 있는 절대이념의 양식이며 논리학은 절대이념의 자기운동을 언어로 서술한 것이다. 이에 대해 마르크스가 명백히 하고자 했던 자본 개념은 다음 두 의미에서 헤겔 철학의 절대이념과 다르다.

하나는 헤겔이 말하는 이념은 정신의 최고 형태이며, 현실적인 것을 창조하는 주체라는 점이다. 따라서 개념을 파악하는 사유가 현실 세계를 만들어 낸다. 이와 다르게 마르크스가 말하는 자본 개념은 사유 바깥에 실재하는 현실 세계를 사고하는 두뇌가 "자신에게 가능한 유일한 방식"으로 파악한 성과일 뿐이다.

다른 하나는 헤겔의 이념에는 「이론적 이념」과 「실천적 이념」이 있다는 점이다. 이것은 「참됨의 이념」과 「좋음의 이념」이라고도 말해진다. 이 양자의 통일이 절대이념이다. 이와 다르게 마르크스가 파악한 자본 개념은 헤겔식으로 말하면 「이론적 이념」, 바꿔 말하면 「참된 것」의 인식이며, 따라서 이 자본 개념에는 어떤 「실천적 이념」도 포함되어 있지 않다.

마르크스는 이론적으로 세계를 파악하는 일과 실천적으로 세계를 파악하는 일을 구별했다. 이것에 대해서는 마르크스가 1857년 『경제학 비판 서설』(이하 『서설』)에 주의 깊게 삽입했던 한 문장이 명백히 보여 준다. 사고하는 두뇌가 세계를 자신의 것으로 하는 방식은 "예술-정신적, 종교-정신적, 실천-정신적으로 세계를 자신의 것으로 하는 방식과 다르다."는 것이다. 이 문장은 헤겔이 『논리학』 마지막 장 절대이념의 들머리에서 "절대이념은 이론적 이념과 실천적 이념의 통일이며, 예술과 종교는 절대이념이 자신을 파악하기 위한 형태지만, 철학은 그 최고의 형태"라고 했던 것을 염두에 두고서 했던 서술이다. 마르크스는 절대이념이나 절대정신이 있다는 것을 인정하지 않으면서도 헤겔의 구별에 따라, 같은 정신으로서의 사유 활동에서 이론적 방법을 다른 정신세계의 사유 활동과 구별했다.

마르크스의 자본 개념과 헤겔의 절대이념 간의 차이를 이상의 두 가지 점에서 파악했을 때, 헤겔=마르크스 관계에 관한 종래의 연구 중 이 둘의 차이를 무시하거나 혹은 이 둘의 차이를 혼동하는 두 가지 경향이 있다는 점을 알 수 있다.

하나의 경향은 마르크스의 개념을 헤겔의 이념과 마찬가지로 자기운동하는 것, 자기산출하는 것이라고 보고 실재하는 대상과 인식의 대상을 동일시하여 「개념의 변증법」만이 문제인 것처럼 생각하는 경향이다. 이 책에서 나는 이것을 「방법론적 헤겔주의」라고 부르고자 한다.

마르크스는 이러한 종류의 경향에 빠지지 않도록 여러 가지로 주의를 촉구했다. 『서설』에서 마르크스는 경제학에서는 실재하는 대상이 항상 표상해 있으며 "개념은 (이 실재의) 직관과 표상을 가공한 물(物)"이라고 언명했다. 다만 여기서 마르크스가 서술하지 않았던 것은 직관과 표상을 개념으로 가공하는 데에 경험과학의 분석과 종합이라는 오성적 방법을 철저하게 사용할 필요가 있다는 점이다.

또 하나는 마르크스의 개념 전개를, 무엇인가 실천적 이념을 수반하는 것처럼 이해하는 것이다. 그 전형적인 예는 『자본론』을 계급의식 형성론으로 읽었던 루카치의 『역사와 계급의식』(1923)일 것이다. 또한 상품 소유자의 의식 형성론, 그것을 대신하는 새로운 의식 형성론으로 『경제학 비판 요강』(이하 『요강』)이나 『자본론』을 읽어 내는 것, 이를 「이념론적 헤겔주의」라고 부르고자 한다.

헤겔 철학과 마르크스의 방법론에 관련해서는 헤겔의 사회철학과 마르크스의 사회=역사관 간의 관계, 헤겔 논리학과 『자본론』의 방법 간의 관계라는 테마가 있다. 이와 깊게 연관된 문제지만, 헤겔의 입장에서 말하면 철학은 개념적 사유의 양식이며, 그 방법은 논리학에 속하기 때문에 철학의 진수는 논리학에 있다. 본서는 직접적으로는 후자를 주제로 삼고 있으며 이는 『요강』 속에 철저히 내재해 있다. 나는 앞서 말한 두 가지 경향 중, 주로 방법론적 헤겔주의를 비판하지만, 그럼으로써 항상 이념론적 헤겔주의에 대한 비판도 겨냥할 것이다.

또한 헤겔 철학의 「전도」와 「합리적 핵심」이라는 마르크스의 언명을 둘러싼 두 가지 이해가 있다. 하나는 마르크스가 헤겔 철학 및 논리학과 완전히 똑같은 방법 내지 논리적 형식을 계승했다는 것이고, 다른 하나는 마르크스가 헤겔과 완전히 다른 독자적인 방법을 수립했다는 것이다. 이에 대해 이 책에서는 주로 『요강』 연구를 통해서 다음과 같은 결론을 이끌어내고자 한다.

마르크스는 헤겔 철학 및 논리학을 경험과학인 경제학의 방법에 응용함으로써 고전파경제학에서 보이는 경험과학의 분석적 방법을 뛰어넘어서고 있지만, 역으로 이 경험과학의 분석적 방법을 구사하거나 혹은 철저히 함으로써 헤겔 철학의 변증법 혹은 이념주의를 뛰어넘을 수 있었다. 마르크스가 「전도」시켰던 것은 헤겔의 이념주의 혹은 개념구성주의였지만, 동시에 마르크스는 헤겔 철학 및 논리학에 있는 경험과학의 방법을 전제로 하는 「합리적 핵심」을 자신의 것으로 했던 것이다. 따라서 「전도」했다고는 해도 「방법」은 변하지 않았다고 하는 것은 정확하지 않고, 헤겔과 다른 독자적인 방법을 수립했다고 하는 것도 정확하지 않다.

헤겔 논리학과 마르크스 「자본」의 방법의 관계를 이상과 같이 이해하는 것은 현대 경제학 비판의 방법론적 입각점을 규정하는 것과 맞닿아 있다. 19세기 말에 시작된 현대 경제학의 주류는 경험론 철학과 실증주의적 방법의 흐름과 맞붙어 있으며, 이론적으로는 『자본론』 최후의 도달점인 「경제학적 삼위일체 정식」에 근거하고 있다. 이에 대해 마르크스 이후의 마르크스 경제학은 마르크스에 의해 밝혀졌던 개념을, 마르크스 이후의 사실의 흐름과 무모하게 일치시키려고 시도해 왔다. 그 결과 한편으로는 경험과학의 오성적 방법에 근거한 분석이 철저히 이루어지지 못했고, 다른 한편으로는 자본 개념을 발전시킬 수도 없었다. 이러한 두 가지 곤란한 작업을 재개하고 현재 상황을 타개하기 위해서는 다시 한번 헤겔=마르크스 관계를 정확하게 이해하는 작업으로 돌아갈 필요가 있다.

이 책은 이러한 문제의식에 입각해서 『요강』의 방법이 헤겔 『논리학』의 합리적 핵심을 전면적으로 원용했음을 밝히고, 이를 바탕으로 삼아 『요강』의 전체적인 이론적 성격과 내용을 밝히면서, 더 나아가 마르크스 경제학과 그 방법이 현대 경제학으로서 갖는 가능성을 소생하기 위한 일정한 방향성을 제시하고자 한다.

이 책은 3부로 이루어져 있으며 모두 9장으로 구성되어 있다.

제1부 「헤겔 논리학과 마르크스 『자본』의 방법」은 5개 장으로 구성되어 있다. 헤겔 철학과 논리학의 특징을 정리하고, 마르크스 자신의 「경제학 방법」(『서설』 1857)과 대비하며, 더욱이 일본의 대표적인 연구를 검토하면서 이를 바탕으로 해서 『대논리학』의 각론(존재론→본질론→개념론)에 있는 「합리적인 것」을 밝히고 그것들이 『요강』에서 어떠한 형태로 쓰이고 있는가를 가능한 한 구체적이고 상세히 추적하고, 비교·대조했다. 내가 보기로는 헤겔 논리학의 각론에 입각해서 『요강』의 논리를 추적한 연구는 이제까지 존재하지 않았기 때문에, 이러한 작업이 지닌 의의는 크다고 생각한다. 또한

제1부는 미타 세키스케(見田石介)가 쓴 『자본론의 방법』(1963), 「헤겔 논리학과 『자본론』」(1972)을 『요강』 연구를 통해서 검증하고 발전시킨 것이라고 자인한다.

제2부 「『경제학 비판 요강』 연구」는 「1857~58년 초고 연구 1」과 「1857~58년 초고 연구 2」라는 2개 장으로 구성되어 있다. 『요강』에서 자본주의 생산을 총체적으로 파악할 때 쓰인 방법과 논리, 「자본 일반」과 그 전개의 의미, 「물상화」, 「모순」, 「인간 발달」을 삼위일체로 삼은 마르크스 경제학의 성격을 밝히고 『요강』에 나타나 있는 자본주의사회 「변혁」의 전망을 드러내 보여 준다.

제3부 「마르크스를 현대 경제학으로 재생하기」는 2개 장으로 이루어져 있다. 제8장에서는 경제학의 방법에서 헤겔=마르크스 관계를 이해하는 것이 사회과학 방법에서 실증주의와 헤겔주의라는 두 가지 경향을 극복하는 열쇠임을 주장한다. 제9장에서는 현대 경제학의 이론적 상황을 간결하게 소개하면서 마르크스 이론의 가능성, 『자본론』의 기본 성격, 「근대경제학」과의 연속성과 단절성을 밝히고, 현대에 이루어져야 할 「경제학 비판」의 과제를 제시한다.

이상이 이 책의 취지와 구성 및 간단한 내용 소개다. 전체적으로 『요강』 및 방법론 연구에 새로운 빛을 던지면서 동시에 고전의 단순한 해석, 독해에 머물지 않고 현대 사회학과 경제학의 여러 조류들 간의 관련성을 보이고자 했다.

제1부

헤겔 논리학과
마르크스 「자본」의 방법

(1) 마르크스는 『자본론』 초고를 집필하기에 앞서 1857~58년에 「경제학 비판」이라는 제목의 초고를 집필했다. 1939년에 처음으로 공개되었던 이 초고는 현재 「Karl Marx Friedrich Engels Gesamtausgabe(이하 MEGA로 표기한다.) 제2부 자본론과 관련된 초고 제1권 1857/58년 경제학 초고」로 두 권 분책으로 간행되었다.(1976, 1981. 일역본은 『마르크스 자본론 초고집』 ① ②, 동번역위원회, 大月書店, 1981, 1993) 일반적으로 『경제학 비판 요강』(이하 『요강』)이라고 불렸던 초고의 주제가 이후의 『자본론』과 동일하다는 점은 초고 안에 서술된 플랜 및 초고 자체의 내용에 비추어 명백히 밝혀졌다. 그리고 초고 집필과 편집 방법(「경제학의 방법」)에서 극히 많은 것을 헤겔 논리학으로부터 섭취했음이 확인되고 있다. 따라서 『요강』의 방법과 헤겔 논리학 간의 관계를 연구하는 일은 『자본론』, 더 나아가 경제학의 방법을 이해하는 데 불가결한 작업이다.

이 책 제1부는 이상과 같은 의미를 새겨보면서 『요강』에서 채용되었던 방법을 간단하게 「『자본』의 방법」이라고 부르고, 이것을 헤겔 논리학의 내용과 전면적으로 또 구체적으로 대조한다.

(2) 헤겔 철학 및 논리학의 핵심은 다음 여섯 가지로 정리할 수 있다. ① 개념적 사유, ② 철학의 방법으로서의 논리학, ③ 오성적 사유와 이성적 사유, ④ 변증법의 핵심으로서의 부정, ⑤ 철학의 전제로서의 경험과학, ⑥ 총체성으로서의 체계가 그것이다.

이에 대해 마르크스가 「경제학의 방법」에 관한 자신의 생각을 정리된 형태로 기술한 유일한 노트로는 「(경제학 비판) 서설」(1857)이 있다. 여기에는 당연히 헤겔 논리학으로부터 마르크스가 배웠던 것과 헤겔의 방법에 대한 비판이 모두 포함되어 있다. 「(경제학 비판) 서설」에 응축되어 있는 서술로부터 이 양쪽을 분별하면서 읽어 낼 필요가 있다.

(3) 헤겔 논리학의 논리 전개에 입각해서 『요강』 화폐장에서 자본장까지의 서술 전체에 걸쳐 그 방법을 검토한 연구는 일본에 없다. 그래서 헤겔 논리학의 편별 구성에 따라, 각론에 담겨 있는 "합리적 핵심"(마르크스) 내용을 요약하면서 그것을 『요강』에서 사용된 방법과 구체적이고 상세히 비교·대조한다.

(4) 헤겔 논리학 제1권 존재론, 특히 제1편 「규정성 또는 질」에서는 「생성」 개념, 「제한」과 「당위」 간의 「모순」에 의한 「유한자」의 자기부정, 더욱이 「독자존재」라는 자기관계의 변증법이 밝혀지고 있다. 이를 『요강』의 서술과 대비해 보면, 자본 개념의 「생성」, 화폐의 자본으로의 「이행」, 자본에서 「제한」과 이것을 돌파하고자 하는 본성 간의 모순, 자기관계로서의 「생성된 자본」 등이 『요강』에서 밝혀진 내용이고, 그것과 관련하여 헤겔 논리학으로부터 채용되었던 방법상의 용어인 것이다(물론 이에 그치는 것은 아니다).

(5) 헤겔 논리학 제2권 본질론의 제1편 「본질」은 모든 사물 내부에 있는 반성 관계를 다룬다. 「본질」에서 본 「존재」의 「가상」성, 「동일성」 「구별」 「대립」 「모순」이라는 구체적인 반성의 규정들, 「근거」가 되는 「질료」나 「내용」, 「형태」, 근거 관계, 「근거」와 「조건」, 「물상」 등 범주의 의미 내용이 그것이다. 마르크스는 『요강』에서 이들 범주를 전면적으로 구사하여 화폐와 자본의 본질적 규정을 종횡으로 분석한다.

(6) 헤겔 논리학 제2권 본질론 제2편 「현상」은 「현존재」, 「사물」과 그 성질, 「질료」, 「현상」과 그 법칙, 「전체와 부분(과의 상관관계)」, 「힘과 발현(과의 상관관계), 「외적인 것과 내적인 것」이라는 세 가지 「본질적 상관

관계」 등, 그 논리적 범주들을 밝혀 명백히 하고 있다. 더욱이 제3편「현실성」은「가능성과 현실성」,「우연성과 필연성」,「실체와 우유성의 상관관계」,「인과성의 상관관계」, 그리고「상호작용」이라는 세 가지「절대적 상관관계」 등, 그 논리적 범주의 의미를 밝히고 있다.

『요강』에서 마르크스는 화폐를「현존재」로 파악하고, 그 밖의 범주들도 적극적으로 이용하면서 화폐 개념을 전면적으로 분석한다. 더더구나 자본에 관해서도 자본의「현상」과「현존재」 혹은 자본 내부의 여러 규정 간의 상관관계를 여러 가지로 분석한다.

(7) 헤겔 논리학 제3권 개념론은 제1편「주관성」에서 개념 그 자체와 판단, 추리라는 논리 형식을 취급한다. 이것은 일반적으로 일체 사물의 유기적이고 통일적인 총체성의 논리를 밝혀 준다.『요강』의 편제는 개념의 변증법을 구성하는 보편·특수·개별의 방법에 따라서 화폐 개념을 근거로 하는 자본 개념의 생성과 자본 개념으로부터의 전개로 서술되었다. 더구나 이러한 개념적 파악 속에서 앞서 말한 존재론, 본질론에 나타나는 범주들에 근거하여 화폐와 자본의 규정들을 분석한다.

(8)『요강』은 자본 일반의 개념을 명백히 밝히는 것이며, 개별「자본들의 경쟁」이나「신용」은 서술 범위 밖에 있다. 이것을 헤겔 논리학에 입각해서 보면, 존재론「질」의 마지막은「일자」와「다자」이며, 본질론의 마지막은「상호작용」, 개념론「주관성」의 마지막은「개별」이다. 이런 것은 자본 일반의 개념 속에 다수의 개별 자본과 그것들 사이의 상호작용을 전개하는 계기가 포함되어 있음을 의미한다.

제1장
헤겔 논리학과 「자본」의 방법

『요강』을 집필할 때 마르크스는 "편집 방법에서는 헤겔의 논리학을 다시 한번 통독한 것이 크게 도움이 되었다."고 엥겔스에게 보낸 편지(1858년 1월)에 썼다. 그리고 사실 『요강』의 모든 곳에서 "헤겔 특유의 표현 양식"(『자본론』 제1권 제2판 후기)을 적극적으로 활용했다. 이것은 "헤겔 변증법의 신비적인 외피 속에 있는 합리적 핵심"(앞의 곳)을 마르크스가 자신의 것으로 하면서 전면적으로 구사한 결과다. 그러나 이 때문에 『요강』을 독해할 때 헤겔 논리학과 거기에서 밝혀졌던 범주들에 대한 예비 지식이 필요하게 된다.

이제까지 일본에서 헤겔 논리학과 『요강』의 관계에 관한 연구로는 『요강』의 논리 전개에 따라 헤겔 논리학의 관계를 상론했던 우치다 히로시의 연구[1]와, 헤겔 논리학을 해설하면서 『요강』이나 『자본론』의 서술을

---

1 우치다 히로시(内田弘), 「『경제학 비판 요강』과 헤겔 논리학」, 『中期マルクスの経済学批判(중기 마르크스의 경제학 비판)』(有斐閣, 1985, 제3장 수록)

종종 언급했던 미타 세키스케의 연구[2]가 있으나, 내가 보기에 헤겔 논리학의 각론에 입각하여 『요강』 전체의 방법을 검토한 연구는 아직 없다. 그리고 일본에 『요강』이 소개되기 전에 『자본론』과 헤겔 논리학의 대응관계를 상세히 검토한 타케치 타테히토의 독자적 연구[3]가 있다.

본 장은 먼저 될 수 있는 한 헤겔 자신의 말에 근거하여 철학과 논리학에 관한 헤겔의 생각을 다음 여섯 가지로 종합해서 정리할 것이다.

(1) 철학이란 개념적 사유의 양식이다. (2) 철학의 방법은 논리학에 속한다. (3) 철학적 사유에는 오성적 사유와 이성적 사유가 있다. (4) 변증법의 핵심은 부정에 있다. (5) 철학은 경험과학들을 전제로 삼는다. (6) 학의 체계는 총체성으로 있다.

그 다음으로 마르크스가 『요강』의 일부로 집필했던 「(경제학 비판) 서설」에 있는 「경제학의 방법」과 헤겔 철학 및 논리학 사이의 관계를 마르크스 자신의 서술과 헤겔 자신의 「방법」 이해에 준거하면서 다섯 가지 논점에서 비교·검토할 것이다. 이상 두 가지 작업을 하는 과정에서 1.3 이하에서는 위에 소개한 일본의 대표적인 세 가지 연구를 검토할 것이다.

---

2 헤겔 논리학 연구회 편, 『見田石介·ヘーゲル大論理学研究(미타 세키스케·헤겔 논리학 연구) ① ② ③』,(大月書店, 1979~80) 이하 미타 『연구』 ① 00쪽으로 기재한다. 이와 관련해서 『헤겔 논리학과 사회과학』(미타 세키스케 저작집 제1권, 大月書店, 1976)이 중요하다.

3 타케치 타테히토(武市建人), 『ヘーゲル論理学の世界(헤겔 논리학의 세계)』 상·중·하(福村出版, 1947~48, 1967. 개정판) 『ヘーゲルとマルクス(헤겔과 마르크스)』(福村出版, 1950), 『ヘーゲル論理学の体系(헤겔 논리학의 체계)』(岩波書店, 1950)

1.1 헤겔에게서의 철학과 논리학

마르크스는 자신의 철학 특히 논리학에 관한 체계적 저술을 남기지 않았다. 그 대신 자신의 여러 저작이나 초고에서 헤겔 철학 및 논리학이 자신의 방법에 영향을 주었음을 반복해서 말하고는 했다. 따라서 헤겔 철학과 논리학의 사고방식을 이해하는 것은 마르크스 경제학의 방법을 이해하는 데에도 불가결한 조건이라 할 수 있다.

1.1에서는 헤겔 『대논리학』(Wissenschaft der Logik, 1812~16) 「제1판 서문」(1812), 「제2판 서문」(1831) 및 「서론」, 『엔치클로페디(철학백과사전)』(Enzyklopädie der philosophischen Wissenscaften, 1ed. 1817, 3ed. 1830) 「서론」 및 「예비 개념」을 텍스트로 사용하여 가능한 한, 헤겔 자신의 말에 근거하여 철학 및 논리학에 관한 헤겔 자신의 생각을 다음 여섯 가지로 정리할 것이다.

1.1.1 철학이란 개념적 사고의 양식이다

헤겔에 의하면 "먼저 철학은 일반적으로 말해서 대상을 사유(Denken)에 의해서 고찰하는 것이라고 정의될 수 있다."(『1부 논리학』 6절) "철학은 사유의 독자적인 양식, 즉 그것에 의해 사유가 인식이 되고 개념적 인식이 되는 양식이다."(『1부 논리학』 2절) 혹은 "일반적으로 말해서 철학은 표상을 사상이나 범주로, 더 정확하게 말하면 개념으로 바꾸는 일이다."(『1부 논리학』 3절) 철학이란 개념적 사유의 양식이다.

“사물의 본성(Natur) 또는 본질(Wesen)을 그 사물의 개념이라고 부른다.”(『대논리학』, 제2판 서문) 헤겔은 현실과 일치하지 않는 개념적 사유는 철학이라는 이름을 붙일 만한 값어치를 갖지 못한다고 생각했다. “한마디로 말하면 철학의 내용은 현실이다.”라고 하며 이는 헤겔의 현실주의를 말해 준다. “철학의 내용을 처음으로 의식하는 것은 소위 경험이다. 철학은 …… 현실 및 경험과 일치하지 않으면 안 된다. …… 이 일치를 인식함으로써 자각하는 이성과 존재하는 이성, 즉 현실의 조화를 만들어 내는 것이 철학의 최고의 궁극 목적이라고 해야만 한다.” 이러한 의미에서 “이성적인 것은 현실적이며, 현실적인 것은 이성적이라는 명제(헤겔 『정신현상학』 서론, 『법철학』 서문, 『1부 논리학』 142절 보충 참조)가 있다.”(『1부 논리학』 6절)

1.1.2 철학의 방법은 논리학에 속한다

철학의 방법은 논리학에 속한다. 왜냐하면 “방법은 내용의 내적인 자기운동의 형식에 관한 의식이기 때문이다.”(Die Lehre von Sein[1832] S., 37) 따라서 “논리학의 대상인 것은 개념적 사유”(Die Lehre von Sein[1832] S., 27) 그 자체다. 그러한 “사유의 형식은 인간의 언어 속에”(Die Lehre von Sein[1832] S., 10) 있기 때문에, “우리가 항상 사용하고 있고 우리가 말하는 하나하나의 문구 속에 반드시 얼굴을 내밀고 있는 사고 규정”으로부터 “출발하는 인식의 진행 과정”(Die Lehre von Sein[1832] S., 12)이 논리학의 대상이 된다. 논리학에서 “정신은 자신을 안다는 관계에 있다. 즉 정신은 본질상 의식이기 때문에, 이 자기 인식이야말로 정신의 현실성을 근본적으로 규정하는 것이다. 그 때문에 여러 가지 범주들 …… 을 순화하고, 그럼으로써 이 범주 속에서 정신을 자유와 진리로 고양시키는 일이야말로 논리학의 고차적인 직무다."(Die Lehre von Sein[1832] S., 15-16)

헤겔에 의하면 우리의 자유는 다름 아닌 순수사유에 있다.(『대논리학』 제2판 서문) 따라서 사유 규정을 단지 수단으로 여긴다든가 외적인 형식으로 본다든가 하는 것은 우리가 감각, 욕구, 정열, 관심 등에 의해 지배당하고 있음을 의미한다. 또한 사유의 학으로서의 논리학이 "단순한 형식"을 취급하는 것이기 때문에, 그 소재가 외부에서 주어져야 한다는 것도 잘못이다.

이처럼 헤겔은 논리학이 사유의 내용이나 성질이라는 독자적인 내용과 소재를 갖고 있음을 올바로 지적했다. 그러나 동시에 헤겔은 인식의 소재가 사유 외부에 따로 있다고 하는 생각이나 사유의 대상인 객체는 그 자체로 완결되고 자립해 있기 때문에, 사유 쪽이 자신을 대상에 적합하게 해야 한다는 사고방식은 종래에 이미 소멸했던 관념이라고 하고 배척한다. 그 때문에 헤겔이 의식된 사유형식이나 개념이 객관적으로 존재한다는 유물론적인 측면과, 현실과 사상의 혼동이라는 관념론적인 측면이라는 "양면적 입장"(『미타 세키스케 저작집』 ①, 111쪽)을 가지고 있다고 보아야만 한다.

1.1.3 이성적(사변적 혹은 변증법적) 사유는 오성적 사유를 전제한다

인간의 사유에는 오성적인 사유와 이성적 및 사변적 사유가 있다.

"논리적인 것은 형식상 세 가지 측면을 갖는다. (1) 추상적 혹은 오성적 측면. (2) 변증법적 혹은 부정적 이성이라는 측면. (3) 사변적 혹은 긍정적 이상이라는 측면. 이들 세 가지 측면은 논리학의 3개 부분을 이루는 것이 아니라 모든 논리적 존재의, 즉 모든 개념 혹은 진리의 모멘트이다."(『1부 논리학』 79절)

사람들은 때때로 사유라고 하면, 첫 번째 오성의 활동만을 염두에 둔다. 물론 사유는 처음에는 오성적 사유다. 오성의 활동이 만들어 내는 것은 추상적 보편이다. 그것은 어디까지나 특수와 대립하고, 그것 자신 또한 특수한 것으로서 규정되고 있는 보편이다. 그 때문에 "오성으로서의 사유는 고정된 규정성과, 이 규정성의 다른 규정성에 대한 구별에 머물러 있고 이와 같은 제한된 추상적인 것이 그것만으로 성립하고 존재한다고 생각한다."(『1부 논리학』 80절) 그러나 오성은 어디까지나 구체적인 것에 머물고자 하는 직접적인 지각이나 감정과는 반대되는 것이기 때문에, 오성적 사유에는 그 권리와 공적이 인정된다. 오성이 없다면 이론과 실천이 양쪽 영역에서 확고한 규정을 얻을 수 없다. 예를 들어 오성은 자연을 분석하고, 여러 유(類)나 힘이나 원소 등 특정한 구별로 파악하고 그것들을 따로따로 고정한다. 오성의 원리는 동일성, 단순한 자기관계다. 오성은 애매한 것에 만족하지 않고 대상을 확고한 성격에서 파악하기 때문에 교양의 본질적 모멘트이다. 또한 오성은 단지 주관적인 것이 아니라 객관적인 것으로 이해되어야 한다. 모든 종류의 동식물의 생존과 번식의 조건, 개인과 민족의 존립과 발전의 조건, 국가 내부의 구분이나 기능, 예술, 종교 등 모든 대상에는 그것이 완전하기 위한 오성의 원리가 작동하고 있다. 따라서 철학도 자기에게 오성이 없으면 안 된다는 것을 자명하게 알고 있다.

이에 대해서 두 번째 변증법적 사고 내지 부정적 이성이라는 측면은 오성적 사유에 머물지 않고 "유한한 규정들을 자기 지양하는 것, 반대의 규정들로 이행하는 것이다."(『1부 논리학』 81절) "변증법의 목적은 사물을 즉자 대자적으로 고찰하고, 일면적인 오성 규정의 유한성을 밝혀내는 데 있다."(『1부 논리학』 81절 보충)

헤겔은 "우리 주변에 있는 모든 것이 변증법의 실례로 간주될 수 있다."고 말한다. "모든 유한한 것은 확고한 것, 궁극적인 것이 아니라 변화하고 소멸하는 것임을 우리는 알고 있다. 유한한 것은 …… 그 직접적인 존재를 뛰어넘어서서 반대의 것으로 전화한다."(『1부 논리학』 81절 보충) 천체의 운동, 자연의 원소, 법률이나 도덕 영역에서 극단적인 것이 정반대물로 전화하는 것, 고통과 기쁨 간의 이행 등에도 변증법이 나타나고 있다. 이처럼 유한한 것이 단지 외부로부터 제한되어 있는 것이 아니라, 자기 자신의 본성에 의해 자신을 지양하고, 자기 자신에 의해 반대의 것으로 이행한다고 하는 것이 변증법의 본성이다. 따라서 오성에 의해서 변증법을 떼어내 버린다면 단지 부정만이 남게 되고 단순한 회의론만 있게 된다. 또한 일반적으로 이렇게도 말할 수도 있고 저렇게도 말할 수도 있다는 것은 자의적인 혼란과 외견상 모순을 일으키기 때문에, 오성적인 것이야말로 진실이라고 생각하게 되겠지만, 변증법의 참된 모습은 모든 오성적 규정들, 사물들 및 유한한 것들 그 자신이 지닌 본성이기도 하다. "변증법적인 것은 학문적 발전을 안으로부터 움직이게 하는 혼이며, 그럼으로써만 내재적 연관과 필연성이 학문의 내용 속으로 들어가게 하는"(『1부 논리학』 81절 보충) 원리이다.

세 번째 "사변적 혹은 긍정적 이성"은 "서로 대립하는 두 규정의 통일을, 즉 서로 대립하는 두 규정의 해소와 이행 속에 포함되어 있는 긍정적인 것을 파악하는"(『1부 논리학』 82절) 활동이다. 여기서 변증법은 단순한 부정이 아니라, 특정한 내용을 지니고 있기 때문에 긍정적인 성과를 갖게 되고, 이러한 성과로서의 이성적인 것, 즉 사상은 다른 규정들의 통일이기 때문에 구체적인 것이 된다. 그리고 사변적 논리학은 단순한 오성적인 논리학을 포함한다. 사변적 논리학에서 변증법적인 것을 제거하면 보통의 논리학과 같은 것, 사유의 여러 가지 유한한 규정들을 모아 놓은 것이 될 것이다. 헤겔에 의하면 사변적인 것이란 사유된 이성적인 것과 다르지 않다. 사변(Spekulation)은 일상생활에서는 애매한 이의적인 의미로 사용되지만, 직접 현존하는 것이 극복되는 것, 최초의 주관적인 것이 객관적인 것으로 되어야 한다는 두 가지 의미를 가진다.(『1부 논리학』 82절 보충)

1.1.4 변증법의 핵심은 부정성이다

오성적 방법이 획득한 규정을 활동하지 않는 것으로 만드는 데 반해, 변증법은 그 규정과 대립하는 규정들을 밝히고, 이를 기초로 해서 양자의 연관성을 밝혀낸다. 이리하여 변증법적 방법은 오성적 방법에 근거한 규정을 부정하고 또 긍정한다.

"결국 개념 그 자체로 하여금 그 스스로가 진전되도록 하기 위한 계기가 되는 것은 개념이 제 자신 속에 간직하고 있는 바의, 앞서 말했던 부정적인 것(das Negative)일 뿐이니, 이것이야말로 진정 변증법적인 것과

다르지 않다."(Die Lehre von Sein[1832] S., 39)

이처럼 이성 속에 있는 사유 규정의 본성은 "내적 부정성, 사유 규정의 자기운동적인 혼, 모든 자연적 및 정신적 생명 일반의 원리로서의 내적인 부정성"(Die Lehre von Sein[1832] S., 40-41)이다. "대립을 통일 속에서 파악하는 것, 혹은 긍정적인 것을 부정적인 것 속에서 파악하는 것", "이것이 변증법의 가장 중요한 측면이다."(Die Lehre von Sein[1832] S., 40-41)

이리하여 부정성에 의한 인식의 발전이야말로 "유일하고 진실한 철학 방법"이다.

1.1.5 철학은 경험과학을 전제로 한다

헤겔에 의하면 경험과학은 각각의 정의나 분류에 관한 자신의 고유한 방법을 가지고 있다.(Die Lehre von Sein[1832] S., 36) 경험과학에서는 대상과 방법이 별개이며, 내용은 여러 가지 개념이나 주위에 있는 다른 소재와 관계한다. 기초 원리와 방법을 가설적 형태로 서술하는 것이 허용되고, 주지의 것, 이미 승인된 것으로서 전제된 정의라든가 그러한 종류의 것의 형식을 채용하고, 보편 개념이나 근본 규정을 확정하기 위해서 보통 추리를 사용하는 것을 허용한다.(Die Lehre von Sein[1832] S., 27)

그러나 경험과학의 불충분함은 첫째로, 그것이 무한한 것을 파악할 수 없다는 점이다. 자유, 정신, 신과 같은 인식 대상은 경험에 속하지 않기 때문이 아니라 내용으로 보아 무한한 것이기 때문이다.(『1부 논리학』 8절) 둘째, 경험과학은 그 과학으로 필연성을 파악할 수 없다는 불충분함이 있다. "경험과학의 방법은 다음 두 가지 점에서 불충분함을 가지고 있다. 하나는 경험과학이 포함하는 보편, 유 등은 그것만을 취해서 보면 무규정적이고, 특수와 연관을 갖지 않으며, 보편적인 것과 특수한 것과는 서로 외적이고 우연적이라는 것이며, 또한 결합되어 있는 특수들도 그 자체로서는 서로 외적이고 우연적이라는 것이다. 또 하나는 경험과학은 항상 직접적인 것, 주어진 것, 전제된 것으로부터 시작한다는 것이다. 이 두 가지 점에서 볼 때 경험과학의 방법은 필연성의 형식을 만족시키지 못한다."(『1부 논리학』 9절)

그러나 필연성의 형식을 요구하는 참된 철학적 사유, 즉 사변적 사유는 경험과학의 "경험적인 내용을 무시하지 않고 그것을 승인하고 또 사용한다. 사변적 학문은 경험적인 과학 안에서 발견되는 보편적인 것, 법칙, 유 등을 승인하고 그것들을 자신의 내용을 위해 유용하게 사용한다. 그러나 더 나아가 사변적인 학문은 경험적인 과학들로부터 얻은 범주들 속에서 다른 범주도 끌어들여 사용한다. 이러한 한에서 양자가 서로 다른 점은 범주의 이러한 변화 속에 있다는 데에 불과하다. 예를 들면 사변적 논리학은 이전의 논리학 및 형이상학을 포함하고, 같은 사유형식, 법칙 및 대상을 보존하는 것이지만, 동시에 더 진전된 범주들을 가지고서 이들 범주를 발전시키고 변형한다."(『1부 논리학』 9절)

게다가 헤겔은 철학은 경험적 인식과 경험과학의 내용으로부터 자기 전개한다고 말한다.

"사유가 지닌 최초의 추상적인 보편성을 생각할 때, 철학의 발전이 경험에 빚지고 있다고 하는 것은 올바르고 근본적인 의미를 지닌다. 왜냐하면 첫째로, 경험과학은 개별 현상에 대한 지각에 머물러 있는 것이 아니라 사유에 의해서 보편적인 규정, 유 및 법칙을 발견하면서 철학을 위해서 재료를 만들고 특수한 것의 내용을 철학이 받아들일 수 있도록 준비하기 때문이다. 둘째로, 경험과학은 이렇게 함으로써 사유가 제 스스로 구체적 규정들로 진행해 나아가기를 강요하기 때문이다. 사유가 이 내용에 아직도 부착되어 남아 있는 직접성 및 소여성을 제거하면서 이 내용을 받아들이는 것은 동시에 사유의 자기 전개를 의미한다. 이처럼 철학은 그 발전을 경험과학에 빚지고 있으면서도 눈앞에 있는 것 및 경험된 사실을 그대로 시인하지 않고 과학의 내용에 사유의 자유(선천적인 것)라는 가장 본질적인 형태와 필연성의 보증을 부여하면서 사실로 하여금 사유의 본원적이고도 완전히 독립적인 활동의 표현 및 모방이게 한다."(『1부 논리학』 12절)

1.1.6 이념의 체계는 총체성으로 있다

마지막으로 이념 및 학문의 체계는 개념의 자기 전개에 의한 총체성으로 있다는 것이다.

"이념 혹은 절대자의 학문은 필연적으로 체계여야 한다. 왜냐하면 참된 것은 구체적인 것인데, 그것은 자신 안에서 자신을 전개하면서도 자신을 통일로 집중하여 통일 속에서 유지하는 것, 한마디로 말하면 총체성(Totalität)으로서만 존재하기 때문이며, 또한 자신의 구별들을 구별하고 규정함으로써만 구별을 필연적인 것으로 하고 또한 전체를 자유로운 것으로 할 수 있기 때문이다. / 체계를 갖추지 않은 철학적 사유는 결코 학문적인 것일 수 없다."(『1부 논리학』 14절)

따라서 권, 편, 장이라는 체계의 구분과 순서는 "연관의 필연성과 구분의 내적 성립이 사태 자체의 전개 속으로부터 산출되어야 한다. 왜냐하면 그것들은 개념 자체의 전개에 속하는 것이기 때문이다."(Die Lehre von Sein[1832] S., 44) "개념은 …… 그 자체에서 규정을 갖는 것이다. 그리고 구분(Einteilung)은 이 개념의 규정성이 전개해 나가는 표현과 다르지 않다……."(Die Lehre von Sein[1832] S., 44)

이상 철학과 논리학에 관한 헤겔의 기본적인 사고방식을 여섯 가지로 요약해 보았다.[4]

논리학에서 고찰된 개개 범주들이 지닌 합리적 의미 내용에 관해서는 이 책 제2장 이하에서 다룰 것이다. 다음으로는 이를 근거로 마르크스 경제학의 방법과 헤겔 논리학의 기본적 특징을 비교하여 양자의 관계를 검토해 보려고 한다.

---

4 許萬元(허만원, 제주도 출신 재일 마르크스주의 철학자: 역자)은 『弁証法の理論(변증법의 이론)』 상·하(創風社, 1988, 青木書店, 1972, 1978)에서 헤겔 변증법의 3대 특색을 "철저한 내재주의" "역사주의" "총체주의"라고 했다. 이러한 점은 지금 절에서 헤겔의 철학과 논리학이 지닌 특색으로 정리한 것들 중에서 (1), (4), (6)에 대략 대응한다. 이를 "……주의"라고 표현하는 것은 적절치 않다고 생각한다. 허만원에게 (3), (5)는 중시되지 않는다. 그렇지 않다면 변증법의 한 모멘트에 불과한 것으로 간주된다. 이 점과 관련해서 본서에서는 경험과학과 경험과학이 근거하는 분석적 방법을 변증법적 방법의 전제, 기초로서 자리매김하는 미타 세키스케의 견해를 지지한다.

1.2 마르크스 「경제학의 방법」과 헤겔 논리학

마르크스는 『요강』의 일부라고도 할 수 있는 초고에 「(경제학 비판) 서설」을 써서 남겼다.(1857년 집필. 최초 공표는 1903년. 『요강』의 일부로 공간했던 때는 1939년) 그 안에 「경제학의 방법」에 관한 자신의 생각을 짧은 문장으로 요약해서 정리해 두었다.(MEGA, II-1, S. 35-43)

이것은 경제학의 방법에 관한 서술 중에서 마르크스가 유일하게 정리해 둔 것인데, 헤겔 철학의 방법에 관해 자신이 가지고 있었던 생각을 응축된 형태로 서술한 것이다. 그러므로 헤겔 철학, 특히 논리학의 기본적 특징을 근거로 하지 않는다면 이 서술이 지닌 깊은 내용과 의의를 충분히 이해할 수 없을 것이다.

그래서 아래에서 이 「경제학의 방법」을 텍스트로 삼아 헤겔 자신의 사고방식과 대치하면서 마르크스 「경제학의 방법」과 헤겔 논리학 간의 관계를 정리해서 요약하고자 한다. 헤겔의 텍스트는 주로 『대논리학』 제3권 개념론의 제3편 「이념」 제2장 「인식의 이념」과 제3장 「절대이념」에서 서술된 인식의 방법에 관한 부분을 원용한다.

1.2.1 개념과 실재

헤겔은 우리의 주관이 인식할 때 객관적 세계를 파악하고자 하는 충동을 가지고 있다고 한다.(『대논리학 III』 346쪽) 이는 주관과 객관의 동일성을 실현하고자 하는 "진리의 충동"(같은 곳)이다. 이 경우 주관 쪽에 개념이 있고, 객관 쪽에는 실재성이 있다고 간주된다. 진리란 이 "개념과 실재성의 통일”(『대논리학 III』 348쪽)이다. 그리고 “이론적이다.”는 “개념의 실재화”(『대논리학 III』 347쪽)를 의미한다. 주관과 객관의 일치, 개념과 실재성의 일치는 처음부터 보증되어 있을 수 없다. 따라서 “인식은 자신의 진행 과정을 통해 그 유한성을 해소하지 않을 수 없다.”(『대논리학 III』 348쪽) 하지만 인식은 항상 유한하고 상대적이다. 헤겔의 경우 인식은 객관의 절대성이나 소여성을 박탈하는 것이 되기 때문에 독립된 객관의 존재 자체를 부정하는 인식주의와 관념론의 입장과 연결된다.

이에 대해 마르크스는 “사유하는 두뇌는 자신에 유일 가능한 양식으로 세계를 자신의 것으로 한다.”(MEGA, II-1, S. 37)고 서술하고 그 양식은 예술이나 종교나 실천의 양식과는 다르다고 썼다. 사유란 인식을 의미하며 사유의 양식은 인식의 양식이기 때문에, 방법이란 먼저 인식의 양식이라 할 수 있다. 사유의 방법에서 “실재하는 주체는 항상 두뇌 밖에서 그 자립성을 보유하면서 계속 존립해 있다. …… 그 때문에 이론적 방법의 경우도 주체로서의 사회가 전제가 되어 언제라도 표상에 떠올라야 한다.”(같은 책, S. 37)고 한다. 헤겔과는 반대로 마르크스에게는 이른바 「개념의 실재화」가 그 「이론적 방법」의 핵심을 이루고 있다. 이것이 헤겔과 마르크스를 나누는 최대 핵심이다.

헤겔의 경우도 마르크스의 경우도, 분명 진리는 표상이나 직관에 머물러 있어도 되는 그런 것이 아니다. 이를 헤겔은 “개념의 활동성은 객관을 규정하는 가운데 어느덧 이 규정을 통하여 바로 그 객관 속에서 자기와의 동일적인 관계를 맺으려는 것이 된다.”(『대논리학 III』 350쪽)고 표현했다. 이같은 인식의 활동성을 마르크스 이전의 낡은 유물론은 결여하고 있었다. 그렇기 때문에 인간적 활동의 “능동적 측면은 추상적으로 유물론과 대립하면서 관념론에 의해 전개되었다."(「포이어바흐에 관한 테제 1」 1845) 이것에 대해서 마르크스는 인식과 그 대상 및 현실성을 "감성적 인간적 활동, 실천으로서 주체적으로 파악할"(같은 곳) 것을 주장했다. 인식의 실천적 입장은 헤겔과 마르크스에게 공통된다. 그러나 헤겔에게는 "이념은 모름지기 실천적 이념, 즉 행위를 뜻하는 것이 된다."(『대논리학 III』 398쪽) 따라서 참의 이념은 선의 이념이 되기도 한다.

이처럼 인식은 "직관과 표상을 개념들로 완성해 가는 행위"(MEGA, II-1, S. 37)를 의미한다. 그러나 마르크스에게 개념은 어디까지나 이론적 사유의 독자적인 산물이기 때문에, 헤겔과 같이 "직관과 표상의 외부에서 혹은 그것을 초월한 곳에서 사유하고 제 자신을 산출해내는 것"(같은 곳)을 의미하지는 않는다. 마르크스는 헤겔이 말하는 「사유의 자기 전개」라는 입장을 부정했다. 이런 차이는 마르크스가 유물론의 입장에 서 있으므로 가능했다.

위에서 본 것처럼 마르크스는 "개념적으로 파악하는 행위"의 능동성에 관해서는 헤겔과 공통된 생각을 하면서도 실재하는 대상의 독립성을 인정하지 않고 개념을 주체로 삼는 헤겔에 대해서는 반대 입장에 서 있다. 이는 경험과학인 경제학의 방법인 이상, 마르크스의 유물론적 방법에 의한 것이다.

1.2.2 분석과 종합

헤겔에게 「인식의 이념」, 즉 방법은 분석과 종합으로부터 시작한다.

분석적 인식(방법)이란 직접 주어진 어떤 개별, 구체적인 대상으로부터 시작하여 단순한 동일성을 이끌어 내고 추상적 보편성에 도달하는 것을 말한다. 마르크스는 「경제학의 방법」에서 경제학이 인구와 같은 "실재적인 것과 구체적인 것으로부터" 시작하여 "분석적으로 점차 좀 더 단순한 개념들" "가장 단순한 규정들"에 도달하는 것을 "제1의 길"이라 부르고 이것을 개별과학으로서 "경제학이 그것이 성립될 때부터 역사적으로 걸어왔던 길"이라고 서술한다. 이것이 분석적 방법이다.

이에 비해 종합적 인식(방법)은 "존재하는 것을 개념적으로 파악하는 것을 문제로 삼는다."(『대논리학 III』 361쪽) 바꿔 말하면 다양하고 차별적인 규정들을 개념 속에서 결합하고 그것들을 통일에서 파악한다. "이 인식의 목표는 일반적으로 필연성이다."(『대논리학 III』 362쪽) 헤겔에 의하면 종합적 방법에 의거한 인식은 동일성으로부터 상관관계로, 혹은 존재로부터 반성으로 이행한다. 종합적 인식은 개념의 규정들을 가지고 있지만, 아직 상관관계에 머물러 있으면서 개념으로부터의 전개를 이루지 못하고 있다. "종합적 인식은 갖가지 명제나 법칙을 발견하면서 그것들의 필연성을 증명하기는 하되, 그러면서도 결코 이 필연성을 …… 개념으로부터 증명하는 것은 아니다."(『대논리학 III』 363쪽) 이런 종합적 인식의 계기로 헤겔은 "유에 종차를 더하는" 방법에 의한 「정의」, "보편과 특수"에 의한 구분을 행하는 「분류」, 그리고 「정리」 이렇게 세 가지를 들고 있다. 이처럼 정의, 분류, 정리는 인식 과정 속에 자리매김한다.

헤겔과 다르게 마르크스는 단순한 규정들로부터 "많은 규정과 관련으로 이루어진 풍부한 총체"에 도달하는 것을 「후방으로의 길」이라고 일컫고, 세계시장으로까지 "상향해 가는 경제학의 체계들"이 "학적으로 올바른 방법"이라고 한다. "추상적 규정들이 사유의 길을 거쳐서 구체적인 것의 재생산으로 향해 가는" 것을 "제2의 길"이라고 하고 이것을 「총괄 과정」이라고도 적고 있다. 이것은 분명 분석적 방법을 기초로 삼는 종합적 방법이라 할 수 있다. 동시에 마르크스는 헤겔과 같은 「환상」에 빠지지 않도록 주의를 촉구한다. 말하자면 이 「사유의 길」 때문에 "헤겔은 실재적인 것을, 자기를 자기 속에서 총괄하고 자기 속에서 심화해 가고, 자기 자신으로부터 발동하여 운동하는 사유의 결과로 파악한다는 환상에 빠져 버렸다." 이에 대해서 마르크스의 경우는, "추상적인 것으로부터 구체적인 것으로 상향하는 방법은 구체적인 것을 …… 하나의 정신적으로 구체적인 것으로서 재생산하기 위한 사유 방식에 불과하다."(MEGA, II-1, S. 36)

이와 같이 헤겔과 마르크스의 방법을 비교해 보면, 헤겔에게는 종합적 방법이 아직 개념적 파악의 「전제」에 불과했던 데 비해 마르크스에게는 종합적 방법이야말로 학문적으로 올바른, 유일한 서술의 방법으로 간주되었다. 그리고 마르크스는 이 종합적 방법 속에 헤겔과 마찬가지로 「개념적으로 파악하는 사유」를 받아들인다. 그러나 그 경우의 개념은 어디까지나 객관적인 실재를 파악하는 사유 속에서 추구된다. 마르크스의 「이론적 방법」에서는 「주체라고 할 사회」가 사유 밖에 있는 전제가 되어 항상 마음속에 그려진다. 그러므로 사유의 대상이 실재하는 구체적인 총체로 되는 것은 어디까지나 "직관과 표상을 개념들로 완성해 가는 행위의 산물"(같은 책, S. 37)이라는 결과에 따라서이다.

1.2.3 개념적 파악의 방법

이처럼 분석적 방법으로부터 종합적 방법으로 진행해 가고 이 종합적 방법 속에서 개념적 인식을 관철하는 것이 마르크스 방법의 특징으로 판명되었다. 그렇다면 「개념적으로 파악하는 사유」 혹은 「행위」(마르크스)란 어떠한 것인가?

마르크스는 경제학적 범주들의 순서에 관해 서술할 때, 다음과 같이 쓰고 있다. "범주들은 이 일정한 사회, 이 주체의 존재 형태들, 실존 규정들을 표현하며, 종종 보통 이 일정한 사회의 개개의 측면만을 표현하는"(같은 책, S. 41) 것이다. 개념의 규정들은 먼저 이러한 범주들에서 표현된다. 다음 "모든 사회형태에는 어떤 일정한 생산이 있고, 그것이 그 밖의 모든 관계의 순위와 영향력을 지정한다. 그것은 일반적 조명이기 때문에 다른 모든 색채는 그것에 물들어 각각의 특수성에 따라 변색된다."(같은 곳) 여기서 비유적인 표현으로 「일반적 조명」을 말하는데, 이것은 바로 사물의 개념을 의미한다. 말하자면, 자본이 지배하는 경제사회에서는 자본의 개념이 다른 관계를 비춰 준다. 그러므로 "그것[=자본]은 출발점으로도 종착점으로도 되어야 하고 토지 소유에 앞서서 전개되어야 한다."(같은 책, S. 42) 이처럼 사물을 구성하는 다른 계기들(범주)을 규정하고 포괄하는 하나의 계기(범주)가 그 사물의 개념이 된다. 사물을 개념적으로 인식하는 것은 그 사물을 그 개념의 운동과 전개에 따라 서술하는 것을 의미한다.

그런데 헤겔에 의하면 개념은 보편, 특수, 개별이라는 세 가지 계기로 이루어진다. 마르크스가 자신의 경제학 체계를 이러한 개념의 세 가지 계기에 따라서 구상한다는 것(같은 책, S. 187, 199. 더 상세한 설명은 본서 제5장 참조)을 보면, 마르크스의 경제학(체계와 방법)이 헤겔에 의한 개념적 파악의 방법, 그중에서도 특히 보편·특수·개별의 변증법에 의거해 전개된다는 점은 명백하다.

1.2.4 헤겔의 「절대이념」과 마르크스의 자본 개념

헤겔 철학의 두드러진 특징은 이론과 실천의 통일이다. "절대이념이야말로 철학의 유일한 대상이며 내용이 되는 셈이다."(『대논리학 III』 410쪽) 헤겔에 따르면 "절대이념은 여러 종류의 형태를 가지며" "자연과 정신"은 절대이념의 "두 가지 존재 양식"이다. 예술과 종교도 절대이념의 형태이지만 철학은 절대이념의 최고 형태라고 한다. 그것은 "철학의 형태가 최고의 형태, 즉 개념이기 때문이다."(『대논리학 III』 410쪽) 앞서 보았듯이, 헤겔에게 철학이란 "개념적 파악"의 양식과 다르지 않다. 그리고 논리란 순수한 사유 속에 있는 절대이념의 모습 혹은 보편적 형태이기 때문에, "논리학은 절대이념의 자기운동을 다만 근원적인 말, 언어로 서술한 것일 뿐이다."(『대논리학 III』 411쪽) 따라서 헤겔에게 "방법은 인식의 단순한 존재방식임"에 그치는 것이 아니라 "모든 객관성의 혼"이다. 방법은 "개념 그 자체의 운동일 뿐이다."(『대논리학 III』 413쪽) 혹은 "방법은 이성이 행사할 수 있는 최고의 힘이다."(『대논리학 III』 414쪽) 이처럼 헤겔 철학에서는 주관과 객관이 방법에서 하나로 되어 있다.

이에 비해 마르크스의 「경제학의 방법」은 근대 부르주아 경제를 "개념적으로 파악"하는 방법이다. 개념적 파악이라는 방법에서는 헤겔과 똑같은데, 그렇다면 마르크스에게서 자본 개념이 과연 헤겔의 「절대이념」과 같은 것인가? 헤겔의 「절대이념」은 모든 형태를 제 스스로 산출하고 그 모든 형태를 관통하여 자신을 규정하는 것을 의미한다. 마르크스의 자본 개념도 그와 같은 것인가?

마르크스에 따르면, 헤겔 철학에서는 "범주들의 운동이 현실적인 생산 행위로 나타나며, 그 성과가 세계다."(MEGA, II-1, S. 37) 그런데 유감스럽게도 헤겔에게 "이 생산 행위는 외부로부터 충격을 받아들일 뿐이다." 라고 마르크스는 주석을 달아 놓았다. 사유하는 두뇌가 세계를 파악할 때, 세계는 항상 두뇌 밖에 있는 객관적 실재이며, 따라서 사유는 항상 외부 세계로부터 「직관과 표상」을 받아들여 그것을 「개념들로 완성해 가는 행위」다. 그 「산물」로서는 「구체적인 총체」가 있다. 사유의 산물은 객관적 세계의 실천적 반영이라는 것이 마르크스의 입장이다.

마르크스는 개념이 세계를 산출한다는 헤겔 철학을 뒤집어, 개념은 객관세계의 실천적 반영임을 명확히 했다. 그로부터 분석과 종합의 방법에 대한 평가도 달라진다. 헤겔에게 분석적 방법과 종합적 방법은 어느 것이나 모두 논리적 이념, 즉 개념에 도달하기 위한 전제이기는 하지만, 참된 개념적 인식은 아니다. 참된 인식은 개념의 자기운동으로 서술되어야 했다. 이와 달리 마르크스는 인식의 과정과 현실의 과정을 철저히 구별한다. 인식은 객관적 세계에 끝없이 접근해 가는 운동이므로 「직관과 표상을 개념들로 완성해 가는 행위」에서 경험과학의 실증적 입장이나 그 성과, 혹은 분석이나 종합의 방법은 인식의 능동성을 표현하기 위한 하나의 계기로서 불가결한 것이라 하겠다. 개념에 의한 사물의 인식은 종합적 방법 속에서 이루어지는 것이지, 헤겔처럼 주어진 것과 전제를 인정하지 않고, 분석적 방법을 낮은 위치에 두고서 개념의 변증법에 의해 자기 전개하는 것이 아니다. 마르크스는 변증법적 서술의 한계를 분명히 자각하고 있었다. 『요강』에서도 "상품이 화폐가 된다."는 말에 관해 스스로 주의를 촉구하면서 다음과 같이 쓰고 있다. “개념 규정들 및 이들 개념의 변증법만이 문제가 되는 것 같이 보이는 그러한 외관을 만들어 내는 관념론적 서술 양식을 정정하는 것이 필요하다.”(같은 책, S. 85)

1.2.5 변증법적인 학문 체계

방법은 이성의 최고 힘이며, 개념은 이성이 자기 자신을 규정하고 자신을 실현하는 운동이다. “학문이 참으로 학문으로 존재하게 되는 것은 개념의 자기운동에 의해서이다.”(『정신현상학』 서론) 이처럼 생각하는 헤겔은 학문의 체계를 이루는 개념 규정들에 관해 다음과 같이 생각한다.

학문의 체계에서 최초로 직접 찾아지는 「시원(Anfang: 단초)」은 단순한 것이면서 동시에 보편성으로서, 자기 자신보다 더 나아간 규정들을 찾아내면서 구체적 보편으로서의 총체성이 되어 가는 진행과 전개의 동력을 가지고 있다. 변증법은 이같은 전개의 계기들을 이루고 있다. 말하자면, 최초의 단순한 보편적인 개념은 자신의 타자, 최초의 부정자를 만들어 낸다. 이 부정자는 최초 것의 긍정적인 규정을 보존 내지 유지하고 있다. 이런 의미에서 제2의 규정은 매개(die Mitte)이고 자신 속에 타자를 포함하고 있기(「모순」) 때문에, 이번에는 제2의 부정(「부정의 부정」)을 통해서 최초의 직접성과 보편성을 회복한다. 제3의 것은 「매개의 지양」에 의해 자신으로 복귀하는 개별 구체적인 것 혹은 주관이다. 이처럼 헤겔에게서 대상을 개념적으로 파악하는 진리의 방법은 개념에 의한 대상의 변증법적인 규정이라 하겠다. 이리하여 방법은 학문의 체계(편성)로까지 확대되어 간다.

다음으로, 이와 같이 해서 도달한 가장 풍부한 것은 구체적인 것임과 동시에 가장 주관적인 것, 즉 인격이 된다. 헤겔에게서는 인격성이 일체의 것을 포괄하는 최고로 자유로운 것이다.(『대논리학 III』 428쪽)

따라서 헤겔에게서 개념 운동의 「전환점」은 「부정성」이다. 부정성이야말로 변증법의 혼이다. 이 방법에 의거한 「부정의 부정」에 따르면, 인식의 진행은 자기 자신에게 복귀하는 일이 되기 때문에, 논리의 진행은 역행이며 전진은 바로 후퇴다.(『대논리학 III』 437쪽) 이리하여 헤겔에 의한 학문의 체계는 하나의 원환(Kreis)을 이루게 된다.(『대논리학 III』 437~439쪽)

이상과 같은 헤겔 철학 특히 논리학의 방법에 조응해 볼 때, 마르크스에게 자본의 논리는 한편으로는 헤겔의 변증법적 학문의 체계성을 적극적으로 원용하고 있다고 할 수 있다.[5]

첫째, 마르크스는 「보편·특수·개별」이라는 체계를 자신의 경제학 비판(「자본」론) 체계에 적용하여 경제학의 체계를, 여러 가지 경제학적 규정들을 매개하면서 자본 개념이 생성되고 전개되며 완성해 가는 것으로 파악한다. 또한 경제학 비판 체계의 마지막에 위치하는 "세계시장 편에서는 생산이 총체성으로 정립되어 있고 마찬가지로 생산의 계기들 모두가 정립되어 있다."(MEGA, II-1, S. 151)고 말하며, 이 세계시장을 만들어 내는 경향이 "자본 자체의 개념 속에 주어져 있다."(같은 책, S. 320)고 서술하고 있다. 이렇게, 추상적 보편으로서의 생산 일반으로부터 구체적 보편으로서의 자본에 의한 생산의 총체성을 파악하는 방식으로 논리가 전개된다.(본서 제6장 참조)

둘째, 「부정의 부정」 논리는 『요강』 화폐장에서 「인격적 의존관계로

---

5 이하 상세한 내용은 본서 제6~7장에서 다룬다.

부터 물상적 의존성을 거쳐 자유로운 개체성으로」라는 논리(같은 책, S. 90-91)에서도 보인다.(본서 제7장 참조)

셋째, 마르크스에게도 논리의 전진은 이전 규정들과의 연관을 밝히면서 끊임없이 진행되어 간다.(같은 책, S.189)

넷째, 마르크스에게도 사회적 생산과정을 고찰하는 전개의 마지막 결과는 "이 과정의 주체로서의 개인" 혹은 "사회적 연관들 속에 있는 인간 그 자체"(같은 책, S. 589)다.(본서 제6장 참조)

그렇지만 다른 한편으로 마르크스의 경제학 비판 체계에는 헤겔과 같이 사유가 자기 전개하고 개념이 그 모순을 해소하여 자신에게 머문다는 식의 보수성은 전혀 없다. 이 체계의 전개는 어떤 의미에서 미완이며 개방적이다.

두 번째 「부정의 부정」의 논리에 관해서도 그것은 어디까지나 역사의 이행에서 그 일면을 나타내 주는 논리이며, 제3단계의 자유로운 개체성은 제2단계에 의해 역사적으로 준비된 것이지 제1단계로의 단순한 복귀는 아니게 된다. 그리고 마르크스가 변증법의 핵심으로 받아들인 것은 부정성, 비판성, 혁명성 자체다. "그 합리적인 모습에서 변증법은 …… 현존하는 것의 긍정적 이해 속에 동시에 또한 그 부정, 그 필연적 몰락에 대한 이해를 포함하고 있으며, 일체의 생성된 형태를 운동의 흐름 속에서 파악하며, 따라서 그 경과적인 면에서 파악하고, 어떤 것에도 제약받는 일 없이 본질상 비판적이고 혁명적이다."라고 마르크스는 『자본론』 제1권 제2판 후기에 썼다. 그러므로 마르크스가 파악한 부정성은 헤겔의 「부정의 부정」과 같이 결국에는 자기에게로 복귀하는 그런 부정성은 아니다.

또한 마르크스에게서 인격은 사회적 존재로서의 개인이지 헤겔이 말하는 자유로운 인격성을 의미하지 않는다.

마르크스의 방법과 헤겔의 방법 사이의 이러한 차이는 어디까지나 마르크스가 유물론의 입장에 서는 「현실적 방법」에 의거하여, 경험과학으로서 경제학의 방법을 고안해내었고, 사물의 소여성이나 전제를 인정하며, 분석적 방법이나 오성적 인식을 구사하면서 자본주의 생산 총체에 대한 개념적 파악을 지향했던 데에서 비롯된다. 이런 의미에서 "분석적 방법을 기초로 한 변증법적 방법"(미타 세키스케)이야말로 마르크스 경제학=「자본」의 방법이다.[6]

1.3 『논리학』에서 본 『요강』과 『자본론』—미타 세키스케

다음으로 헤겔 『논리학』의 논리에 비추어 그 적극적인 면과 부정적인 면을 구별하여 그로부터 『요강』이나 『자본론』에서 구사한 방법을 심도 깊게 연구한 미타 세키스케(이하 미타)의 작업을 회고한다.[7]

---

6 이 점에 대한 상세한 고찰은 『헤겔 논리학과 사회과학』(미타 세키스케 저작집 제1권)에서 다룬 내용에 해당된다. 졸고 「서평 『미타 세키스케 저작집 제1권』」(『立命館經濟學』 제26권 제2호, 1977년 6월)에 약간의 논점을 정리해 놓았다.

7 미타 세키스케(見田石介, 1906~75)는 헤겔 연구자로 출발해서 40대 중반에 경제학 특히 『자본론』을 연구하게 되었다. 그는 말년에 진행한 헤겔 논리학에 관한 강의에서 그 적극적인 면과 부정적인 면을 상세히 해설하면서 『자본론』과의 관련을 언급했다. 앞서 소개한 『ヘーゲル大論理学研究(헤겔 논리학 연구)』 ① ② ③(이하 『연구』)와 『미타 세키스케 저작집』 전 6권(大月書店, 1976~77)을 참조하기 바란다. 미타는 "헤겔 덕

미타에 따르면 헤겔 논리학이 지닌 기본적 성격 중 적극적인 면은 세 가지이다. 첫째는 세계관으로서의 논리학인데, 여러 가지 범주들이 세계 운동 법칙의 마디점이라는 의미를 갖고 있음이 밝혀진다. 둘째는 범주 비판으로서의 논리학인데, 가지가지 범주들의 자리매김과 한계가 제시되고 있다. 셋째는 개별 과학의 방법으로서의 논리학이며, 헤겔은 개별 과학에서 일반적으로 사용되는 모든 범주를 철저하게 연구한다.(미타 『연구』 ① 24쪽)

예를 들어 헤겔 논리학·존재론에 한정하는 경우, 미타는 「어떤 것, 유한성」(상세한 것은 본서 제2장 참조)이라는 범위 안에서 헤겔 변증법을 개괄하고 그 적극적인 측면을 다음과 같이 정리한다.

헤겔 변증법의 적극적인 면은 첫째로, 헤겔이 「어떤 것」의 내부에서 어떤 것과 다른 것 사이의 내적 대립을 밝히는 점이다. 둘째로, 「규정」 「성질」 「한계」에 관해서는 그것들의 통일, 불가분성을 보면서 사물의 본질을 대립물의 통일로 파악하는 점이다. 그리고 셋째로, 「당위」나 「제한」에서 밝혀지는 모순이다. 말하자면 사물을, 사멸을 피할 수 없는 그러한 유한자로 파악하는 것이다. 「어떤 것」은 그때까지의 「규정」 「성질」 「한계」에서는 하나의 본질 속에 있었지만, 모순에서는 2개의 본질을 갖게 된다.(미타, 『연구』 ①, 234~237쪽 참조)

이런 것에 의해서 헤겔은 본질과 현상을 구분하지 않는 경험주의나 실증주의, 마흐주의, 본질을 현상과 분리하는 교조주의, 칸트주의, 나중의 실존주의를 비판한다.(미타, 『연구』 ①, 133~134쪽)

분에 『자본론』을 이해할 수 있었다는 점도 있지만 그 역도 또한 컸다. …… 상호 침투일 것이다."(미타, 『연구』 ①, 207쪽)라고 말한다.

다음으로 헤겔 논리학, 특히 그 「절대적 방법」의 결함(부정적인 면)으로 미타는 다음과 같은 일반적인 점을 지적한다.

첫째로, 논리학에서는 처음부터 "주관과 객관이 동일하다."고 생각하고 있어서 논리학과 개별 과학의 대상·방법을 명확히 구별할 수 없었다. 그 때문에 객관적인 세계의 발전 과정을 논리학적 범주의 발전 과정과 혼동한다. 둘째로, 논리학으로부터 직관과 표상이 배제되고 있었기 때문에, 논리학은 개념에서 개념으로 선험적으로 이행하는 논리가 되었다. 셋째로, 현실, 즉 개념이 스스로 추상하고 분석하며, 나아가 재합성한다는 식으로 생각한다. 그러나 현실의 발전은 반드시 대립의 통일로 이루어진 살아 있는 전체로부터 다른 살아 있는 전체(대립의 통일)로의 전개이고, 그것을 우리의 인식이 대립의 통일로 분석하고 재합성하는 것이기 때문에, 헤겔이 말하는 식으로, 단순한 것이 다양하게 되고 그것이 다시 더 고차원적인 단순한 것이 된다고 하는 일은 현실에는 없다. 이런 것으로부터 헤겔은 모든 「여건(성)」이나 「전제」를 인정하지 않는다. 또한 같은 것이기는 하지만 오성의 활동이라고 할 수 있는 분석을 인정하지 않는다. 넷째로, 헤겔은 다양한 발전 과정을 보지 못한다. 모든 것이 「맹아로부터의 발전」이고, 풍부한 것으로 되어도 자기 자신임에는 변함이 없는 그러한 발전이다. 헤겔은 "어떠한 것이라도 그 사물 자체의 모순으로 인해 스스로 발전한다."고 생각한다. 다섯째로, 결국 헤겔은 모순을 해소하는 조화로운 긍정을 가장 높은 위치에 둔다.(미타, 『연구』 ①, 10~15, 20~21, 29~30, 34쪽 참조)

더 나아가 존재론과 관련해서 미타가 제시하고 있는 헤겔의 부정적인 면은 다음 세 가지가 있다.

첫째로, 현실적 대립에 관한 표상 없이 추상적 대립으로부터 거듭 진행해 나아가, 어떤 것의 개념으로부터 선험적으로 현실적 대립을 찾아 끌어내고자 한다. 그 결과 현실적 대립과 추상적 대립 간의 구별이 애매해진다. 둘째로, 세계의 모든 사물이 상대적이며, 변화와 발전을 피할 수 없는 모순물, 유한한 것임을 궁극적 진리로 인정하지 않고, 오히려 그러한 것들을 절대적인 것, 무한한 것의 현상이라고 본다. 간단히 말하자면, 변화나 발전을 궁극적인 것으로 보지 않는다. 셋째로, 사물의 변화나 사멸의 필연성을 애매하게 한다.(미타, 『연구』①, 237~240쪽 참조)

또한 미타는 헤겔 논리학에 있는 개념론의 보편·특수·개별의 변증법이 지닌 고유한 내용과 의의 및 한계를 밝히고 있다. 이 점에 관해서는 이 책 제5장에서 다룰 것이다.

이상의 서술에서 미타를 따르자면 "방법은 내용의 내적 자기 운동의 형식에 관한 의식이다."(헤겔)라는, 얼핏 보기에 유물론적이라 할 수 있는 헤겔의 사고방식에는 주의가 필요하다는 점을 알 수 있다. 헤겔의 결함을 자각하지 못하고, 「논리학」의 개개의 경과를 그대로 개별 과학으로서의 경제학을 서술한 『자본론』 혹은 『요강』에 적용하는 방식으로 독해하게 되면, 직관과 표상을 바탕으로 한 분석에 의해서 개념을 풍부하게 해 나아가는 『자본론』의 방식을 왜곡하면서 자연스럽게 오독이나 무리한 해석, 혹은 바꿔 쓰기, 나아가 견강부회에 빠지게 된다. 이것이 미타가 헤겔을 이해하는 데 남긴 교훈이라 생각한다.

1.4 『요강』에서 본 『논리학』—우치다 히로시

미타 세키스케의 「헤겔 논리학 강의」가 이른바 『논리학』에 비추어 『요강』이나 『자본론』의 방법을 밝힌 것이라면, 『요강』의 논리에서 『논리학』의 의의를 정리된 형태로 검토했던 것으로 우치다 히로시(內田弘, 이하 우치다)의 연구가 있다.[8]

우치다에 따르면 『자본론』의 최초 초고인 "『요강』에서 보이는 헤겔과의 동일성·유사성을 모두 분명하게 보여 주는 일이 필요"하다고 한다. 그 이유는 "양자의 유사성·동일성이라는 측면을 끄집어내지 않고는 마르크스가 헤겔을 어떻게 비판했는지 알 수 없다. (중략) 헤겔의 섭취 방식을 더 분명하게 더듬어 확인해 주고 있는 『요강』에서 헤겔-마르크스 문제를 연구해야"(우치다, 『중기 마르크스주의 경제학 비판』 이하 『중기 마르크스』, 43쪽) 하기 때문이다. 나도 이와 같은 생각이다.

그러나 우치다의 해석에서 가장 큰 특징을 이루는 점은 헤겔 『논리학』의 서술 양식을 "사적 교환자의 추상적·관념적인 이론 행위와 호모로

---

8 우치다 히로시, 『中期マルクスの経済学批判(중기 마르크스주의 경제학 비판)』(有斐閣, 1985. 이하 『중기 마르크스』로 표기한다.) 『「経済学批判要綱」の研究(『경제학 비판 요강』 연구)』(新評論, 1982). 『중기 마르크스』는 그 동안의 『연구』가 주로 각주 형태로 요점을 암시하는 데 그쳤던 "『요강』에서의 『논리학』 비판=계승 관계"를 "긍정적으로 추정"한 것이라고 한다. 또한 우치다는 『헤겔 논리학 연구』 ① ② ③에서 미타가 『논리학』을 이해하는 방식에 많은 시사를 받았지만, 미타가 빈번하게 행하는 마르크스에 대한 언급이 단편적이고, 『요강』이나 『자본론』이 『『논리학』과 "체계적으로 조응하고 있는 관계"를 제시하지 못한 점에서 아쉽다고 서술했다.(『중기 마르크스』, 210쪽 주 1)

거스(homologous: 상응적)"(같은 책, 11쪽)라고 이해하는 데 있다.

"『요강』에서 마르크스는 헤겔 논리학을, 가치 관계와 자본 관계라는 두드러지게 관념적인 관계를 주관적으로 담당하는 인간「의식」이 사회적 물질대사 과정을 매개하고 촉진하고 영유하는 진행을 파악하는 논리학으로 바꿔 읽어 간다. 이렇게 바꿔 읽음으로써 …… 부르주아사회를 대신하는 사회를 형성하는 새로운「의식」의 발생과 발달을 이끌어낸다(=마르크스 정신현상학)."(같은 책, 128쪽)[9]

이를 바탕으로 우치다는 헤겔이 말하는「독자존재」(상세한 것은 이 책 제2장을 참조하라.)에 주목한다. 우치다에 의하면, "독자존재는 부르주아적 인간 개개인이 각자 자신을 타인과의 관계에서, 더욱이 관념적으로 표현

---

9 우치다의 이해 배후에는 『자본론』을 새로운 가치 의식의 형성사로 읽겠다는 해석이 숨어 있다. 말하자면, "마르크스가 헤겔의 종합적 방법을, 실재하는 것을 정신적으로 재생산하고 영유하는 방법으로 평가할 때, …… [그는] 헤겔이 그 방법으로 서술한 『논리학』의 내용뿐만 아니라 그 전제로 생각하고 저술한 『정신현상학』의 내용도 비판적으로 섭취하고자 했다. 헤겔과 같이 우선 『정신현상학』에서 학문하는 능력을 갖는 의식(인간)의 발달사를 설명하고, 그 뒤에 그것을 전제로 하여 『논리학』을 전개한 것이 아니라, 마르크스의 경우 『논리학』을 부르주아적 가치 의식의 발생사와 발달사로 바꾸어 읽고, 그 진행 속에서 가치 의식의 공동성의 분열과 새로운 의식의 대항적인 발생사와 발달사를 끌어내어 드디어 가치 의식의 소멸과 새로운 의식의 승리를 전망한다. 결국 마르크스는 헤겔의 순서를 '『논리학』→『정신현상학』'으로 거꾸로 뒤집는다."(『중기 마르크스』, 154쪽)

마르크스는 『요강』에서 노동자의 우월 의식의 형성을 지적(본서 7장 2.4 참조)하는데, 그것이 어디까지나 그 토대인 "자본에 근거한 생산양식의 산물"(MEGA, II-1, S. 371)이라는 점이 중요하다.

하는 논리에 불과하다." 혹은 다음과 같이 말하기도 한다. 「독자존재」는 "상품 교환이라는 장(시장)에서 관념적으로 가치를 표현하는 상품 소유자의 의식"(같은 책, 13쪽)이다. 헤겔의 "독자존재에는 관념성이라는 규정이 들어 있다."(『1부 논리학』 95절)라는 서술을 이용하여 우치다는 다음과 같이 말한다.

"마르크스는 『논리학』 존재론에 있는 현존재의 실재성과 독자존재의 관념성을, 인간과 자연 사이의 물질대사 과정이 교환관계에 의해 분리·결합되기 때문에, 생산물이 받아들이는 이중의 규정(주의: 사용가치와 교환가치를 말한다.)으로 바꾸어 읽는다."(『중기 마르크스』 167쪽)

그러나 헤겔 논리학·존재론에서 「관념성」은 「독자존재」보다도 앞서 있는 「대타존재」(Die Lehre von Sein[1832] S., 113)나 「무한성」(Die Lehre von Sein[1832] S., 136)에서 이미 보이고 있다. 이 「관념성」은 「실재성」과 대비되는 것으로, 그것이 의미하는 바는 자립적으로 실재하는 것이 「그렇지 않다」는 것, 「지금 여기에 있는」 것은 다른 것에 매개되어 있거나 다른 것과의 관계나 생성의 관계에 있다는 것이다. 이것이 헤겔이 말하는 「관념성」의 의미다. 그러므로 실재적인 사용가치와의 대비에서 교환가치를 「관념성」이라고 말하는 것은 올바르지만, 관념성을 「독자존재」의 범주에서만 구하는 것은 무리가 있다. 더구나 이것을 상품 교환자의 의식으로 바꾸어 읽을 수는 없다.

그렇다면 우치다는 왜 이렇게 이해하려고 하는가? 그것은 『논리학』을 「시민사회」에서 부르주아적 개인들이 의식을 형성하고 발달해 가는 과정으로 바꿔 읽고, 『자본론』의 논리에서 그런 것을 찾아내려고 하기 때문이다. 그러나 우치다가 다른 곳에서 강조하고 있듯이 근대 시민사회의 주체 개념은 「자본」, 특히 「자본 일반」이고, 『요강』 전체의 특징은 「자본 일반」의 개념적인 생성이 진행되어 가는 과정을 추적하는 데 있다.[10] 그런데 우치다는 헤겔의 「관념성」이라는 말을 「의식」으로 바꾸어 읽으면서 의식의 주체를 상품 소유자에게서 찾는다. 그렇다면 『자본론』의 논리는 자본이라는 주체의 논리인가, 아니면 당연히 근대사회의 주체라고 하는 개인들의 논리인가 하는 의문이 생긴다.

제6, 7장에서 볼 수 있듯이, 『요강』은 "사회 속에서 생산하고 있는 개인들"(MEGA, II-1, S. 21)을 출발점으로 삼고 있으며, "개인의 사회적으로 규정된 생산"을 문제 삼는다. 그 결과, "부르주아사회를 전체적으로 고찰할 때는 사회적 생산과정의 마지막 결과로서 항상 사회 자체, 즉 사회적 연관들 속에 있는 인간 자체가 나타난다." 이 과정의 "주체로 등장하는 것은 단지 개인들뿐이다. 다만 그것은 자신들이 재생산하고 새로 생산하는 상호적인 연관 속에 있는 개인들이다."(같은 책, S. 589)

그런데 그들의 사회적 연관은 "외견상 독립적인 개인에 대해 자립적으로 대립하는 사회적 연관"이 되어 있다. 이것이 「물상적 의존관계」이다. 물상적 관계에서는 "개인들 위에 서 있는 주인"은 「물질적 관계」이며, 그 물질적 관계의 이론적 표현으로서 「추상 혹은 이념」이 있다. "관계들의 그러한 지배는 개인들 자신의 의식 속에서는 이념의 지배로 나타난다."(같은 책, S. 96-97)

따라서 부르주아적 관계에서는 개인들과 그 사회적 연관이 분열되어

---

10 "「자본 일반」을 근대 시민사회의 주체 개념으로 파악한 것은 『요강』이 처음이다." 「자본 일반」이라는 표현에서 알 수 있는 것은 "헤겔 『논리학』 개념론에 있는 일반·특수·개별이라는 세 구성을 따른 것이라는 점이다."(우치다, 『중기 마르크스』 9쪽)

마치 그 사회적 연관이 개인들을 지배하는 주체로서 개인들에게는 통제할 수 없는 것처럼 나타난다. 개인의 주체성은 가상이 되고 물질적 연관의 표현이라고 할 자본이 주체가 된다. 마르크스의 「자본」론은 이 같은, 주체의 전도성을 밝혀낸 것이다. 그렇게 된다면, 「독자존재」는 「사회적 개인들」로부터의 「추상」이나 「의식」이기도 한 이상, 자본이라는 「주인」의 「추상」이기도 하다고 해석되어야 할 것이다.

다음으로 우치다는 "『요강』의 「화폐장」과 「자본장」은 각각 『논리학』의 「존재론」과 「본질론」에 조응한다."(『중기 마르크스』 43~44, 128, 159쪽. 『연구』 140쪽)고 말한다. 그러나 이것은 지나치게 단순한 대비라 하겠다. 헤겔 논리학·존재론의 논리는 『요강』 전체 속에서 살아 숨 쉬고 있으며 이를 부각하는 것이 중요하다(본서 제2장을 참조하라).

1.5 『논리학』에서 본 『자본론』—타케치 타테히토

헤겔 철학, 특히 논리학 연구자일 뿐만 아니라 헤겔 『대논리학』 등의 번역자로 잘 알려진 타케치 타테히토(武市健人, 이하 타케치)는 헤겔 논리학을 해석하며 동시에 『자본론』을 주석하고 적극적으로 대조하는 연구를 남겼다. 다만 타케치의 연구는 1950년경에 집중해 있고 이 시기는 『요강』이 공표되어 연구되기 이전이기 때문에 그 성과를 반영할 수 있는 수단이 없었다는 사실에 유의해야 한다. 그러나 그 때문에 우리는 도리어 헤겔 논리학과 「자본」의 방법 사이의 대칭 관계에 관한 하나의 독창적인 연구 사례를 찾아볼 수 있다.

우선 타케치는 헤겔 철학 특히 『엔치클로페디』의 체계, 말하자면 「논리학-자연철학-정신철학」의 체계를 "어디까지나 존재론으로, 의식의 경험을 떠나 오히려 그 근저의 원리를 이루는 전적으로 객관적인 존재라는 측면에서 전개하는" 「본래의 존재론」으로 이해하고자 한다.[11]

이 경우 논리학도 또한 "그대로 존재론"이라고 하는 타케치는 그 혼인 로고스 혹은 "가장 근본적인 것"은 「본질론」이라고 해석한다. 그러므로 헤겔 논리학을 「본질론-존재론-개념론」이라는 순서로 개작 내지 "재조직한다."[12]

여기에는 몇 가지 근거가 생각되고 있다. 우선 첫째로, 논리학의 「시원」은 그대로 「원리」여야 하는데, 「존재론」의 존재는 그렇지 않다고 타케치는 이해한다. 그러나 시원이 바로 원리여야 한다는 것은 타케치가 제멋대로 하는 해석으로부터 비롯된 것이다.

둘째로, 그 때문에 타케치는 존재론 앞에 「본래의 시원」이어야 할 「본질(가능적 본질이라고 할 수 있는)」을 가져다 놓고, 그것의 현상으로 「존재론」을 파악한다. 그리고 이 「존재」와 대립하는 형태로 「본질」을 가지고 들어온다. 이것은 아무리 생각해 봐도 무리한 개작=이해이다. 만일 우리가 이에 따른다면, 헤겔 논리학 체계는 본래 「개념」으로부터 시작하여 「개념-본질-존재」라는 순서로 체계로 머리 속에 떠오르지만 실제의 서술, 즉 인식 과정에서는 「존재-본질-개념」이라는 식으로 심화해 간다고 할 수밖에

11 타케치 타테히토, 『ヘーゲル論理学の体系(헤겔 논리학의 체계)』(岩波書店, 1950) 20~25, 47~49쪽. 또한 『ヘーゲルとマルクス(헤겔과 마르크스)』(福村出版, 1950) 104~108쪽.

12 타케치 타테히토, 『ヘーゲルとマルクス(헤겔과 마르크스)』 31, 32, 35, 38, 98, 102쪽.

없다. 논리학을 존재론으로만 이해함으로써 사유와 존재의 동일성을 주장한다는 점에서 타케치의 논의의 문제가 있을 뿐만 아니라, 「본질」을 근본으로 삼는 타케치의 헤겔 논리학 세계는 결국 「본질론」의 「동시적」이고 반성적이며 「무시간적」인 세계를 중심으로 삼고, 「존재론」에서 「이행」이나 「변화」 혹은 「개념론」에서 「발전」도 그에 따르는 것으로 되어 버릴 것이다.

다음으로 타케치는 헤겔 논리학과 『자본론』을 「대조」하며 한편으로는 「자본」 개념이 로고스이며 근본이라는 정당한 이해를 보이면서도, 다른 한편으로는 실은 이러한 『자본론』의 세계 자체가 근대사회에서의 「전도」를 보이는 것이기 때문에, 「자연」을 더 근본적인 「본질」에 놓음으로써 헤겔 철학 체계를 자기 스스로 재구성한 「자연-로고스-정신」 및 헤겔 논리학의 「본질」을 근본으로 삼는 해석과 중첩시킨다.

또한 논리학의 "분석적 및 종합적 전개는 동시에 역사적 전개를 포함하고 있다. 이러한 극히 추상적인 양상은 바로 역사의 양상이고 추상적인 것에서 구체적인 것으로라는 이론과 함께 역사 진행의 거울"[13]이라는 논리=역사설을 가지고 『자본론』을 이해한다.

더더구나 『자본론』 제1권(생산과정론)이 본질론, 제2권(유통과정론)이 존재론, 제3권(총과정론)이 개념론이라고 이해하고 앞의 둘을 통일한 것이 제3권이라고 한다.[14] 이것도 타케치가 자신에 의한 헤겔 논리학의 개작과 일치시켜 『자본론』을 해석했던 하나의 예다.

---

13 타케치 타테히토, 『ヘーゲル論理学の世界(헤겔 논리학의 세계)』(福村出版, 1947~48) 상권 46쪽, 하권 1229쪽 참조.

14 타케치 타테히토, 『ヘーゲル論理学の体系(헤겔 논리학의 체계)』 71쪽.

이외에도 “논리학의 범주와 자본론의 3대 범주를 대비해 보면, 《존재》(주: 있다는 것)는 《상품》에, 《본질》은 화폐에, 《개념》은 《자본》 자체에 해당한다고 할 수 있다.”[15]고 본다거나, 그렇게 생각하면서 『자본론』 제1권 제1편 「상품과 화폐」 및 제2편 「화폐의 자본으로의 전화」가 『자본론』 전체의 “시원을 논하는 것”이라고 하고 “그것은 마치 논리학의 본질론, 특히 그 제1편인 광의의 반성론(주: 타케치가 말하는 순수 본질론, 즉 개작된 논리학의 첫 부분으로 와야 할 것)과 상통한다.”[16] 고 본다거나, 일관성은 부족하지만 어찌 되었든 『자본론』 논리의 골격을 이루는 곳에서 헤겔 논리학의 「존재-본질-개념」을 찾으려고 한다.

그러나 『자본론』에서는 상품, 화폐, 자본 자체가 각각 개념이며, 이른바 개념으로부터 개념으로 서술이 전개된다. 각각의 개념을 밝혀낼 때 소위 존재론이나 본질론에 있는 논리학의 범주가 구사되고 있다고 해서, 논리 구성 자체에 「존재-본질-개념」의 순서를 적용시키는 것은 타당하지 않다. 더구나 『자본론』의 중심을 이루는 것은 「자본」 개념이다. 제1권에서 자본의 일반적 개념을 밝히고 나서 자본 개념이 전개되어 가는 것은 그대로지만, 그때마다 존재론이나 본질론의 범주를 구사하면서 자본주의 생산의 새로운 형태들이나 현상들이 분석되고 그럼으로써 자본 개념이 풍부해져 간다. 그런 의미에서 타케치가 제3권을 논리학의 개념론이며 전체의 입장에서 자본주의의 모습을 파악하는 곳이라고 이해하는 것은 올바르지 않다고 하겠다. 제2권도 그러하겠지만, 제3권은 자본 개념

---

15 타케치 타테히토, 『ヘーゲル論理学の世界(헤겔 논리학의 세계)』 상권 34쪽.

16 같은 책 245쪽.

의 특수 구체적인 형태들("총과정의 형태들", 마르크스)을 다루는 곳이다. 바로 이 때문에 역으로 자본 개념의 신비화가 진행된다.

더구나 흥미로운 점은 타케치가 헤겔 논리학과 『자본론』에 대한 이러한 독자적인 해석에 기초하여 『자본론』을 다음처럼 재구성한다는 점이다.

첫째, 근대 세계에서 존재의 정상적인 과정은 생산론에 있는데, 그것이 전도된 형태로 유통론이 앞서 나와야 한다. 그런 의미에서 『자본론』의 본질론은 제2권의 유통론이다. 따라서 『자본론』의 구성은 유통론-생산론-총과정론이 된다.

둘째, 『자본론』 제3권의 구성에 대해서 타케치는 이것을 「이윤-이자-지대」가 아니라 「이윤-지대-이자」라는 순서로 재구성한다. 이는 자본에서 로고스는 이윤이고 자연 혹은 객관성이 지대, 정신 혹은 이념이 이자라고 하는 독단에 의한 것이다. "자본론 전체는 오로지 이 궁극의 이념으로서 이자론, 또는 금융자본으로부터 구성되어진 것이다."[17]

셋째, 타케치는 변증법적유물론과 유물사관에서 「물질」은 경제적 물질이어야 하고 그 근본 요소를 이루는 것은 노동력이라고 한다. "노동력이 역사의 모든 과정의 근저에 존재하는, 그 자신이 초역사적인 동일성이며, 이른바 실체다." "일반적으로 모든 역사적 존재는 이 노동력을 근본 계기로 삼는 사회적 물질적 존재의 변증법적 전개 과정으로서만 존재한다." "그런 까닭에 구체적으로는 이 노동력 자체인 노동자가 이 근저의 동일성 자체라고 해도 좋다." 따라서 이 노동자가 자본주의사회에서 "왜곡"되어 있으며, 이런 "왜곡된 현상 형태가 역으로 본질이 되게 하고 …… 있기 때문에, 이 참된 본질은 …… 왜곡된 본질과 모순된다. 이런 의미에서

---

17 타케치 타테히토, 『ヘーゲル論理学の世界(헤겔 논리학의 세계)』 하권 1271쪽.

이 동일성이 어디까지나 모순의 원동력이다. 그리고 이 현상을 부정해야 하는 데에서 사회주의가 발생한다."[18]

이처럼 타케치는 노동력과 그 상품 형태에서 자본주의사회의 모순을 파악하고 거기서 사회주의의 근거를 찾아낸다.

이상 세 가지로 정리한 타케치 타테히토의 주장이 경제학에서 우노 코조(宇野弘藏)가 전개했던 논의와 같다는 사실을 쉽게 알 수 있다. 그러나 여기서 이에 관한 검토와 비판은 하지 않을 것이다.[19]

---

18 타케치 타테히토, 『ヘーゲル論理学の世界(헤겔 논리학의 세계)』 중권 708~710쪽.

19 타케치 타테히토는 『ヘーゲル論理学の世界(헤겔 논리학의 세계)』 머리말(1946년 8월)에서 우노 코조나 그 주변 인물들과의 교류와 토론이 자신의 입장을 각성시켰다고 썼다. 다른 한편 우노 코조는 타케치와 의견을 교류했던 기억을 『資本論五十年(자본론 50년)』(상권, 法政大学出版局, 1970)에서 말하고 있는데, 헤겔 논리학과 『자본론』에 관해서는 "전혀 생각이 달랐다."(앞의 책, 471~473쪽)고 서술해 놓았다.
또한 타케치는 소위 주체-객체의 변증법의 입장에 서서 자연변증법을 부정한다. 변증법은 주관과 객관의 관계의 논리이므로 주관성 없는 단순한 객관적 존재로서의 자연에는 변증법이 없다는 입장이다(예를 들면, 『ヘーゲル論理学の世界(헤겔 논리학의 세계)』 하권, 1245~1246쪽). 주체-객체의 변증법에 서서 자연의 변증법을 부정하는 입장은 루카치를 비롯하여 유럽 연구자들에게 흔히 찾아볼 수 있다. 나의 책 『生活様式の経済学(생활양식의 변증법)』, 285쪽 이하에서 A. 슈미트의 주장을 비판·검토하고 있으므로 참조하기 바란다. 이 점에 대해서 스즈키 시게루(鈴木茂)는 「사적 유물론과 실천의 개념」(초판. 1974. 『鈴木茂論文集(스즈키 시게루 논문집) 2 유물론과 변증법』(文理閣, 1989. 수록)에서 이런 주장이 노동의 절대화라는 헤겔주의, 노동=실천에 의한 세계의 구성이라는 칸트주의, 신칸트학파의 역사관과 결합해 있다는 것을 밝히고 있다.

제2장
헤겔 논리학·존재론「질」과「자본」의 방법

마르크스는『자본론』제2판 후기(1873)에서 헤겔을 "위대한 사상가"라고 부르고, "자신이 그 제자임을 솔직히 인정"하면서 헤겔은 "변증법의 일반적 운동 형태를 처음으로 포괄적이고 의식적인 방식으로 서술했다."고 평가한다. 특히 현행『자본론』(전3권)의 최초 초고이자 말하자면 그 원형인『경제학 비판 요강』은『자본론』이상으로 헤겔 논리학의 논리(방법)를 의식적으로 채용하고 있다.

제2~5장은 헤겔『논리학』과『요강』에서 사용되었던 마르크스의 방법을『논리학』의 각론에 비추어 가능한 한 구체적이고 상세하게 양자를 비교, 대조 혹은 검토하는 것을 과제로 한다.

일반적으로 헤겔의 서술이 극히 난해한 이유 중 하나는 "개념의 자기전개"(헤겔)를 시도하기 때문에 무리나 억지가 있다는 데 있다. 여기서는 이러한 결함이 있는 곳을 지적하기보다 헤겔 논리학에 포함되어 있는 "합리적 핵심"(마르크스)을 추려내고자 한다.

2.1 헤겔 논리학·존재론「질」의 논리

헤겔『논리학』제1권 존재론은「규정성 또는 질」「양」「질적으로 규정된 양, 즉 도량(한도)」이라는 세 편으로 구분되어 있다. 제2장은 이 가운데「규정성 또는 질」편에서 밝혀진 논리(방법)가『요강』에서 어떻게 되살아나는지를 검토할 것이다.

우선 헤겔『논리학』존재론의「규정성 또는 질」에서 논리의 진행 및 주요 범주에서 합리적이라고 생각되는 의미 내용을 간략하게 정리한다.[20] 이를 기초로 해서『요강』의 서술에 비추어 마르크스가 헤겔 논리학「질」의 논리를 어떻게 살려냈는지를 검토하고자 한다.[21]

---

20 헤겔 논리학·존재론「질」의 내용에 관해서는 다음의 문헌을 참조했다. 헤겔 논리학 연구회 편, 미타 세키스케,『헤겔 대논리학 연구 제1권』, 大月書店, 1979(이하 미타,『연구』①로 표기). 鯵坂真 편『ヘーゲル論理学入門(헤겔 논리학 입문)』有斐閣 新書, 1978. 岩佐茂·島崎隆·高田純 편『ヘーゲル用語事典(헤겔 용어 사전)』未来社, 1991. 미타는「질」의 논리에 관해서 다음과 같이 설명한다. "최초의 범주, 질이 …… 존재론 전체의 축소 모형이고 말하자면, 논리학 전체의 맹아와 같은 것이다. 그 질도 순수한 존재, 현존재, 독자존재라는 세 범주로 나누어지는데, 이 세 범주에 헤겔 논리학 전체의 서술이 가장 추상적인 모습으로 나타난다."(미타,『연구』①, 4쪽)

21 학파로서 마르크스 경제학의 상태나 과제에 비추어서 왜 지금 헤겔 논리학인가 하는 의문이 있을지도 모르겠다. 일찍이 미타는 헤겔주의적『자본론』이해를 엄중하게 비판했는데, 대부분의 마르크스 경제학자들은 헤겔 논리학을 연구하지 않고『자본론』을 해석하고 헤겔 특히 논리학이나 그 연구에 근거한『자본론』이해를 경원시하거나, 나쁜 경우 그러한 연구 자체가 재앙이라는 자세를 견지해 왔다. 그것이『자본론』연구, 나아가서 경제

헤겔 논리학 존재론의 「질」은 크게 「존재」 「현존재」 「독자존재」 셋으로 나누어져 있다. 그중 주요 논리적 범주를 차례로 검토해 보겠다.

2.1.1 단서(시원)로서의 존재(Sein, being)

논리학 및 존재론의 「규정성(Bestimmtheit, determinateness) 또는 질(Qualität, quality)」의 출발점(시원)은 「존재」다. 단서(시원)로서의 존재는 "단지 있다(존재한다)."는 것만을 의미하는 범주이기 때문에 논리적으로 가장 단순한 범주다. 따라서 그것은 무엇이라는 구체적인 "규정을 갖지 않는다." 즉 무규정적 존재다. 그런 의미에서 단순한 「존재」는 순수다. 또한 어떤 매개도 필요로 하지 않다는 의미에서 직접적 범주다.

이런 「존재」와 직접 대립하는 범주는 「무(無: Nichts, nothing)」다. 「무」는 다만 단지 「없다」는 의미를 가지므로 이것 역시 순수하고 단순한 범주다.

2.1.2 생성(Werden, becoming)과 이행(Übergehen, transition)

「존재(있음)」와 「무(없음)」는 상호 부정하는 것이다. 그러나 동시에 서로 상대방 없이는 있을 수 없는 불가분리의 관계에 있다. 거기서 더 나아가면, 사태는 「존재」가 「무」로 변하는 「소멸(Vergehen, ceasing-to-be)」과, 「무」가 「존재」로 변하는 「발생(Entstehen, coming-to-be)」이라는 두 계기를 갖게 됨이 밝혀진다. 이러한 「존재」와 「무」 간의 이중적 통일로 이루어진 것을 「생성」이라 한다. 그러므로 「생성」은 「발생」과 「소멸」을 서로 반복하는 「이행」

(학) 연구에 가져오는 방법론상의 부정적 영향은 오늘날 학문 상황에서 더욱 심각하다.

이기도 하다. 이 「생성」이라는 범주는 철학사에서 유명한 "만물은 유전한다."(헤라클레이토스)에 대응하는 범주다.

「생성」은 헤겔 논리학에서 「최초의 개념」(『1부 논리학』 88절 보충)이다. 또한 따라서 이 「생성」으로부터 앞서 있는 「존재」와 「무」를 되돌아보면, 「존재」와 「무」 각각이 「생성」으로부터 추상된 결과에 불과하다는 것을 알 수 있다. 헤겔 자신은, 이 양자가 「생성」으로부터의 "공허한 추상물"(『1부 논리학』 88절 보충)이라고 기술하고 있다. 따라서 헤겔 논리학에서 최초의 개념 혹은 참된 의미에서의 단서는 「존재」가 아니다. 이런 의미에서 앞서 제1장 5절에서 다루었던 타케치 타테히토의 견해는 옳지 않다.

이상과 같이 헤겔 논리학·존재론의 변증법에서 첫 번째 핵심은 「생성」의 변증법, 즉 사태의 「이행」의 필연성, 「발생」과 「소멸」의 통일적 파악에 있다.

2.1.3 현존재(Dasein, determinate being)

「생성」을 한층 더 구체화해 주는 범주는 부단히 발생하고 소멸하는 운명으로 있으면서 「거기에 있음」이라는 것이다. 이것을 「현존재」라 한다. 있는 것은 이런 의미에서 모두 「현존재」다. 「현존재」는 단순한 「존재」가 「무엇인가」라는 「규정성」, 즉 「질」을 갖게 되는 「규정된 존재」로 전진해 간 것이다. 「현존재」는 동시에 부단한 「이행」의 과정에 있다고 하는, 앞서 있던 「생성」의 성질을 보존하면서, 어떤 것을 상대적으로 고정된 것으로서 포착한 것이다.

"현존재를 매개한 것을 의미하는 것, 즉 생성은 지금은 이미 이 현존재의 배후로 물러나 있다."(Die Lehre von Sein[1832] S., 97)고 헤겔은 표현한다.

2.1.4 어떤 것(Etwas, something)

그래서 「현존재」가 갖는 「규정성」을 끄집어내어 보면, 그것은 일체 사물의 무언가의 「질」을 의미한다. 「질」은 무언가 다른 것과 구별되어 존재하기 때문에 「실재성」이고, 또 한편으로는 그 「질」은 동시에 다른 무엇인가에서는 「없다」는 것을 보여 주는 「부정성」이기도 하다. 이처럼 「현존재」는 다른 것과의 구별에서 실재하는 「어떤 것」이 된다.

2.1.5 변화(Veränderung, alteration)

실제로 거기에 있는 것을 의미하는 「어떤 것」은 그것 바깥에 존재하는 다른 「어떤 것」, 즉 「다른 것(Anderes, others)」을 상정하고 있다. 이와 같은 「어떤 것」은 「주체의 시작」이기도 하다. 왜냐하면 「어떤 것」은 다른 것과의 구별(규정)을 부정하여 자신 속에 머무른다는 매개적 관계(「부정의 부정」)를 갖기 때문이다. 이리하여 「어떤 것」은 「있음」과 동시에 「현존재」하는 것이기도 하며 「생성」이기도 하다. 여기에서는 「생성」은 「어떤 것」의 「다른 것」으로의 이행이기 때문에, 「변화(Veränderung: 어원적으로 「다른 것이 되는 것」을 의미한다.)」라고 일컬어진다. 이리하여 「생성」은 더 구체적으로는, 「어떤 것」에서 「다른 것」으로의 변화가 된다(그것은 본질론에서는 반성으로 되고 개념론에서는 발전으로 된다). 다만 이 「변화」는, 말하자면 다양한 「질」을 갖는 것이 있다고 하는 상태에서의 변화를 의미하므로 아직 고유한 타자로의 「변화」에는 이르지 못한다. 이러한 의미에서 「변화」에서 어떤 상태가 다른 상태로 바뀌어지지는 않는다.

2.1.6 한계(Grenze, limit)와 제한(Schranke, limitation)

「어떤 것」을 「다른 것」과의 관계에서 더 깊이 생각했을 때, 「어떤 것」은 「다른 것」과 마주 대하고 있음(「대타존재」)과 동시에 자기 자신의 독자성을 보존하면서 유지하고 있다(「즉자존재」).

또 「어떤 것」과 「다른 것」 간의 중간은 그것의 「한계」다. 「어떤 것」은 「한계」를 지니므로 「어떤 것」일 수가 있다. 그러므로 그것의 규정성, 질은 그것의 「한계」다. 그 「한계」를 넘어서면 자기 자신의 규정성을 잃게 된다.

「어떤 것」은 「다른 것」과의 관계에서 다양한 규정성을 갖는데, 그 중에서 「어떤 것」의 본성, 본분에 해당하는 것을 「규정(Bestimmung, determination)」이라 한다. 이에 대해 「어떤 것」의 본성에 대해서 외면적인 규정성은 「속성(Beschaffenheit, constitution)」이다. 이리하여 「어떤 것」의 규정성은 「규정」과 「속성」이라는 양면을 갖게 되고, 「어떤 것」의 「속성」은 그것 자신의 「규정」에 의해서 규정된다.

이런 의미에서 사물에는 모두 「한계」가 있다. 「한계」가 있으므로 안정을 유지한다고 할 수가 있다. 그러나 「어떤 것」이 그 「한계」를 부정해야 할 것으로 삼고 이것을 뛰어넘으려고 한다면, 「한계」는 「제한」이 된다. 이런 제한을 초월하는 새로운 즉자존재 혹은 규정을 「당위(Sollen, Ought)」라고 부른다. 여기서 말하는 「당위」란 단순한 도덕적 의무(칸트)가 아니라, 모든 사물이 갖는 자기부정의 힘을 말한다.

2.1.7 유한성(Endlichkeit, finitude)과 무한성(Unendlichkeit, infinity)

이처럼 유한자가 지닌 두 계기 중에서 「규정」은 「당위」가 되고, 「한계」는 「제한」이 된다. 유한자는 「당위」라는 의미에서는 자기 자신의 「제한」을 뛰어넘어 자신의 비존재와 관계하는 것, 따라서 또한 자기 자신을 뛰어넘는 것이 된다. 이리하여 모든 사물이 「한계」를 갖는다는 것은 그것이 「유한하다」는 것, 「끝이 있다」는 것을 의미한다. 이것은 어느새 단순한 「변화」가 아니라 「멸망」을 의미하게 된다(「생과 사」). 「제한」과 「당위」는 서로 상대방을 부정하는 본질적인 대립관계, 「모순」을 이룬다. 따라서 유한자는 자기 자신을 지양하고 멸망시킨다. 모든 사물이 부단히 생성하고 소멸한다는 것은 실은 자신의 내부에 자신을 부정하는 힘이 작동하고 있기 때문이다. 이처럼 「제한」과 「당위」의 변증법적 모순은 헤겔 논리학·존재론의 변증법에서 두 번째 핵심이라 할 수 있다.

그러나 헤겔은 더 나아가 유한자의 자기부정이 무한히 계속된다고 보았고 다음의 「무한성」으로 이행한다. 유한자는 자신의 「제한」을 뛰어넘는다는 본성으로 인해 「무한성」이 된다. 따라서 「무한성」은 유한성의 부정이다. 그러나 이렇게 되면 유한자와 무한자는 서로 부정하면서 통일되는 불가분한 관계에 놓이게 되며, 이번에는 「무한 진행」이 나타난다. "이 무한 진행은 모순이 해결되지 않고 어디까지나 의연히 존재하는 것이라는 점을 표명할 뿐이다."(Die Lehre von Sein[1832] S., 129) 유한자와 무한자는 무한 진행의 두 계기가 되고, 자신의 부정을 통해 자신에게 복귀하는 무한한 운동이 된다. 이같은 「원환」 운동 가운데서 참된 무한성은 한층 더 높은 구체적인 실재성을 획득한다. 이것이 다음의 「독자존재」라 일컫는 존재다.

2.1.8 독자(대자)존재(Fürsichsein, being-for-self)

「어떤 것」이 타자와의 관계를 자신의 계기로서 가지면서 제 자신에게로 돌아오는 것, 즉 매개를 거치는 자기 관계로서 파악되는 것은 「자신을 향해 있다.」 혹은 「자신에 대해서 있다.」는 것을 말한다. 이것은 간단히 말하면 자신만으로 있는 것, 자립해 있는 것을 의미한다. 헤겔에 따르면 독일인이 "그것만으로 있는 것"이라는 의미로 보통 사용하는 쉬운 일상어를 사용한 것이다.

「독자존재」는 헤겔 논리학·존재론의 변증법에서 세 번째 핵심이다. 「독자존재」는 「질」에서 최후의 「완성된 질」이며, 그 예로 자아나 생명을 들 수 있다.

2.1.9 일자(Eins, The one)와 다자(Vieles, The many)

「독자존재」는 단순한 통일이다. 거기에는 하나의 규정이 있을 뿐이므로, 「일자」라고 일컬어진다. 「일자」란 독립된 개(個)이므로 하나하나 셀 수 있는 것이다.

이 「일자」와 다른 많은 「일자」들 간의 관계를 「반발」과 「견인」이라 한다. 이 경우 헤겔은 「일자」가 「반발」에 의해 「다자」를 산출한다고 한 후, 이번에는 「다자」를 전제로 하면, 그것들 사이에 「반발」과 동시에 「견인」이라는 관계가 생긴다고 한다. 이 「견인」이 많은 「일자」가 갖는 동일성 혹은 등질성을 의미한다고 하면서 헤겔은 「질」에 이어 「양」의 규정으로 이행한다.

이상, 2.1에서는 헤겔 『논리학』 제1권 존재론 제1편 「규정성 또는 질」

에 비추어 각각의 범주가 갖는 합리적 의미 내용을 간단하게 정리해 보았다. 여기서 「합리적 핵심」(마르크스)에 해당되는 것은 첫째 「생성」의 변증법(「이행」과 「발생과 소멸」), 둘째 「제한」과 「당위」의 모순에 의한 자기부정, 셋째 「독자존재」의 변증법이다.

2.2 『요강』에서 존재론 「질」의 논리(방법)

이상의 고찰을 바탕으로 2.2에서는 『요강』의 구체적 서술에 비추어 거기서 이용되는 헤겔 논리학·존재론 「질」의 논리(방법)를 밝히고자 한다.

이하 『요강』으로부터의 인용문 속에 있는 헤겔 논리학의 범주에는 겹화살괄호(《 》)를 표시해 두겠다.

2.2.1 자본 개념의 「생성」과 화폐의 자본으로의 「이행」

『요강』 전체의 구성에서 관철되고 있는 기본적인 논리는 자본이라는 일반적 개념의 「생성」과 그것에 이어지는 자본 개념의 전개다. 마르크스가 "여기서 문제로 삼는 것은 이미 생성되었고 그것의 기초 위에서 운동하고 있는 부르주아사회"(MEGA, II-1, S. 175)라고 쓰고 있기 때문에, 문제는 자본의 역사적 발생사가 아니라 현실적으로 눈앞에서 운동하는 자본을 대상으로 하여 우리 측의 인식에서 자본 개념을 「생성」하는 일이다. 그 성격상 그것 자체는 논리적인 「생성」이다.

『요강』에서 화폐의 자본으로의 「이행」론은 자본 개념의 「생성」과 관련된 「이행」으로 이해되어야 한다. 즉 "유통으로 들어감과 동시에 유통으로부터 자기 자신에게로 되돌아오는 화폐는 …… 자본의 최초 개념이며, 그 최초의 현상 형태이기도 하"(같은 책, S. 175)므로 "단순한 교환가치와 그 유통이 자본으로 이행하는 것(Übergang)"(같은 책, S. 188)은 현실의 운동을 반영한 논리적인 이행이다.

마르크스는 또한 노동과정과 가치 증식 과정 간의 관련을 서술한 곳에서 다음과 같이 쓰고 있다. "우리가 여기서 고찰하는 한, 자본은 가치와 화폐로부터 구별되어야 할 관계로서의 자본 일반이다. 즉 자본으로서의 가치를 단순한 가치 또는 화폐로서의 자기로부터 구별하는 규정들의 총괄이다. (중략) 우리는 이제 자본의 발생 과정(Entstehungsprecess)에 들어서 있다. 이 변증법적 발생 과정은 자본이 생성하는 현실적 운동의 관념적 표현에 불과하다. 그보다 나중에 나오는 연관들은 이 맹아로부터의 전개로 간주되어야 한다."(같은 책, S. 229)

이처럼 마르크스는 자본 개념의 형성을, 현실에서 생성해 가는 자본의 운동을 표현하는 것이라고 하면서, 그것을 세 가지 계기에서 전개한다. 자본 개념 생성의 첫 번째 계기는 가치 혹은 "자본이 되도록 정해져 있는 화폐"다. 두 번째 계기는 "생산의 전제임과 더불어 그 결과이기도 한 자본"이다. 그리고 세 번째 계기는 "유통과 생산 간의 규정된 통일로서 정립"된 자본이다.

이들 중에서 첫 번째 계기에서는 최초에 어느 정도 축적이 이루어져 있는 것을 전제로 한다. 이것은 "자본의 《생성(Werden)》을 위해 필요하며, 따라서 이미 전제로서—하나의 계기로서—자본의 개념에 받아들여지고 있는" 축적이다. 그것은 "자본으로서 이미 성립된(geworden) 자본의 축적—

거기서는 이미 자본들이 현존해 있어야 한다—과는 본질적으로 구별되어야 한다."(같은 책, S. 237)

다음으로 생산과정의 결과로 자본 그 자체가 상품으로 나타나고, 그것이 다시 유통과정을 거쳐 화폐의 모습으로 복귀했을 때, 화폐는 "실현된 자본"(같은 책, S. 345, 357)이라는 새로운 규정을 얻게 된다. 이것이 둘째 계기로서 자본이다. 잉여가치로부터 생겨난 「잉여자본」은 살아 있던 노동력의 산물이면서도 이것에 대해 자립적이다. 살아 있던 노동에 대한 지배 명령, 지휘권, 타인의 낯선 위력이 이제는 노동의 결과로 나타난다. 그러므로 잉여자본에 선행하는 최초의 (근원적) 자본에서는 전제였던 사태가 이제는 결과로 파악된다. 자본에 의한 생산과정의 결과는 "자본과 노동 간의 관계 그 자체의 재생산 및 새로운 생산이다."(같은 책, S. 367)

이리하여 화폐의 자본으로의 생성을 추적해 보면, 자본이 "자기 자신의 전제들을, 즉 교환 없이 새로운 가치를 창조하기 위한 실재적 조건들의 점유를—자기 자신의 생산과정에 따라—만들어 낸다."(같은 책, S. 368)는 것이 밝혀진다.

마르크스는 여기서 "일면에서는 살아 있던 노동의 [객체적 조건들로부터의 분리라는] 관계보다도 더 저차원적인 형태의 [역사적] 해체, 다른 면에서는 이 관계보다도 더 혜택 받는 관계의 해체"(같은 책, S. 372)라는, 자본의 역사적 생성 조건들이 지닌 양면성을 문제 삼는다(「선행하는 형태들」). 이러한 자본의 역사적 생성에 관한 한정된 고찰을 마치고 나서, 그 다음에 고찰하는 것은 자본의 "순환 자체 혹은 자본의 유통"(같은 책, S. 416)이다. 이 유통 자체가 "동시에 자본의 생성이다."(같은 책, S. 418) 이것이 세 번째 계기다.

『요강』의 서술에서는 자본의 순환을 고찰한 후, 「잉여가치와 이윤에 관한 학설들」의 검토가 삽입되고, 다시 원래의 주제로 돌아가서는 "우리는 이제 생성해 가는 자본으로부터가 아니라 생성된 자본으로부터 출발"(같은 책, S. 506)한다고 자리매김한다.

이처럼 화폐의 자본으로의 「이행」으로부터 시작한 서술은 자본 개념의 논리적 「생성」 과정이라 하겠다. 이것은 마르크스가 『요강』을 집필하면서 헤겔 「논리학」 존재론의 첫 번째 합리적 핵심이라 할 「생성」과 「이행」의 변증법을 원용한 것이다.

2.2.2 상품과 자본의 「규정」

헤겔은 「어떤 것」의 본성, 본분에 해당한 것을 「규정」이라 일컬었다. 이에 대해 『요강』에서는 「경제적 형태 규정」이라는 말이 많이 사용되고 있다. 『요강』 전체는 무엇보다도 경제적 형태 규정들의 전개다. 교환가치의 규정으로부터 자본의 규정으로, 나아가 자본의 특수한 형태 규정들로 서술은 진행되어 간다.

먼저 상품을 보면, "사용가치, 즉 상품의 내용, 상품의 자연적 특수성 그 자체는 경제적 형태 규정으로서는 전혀 존립하지 않는다. 오히려 상품의 형태 규정은 교환가치다. 이 형태의 외부에 있는 내용은 어떠해도 상관없으며, 사회적 관계로서의 관계 내용을 이루는 것이 아니다."(같은 책, S. 190) 이와 같이 「규정」이란 경제 관계를 표현하는 「형태」를 의미하며, 「내용」이나 「실체」, 「소재」와의 반성 관계에서 파악되고 있다(반성 관계에 관해서는 본서 제3장을 참조하라).

더욱이 "자본으로서의 화폐는 화폐로서의 단순한 《규정》을 뛰어넘는 화폐의 《규정》이다. 그것은 마치 원숭이가 인간으로 발전한다고 말할 수 있는 것과 마찬가지로 한층 고도의 실현으로 간주할 수 있다. (중략) 자본으로서의 화폐는 화폐로서의 화폐와는 구별된다. 이 새로운 《규정》이 전개되어야 한다."(같은 책, S. 173) 혹은 "자본을 자본이게 하는 형태 규정", 그것은 "독자(대자)적으로 존재하는 사회적 관계"(같은 책, S. 222)라고 하는 것처럼 경제적 관계의 더 고차적인 전개와 더불어 「관계」를 표현하는 경제적 「규정」이 더 고차적인 것으로 전개되어 간다.

2.2.3 자본에서의 「한계」와 「제한」

마르크스는 헤겔의 논리(방법)를 응용하여, "자본의 본성, 즉 자본의 본질적 개념 규정들 그 자체와 일치"(같은 책, S. 327)하는 내재적 「한계」를 다양하게 다루었다. 이를 통해 그는 자본을 기초로 하는 생산에 고유한 「한계」를 「제한」으로 삼고, 이것을 뛰어넘으려고 하는 동태적인 모순으로 가득 찬 자본제 생산과정을 밝혔다. 이 과정의 내용을 상세히 검토하는 것이 이 장의 과제는 아니지만 그 내용을 간략히 살펴 두고자 한다.

먼저 생산과정에서는 자본에게 필요노동 부분과 1 노동일 전체의 비율 자체가 제한되어 있고, 항상 이 한계 속에서만 운동한다.(같은 책, S. 254-255 참조) 노동생산력의 증대에 따른 필요노동시간의 감소 및 잉여가치의 증대와 관련해서 "부의 일반적 형태—화폐—를 대표하는 것인 자본은 제 자신의 《제한》을 뛰어넘으려고 하는, 《제한》도 한도도 갖지 않는 충동이다. 어떠한 《한계》라도, 자본에게는 《제한》이 되고 또한 제한될 수밖에 없다. (중략) 잉여가치의 양적 《한계》는 자본에게는 그것을 끊임없이 극복하고 그

것을 끊임없이 뛰어넘고자 노력하는 자연《제한》, 필연성으로서만 나타난다."(같은 책, S. 249)

또한 노동일과, 동시적 노동일의 수를 나타내는 사람의 수도 자본 혹은 "자본축적에 대한 질적《한계》"(같은 책, S. 285)로 나타난다. 더욱이 "생산과정 외부에 있는 생산과정의《한계》"(같은 책, S. 317)가 나타난다. 즉 소비 욕구, 구매력으로서의 화폐의 크기, 유통 조건 등이 그것이다. 거기에서는 전체로서, 가치 증식 과정이 가치 실현에서는 동시에 가치 상실 과정일 수도 있음이 제시된다. 그리고 「자본과 이윤」이라는 항목에서는 자본 자체가 자기 자신의 제한이 된다고 하는 점이 밝혀진다.[22]

2.2.4 단순상품유통에서 「악무한」과 화폐의 모순에서 「무한 진행」

헤겔의 「악무한」 논리는, 마르크스가 단순상품유통을 고찰하는 데에서 사용되고 있다. "얼핏 보아 유통[주: W-G-W]은《악무한》의 과정으로 나타난다."(같은 책, S. 126) 말하자면 상품 - 화폐 유통에서는 판매와 구매가 무한히 반복되고 있다. 그와 동시에 출발점이 동시에 종결점이 되며 자신에게로 회귀한다.[23]

이에 대해 G-W-G라는 유통의 제2형태에서는 "순환이라는 본성"(같은 책, S. 132)이 더 명료해진다. 화폐는 가치척도, 유통수단에 이어지는 세 번째 규정으로서 유통으로부터 나와 유통 바깥에서 자립적인 존재를 갖기는

---

22 상세한 내용은 본서 제7장 참조.

23 우치다도 이 점을 지적하고 있다. 앞의 책, 171쪽 이하 참조.

하지만, 여전히 유통과 관련이 없이 있을 수는 없다. 이 "최후의 완성된 규정에서 화폐는 …… 자기 자신을 해소하는, 화폐 그 자체를 해소시키는 하나의 모순으로 나타난다."(같은 책, S. 157) 말하자면 "화폐는 이 최후 규정에서 자신과 모순한다. 왜냐하면, 화폐는 가치 그 자체를 대표해야 하는 것으로 되어 있음에도 불구하고 실제로는 가변적 가치와 일치하는 양만을 대표하는 데 불과하기 때문이다."(같은 책, S. 157 이하)

여기에서 화폐로서의 화폐는 질, 양과 함께 유통으로부터 자립해 있는 가치로서는 무한한 것이라고 하지만, 그 자체의 본성으로 인해 유통에 제한된 유한한 것이라는 사실이 밝혀진다. 이것은 헤겔이 말하는 「유한자와 무한자의 상호규정」에서 이루어지는 「무한 진행」의 모순이다. 거기서는 "모순이 해결되지 않고 언제까지나 의연히 존재한다."(Die Lehre von Sein[1832] S., 129)고 말한다.[24]

2.2.5 자본으로서의 화폐의 「진무한」

자본으로서의 화폐는 자기 갱신하는 「순환」이라는 성질을 갖는다. 교환가치라는 자본으로서의 규정성은 유통을 통해서 자기 자신의 동일성을 유지한다. "교환가치가 이러한 것이라는 점은 단지 그것 자체가 끊임없이 자기 갱신하는 교환의 순환이기 때문이다. 이 점에서도 [자본으로서의] 이 교

---

24 우치다는 화폐의 제3규정에서 "자신을 해소하는 모순"을 헤겔 논리학 존재론 제3편 한도(도량)에서 찾아 "화폐의 자본으로의 이행"을 "존재론의 본질론으로의 이행"으로 읽는다. 그러나 자본(일반)은 우선 존재론의 수준에서 독자존재로 파악되어야 하지 않을까?

환가치의 유통은 단순한 교환가치 자체의 유통과는 구별된다."(MEGA, II-1, S. 184) "순환 그 자체"라고 할 "자본의 유통에서 출발점은 복귀점으로, 또한 복귀점은 출발점으로 정립되고 있다."(같은 책, S. 417)

이것은 헤겔이 말하는 「참된 무한성」이다. 헤겔에 따르면 "무한 진행의 이미지는 직선"이지만, "제 자신으로 되돌아온 것인 진무한의 이미지는 원환(Kreis)이다."(Die Lehre von Sein[1832] S., 136) 이 진무한은 사실은 다음에 나오는 「독자존재」임에 틀림없다.

2.2.6 「독자존재」로서의 자본

헤겔은 다른 것과의 매개적인 계기들을 제 자신 속에 갖는 자립적인 존재를 「독자존재」라고 이름 붙였다. 마르크스의 『요강』에서는 자기 자신의 유통에서 "생성된 자본"(MEGA, II-1, S. 506)이 바로 이런 독자존재의 일례를 보여 준다.

『요강』은 이러한 「생성된 자본」을 기초로 해서 「자본 일반의 형태 규정」이라고 할 수 있는 유통자본과 고정자본을 파악하고, 그 다음 「제3의 항목, 결실을 가져다주는 자본, 이자, 이윤」으로 이행한다. 이 첫머리에서 마르크스는 다음과 같이 서술한다. "지금까지는 자본은 생산과 유통의 통일로서 정립되어 있고 …… 자본은 이제 자기를 재생산하는 가치, 따라서 또 영속하는 가치로서 실현되고 있을 뿐만 아니라 가치를 낳는 가치로서도 실현되고 있다."(같은 책, S. 619)

"자본은 능동적인 주체—과정의 주체—로서의 자기 자신으로부터 출발하여 …… 자신에 대해서 스스로를 증가시키는 가치에 대한 양태로 관계한다. (중략) 그러므로 자본은 새롭게 생산된 가치를 이제는 자기실현의 척도인, 필요노동에 대한 잉여노동의 비율에 의해서 측정하는 것이 아니라 자신의 전제로서의 자기 자신으로 측정한다. …… 이와 같이 전제된 자본의 가치로 측정된 잉여가치, …… 이것이 이윤이다. (중략) 자본은 생산하고 재생산하는 가치인 자본으로서의 자기 자신 속에서, 새롭게 생산된 가치인 이윤으로서의 자기로부터 구별된다."(같은 책, S. 619-620)

"자본의 생산물은 이윤이다. 자본은 이윤으로서의 제 자신과 관계한다."(같은 책, S. 630) 이것은 바로 「독자존재」의 논리 그 자체다.

물론 자본의 경우 단순한 자신으로의 복귀가 아니라, "순환의 주체로서의 자신을 확대하며, 확대하는 순환, 나선을 그린다."(같은 책, S. 620) 즉 "자본의 유통은 나선이고 확대하는 곡선이지 단순한 환원은 아니다."(같은 책, S. 189)

2.2.7 「하나의 자본」 「다수의 자본」과 「일자」 「다자」

이와 같이 자립한 자본은 개개의 자본으로 셀 수 있다.(「개별 자본」) 게다가 그 자본에 대해 원재료 등을 공급하는 자본(산업부문)이 있듯이 자기 자신 안에 다른 자본들과의 관계를 계기로서 포함하고 있다(혹은 전제하고 있다). 여기에 이미 하나의 자본으로부터 다수의 자본으로 서술을 전개하기 위한 맹아적 계기가 있다.

이것은 헤겔 논리학에서 이루어진 「일자」로부터 「다자」로의 이행과 똑같은 논리(방법)이다.

현실에서 "자본은 다수의 자본으로서 존재하며, 또 다수의 자본으로밖에 존재할 수 없다. 바로 이 때문에 자본의 자기 규정은 다수의 자본 사이의 상호작용으로 나타나는 것이다."(같은 책, S. 326) 다수의 자본 사이의 상호작용이란 경쟁이다. 마르크스는 경쟁론 즉 "다수의 자본의 관계[에 관한 이론]는 자본이라고 하는, 모든 자본에 공통인 것이 고찰된 후에 밝혀질 것이다."(같은 책, S. 418)라고 썼다.

"자본이 그 일반적 개념에 따라서 고찰될 때는, 자본의 모든 계기가 자본 속에 내포되어 나타나지만, 자본이 실재적으로, 즉 다수의 자본으로 나타나게 되면, 그것들의 계기는 자립적인 실재성을 획득한다."(같은 책, S. 421)

그리고 헤겔이 사용했던 「일자」로부터 「다자」를 「반발」하는 논리도 『요강』에서는 다음과 같이 사용되고 있다.

"자본이 경쟁에서 상세히 전개하듯이, 현실에서는 자신으로부터 자신을 《반발》하는 자본이며, 상호 무관심한 다수의 자본이라는 자본의 본성에 그 근거를 갖고 있다."(같은 책, S. 334) "자본들 간의 상호 《반발》은 이미 실현된 교환가치로서의 자본 속에 있다."(같은 책)

『요강』의 논리(방법)에서 헤겔 논리학을 원용하는 부분은 말할 것도 없이 존재론 「질」 편에 그치지 않는다. 『요강』 속의 플랜에 명시되어 있듯이 보편·특수·개별이라는 개념론의 변증법이 구성상의 기본적 기둥이 된다. 그러나 마르크스는 자본주의 경제라는 연구 대상(소재)을 분석하고 "현실의 운동을 그것에 조응해서 서술"하며 "소재의 생명을 관념적으로 반영하는"(『자본론』 제1권 제2판 후기) 데에서 헤겔 논리학의 성과를 전면적으로 채용하고 있다. 그러므로 『요강』 화폐장은 존재론이고 자본장은 본질론이라는 식의 대응 관계로 잘라 말할 수는 없다. 바꾸어 말하면, 제2부서 다루게 될

『요강』의 곳곳에서도 헤겔 논리학이 이루어 낸 다른 범주의 성과가 충분히 살아나고 있다.

이 장은 이전에는 다루어진 일이 극히 드물었던 헤겔 논리학·존재론 「질」의 논리에 한정해서 마르크스가 이를 경제학으로의 채용한 방식을 검증했다. 이러한 연구는 더 넓은 범위에서 이루어져야 마땅하다. 그것은 마르크스 경제학의 논리(방법)를 완성하는 데 큰 의미를 지닌 작업이다. 이런 것을 강조하면서 다음 장으로 넘어가고자 한다.

제3장
헤겔 논리학·본질론의 「본질」과 「자본」의 방법

마르크스는 헤겔 논리학과 「헤겔 변증법의 합리적 핵심」, 더구나 「헤겔에게 특유한 표현 양식」을 『요강』 전체에 걸쳐 사용한다. 그것은 한편으로는 『요강』 독해를 어렵게 하고 있지만, 다른 한편으로는 헤겔 논리학을 모범으로 삼아 『요강』을 읽어 나간다면, 그 방법(논리)이 명료하게 드러나게 된다고 하겠다.

그런데 종래의 『요강』 연구가 일부의 예를 제외하고는 헤겔 논리학과 『요강』의 방법 사이의 관계를 충분히 의식적으로 해명해 왔다고는 말할 수 없다. 또한 이 분야의 선행 연구 중에는 『요강』 전체의 구성이 헤겔 논리학의 구성인 존재론→본질론→개념론의 순서로 짜여 있다는 식의 해석도 볼 수 있다. 그러나 이러한 해석은 『요강』 그 자체의 독해뿐만 아니라 헤겔 논리학의 「합리적인 것」(마르크스)을 파악하는 데에도 오해나 잘못된 선입관을 불러일으킬 수 있다.[25]

---

25 본서 제1장. 거기에서 다루었던 선행 연구를 참조할 것.

제3장의 과제는 자본제 경제를 대상으로 한 『요강』에는 그것 고유의 방법(논리)이 있음을 밝히면서 헤겔 논리학·본질론의 제1편에 해당되는 「본질」 편의 논리가 어떤 식으로 사용되고 있는지를 검토하는 것이다.[26]

특히 귀중한 선행 연구 중 하나인 우치다 히로시, 「『경제학 비판 요강』과 헤겔 『논리학』」(『중기 마르크스』 제3장)은 『요강』 화폐장을 『논리학』 존재론에, 자본장을 『논리학』 본질론에 대응시킨다. 그러나 내용적으로는 사실상 본서에서 문제 삼는 「본질」 편의 범주들이 『요강』 전체에 걸쳐 있음을 보여 준다.

26 더욱 확실하게 하기 위해 헤겔 『대논리학』 제2권 본질(Wesen, Essence)론의 구성을 아래에 제시한다. 또한 본문에서 본질론이라고 하는 경우, 이는 헤겔 『대논리학』 제2권 전체의 논리를 가리키며, 단순히 본질이라고 하는 경우에는 그중 제1편 범주를 가리킨다.

제1편 자기 자신에서의 반성(Reflexion, reflection)으로서의 본질

제1장 가상(Schein, illusory being)

A 본질적인 것과 비본질적인 것 B 가상 C 반성

제2장 본질성 또는 반성 규정(Reflexionsbestimmungen, determinations of reflection)

A 동일성 B 구별 C 모순

제3장 근거(Grund, ground)

A 절대적 근거 B 규정적 근거 C 조건

제2편 현상(Erscheinung, appearance)

제1장 실존

제2장 현상

제3장 본질적 상관

중요한 것은 헤겔 논리학 「본질」 편이 『요강』의 어떤 곳에 해당하는지에 대한 문제가 아니다. 『요강』의 서술이 전개되고 독자의 인식이 진전되는, 바꾸어 말하면 「자본 일반」의 개념이 순차적으로 밝혀지면서 풍부해져 가는 그 각각의 매듭 절에서 이 「본질」 편의 논리가 어떻게 살아 움직이고 있는가를 검출하는 일이다.

헤겔 논리학 「본질」 편은 존재론 다음의 본질론 제1편에 해당한다. 본질론 전체의 논리는 「본질」로부터 「현상」으로, 그리고 「본질」과 「현

제3편 현실성(Wirklichkeit, actuality)

제1장 절대자

제2장 현실성

제3장 절대적 상관

이에 반해 『제1부 논리학』(엔치클로페디=헤겔 철학 체계 제1부)에서 본질론은 다음과 같이 구성되어 있다.

A 실존의 근거로서의 본질

a 순수한 반성 규정 b 실존 c 사물

B 현상

a 현상의 세계 b 내용과 형식 c 상관

C 현실성

a 실체성의 상관 b 인과성의 상관 c 교호작용

위에서 볼 수 있는 것처럼 「실존」이나 「내용과 형식」 등의 위치가 달라지고 있지만, 여기서는 오로지 『대논리학』을 근거로 해서 검토하고자 한다.

상」 간의 통일로서의 「현실성」으로 전개하므로, 「본질」 편은 본질론 전체의 최초 단계에 있다. 또한 본질의 내부를 보면, 「가상」으로부터 「반성 규정」, 나아가 「반성 규정」의 구체적인 규정이라고 하는 「동일성」 「구별」 「차이」 「대립」 「모순」 그리고 「근거」로서의 본질(「내용」 「질료」와 「형식」)과 그 「조건」 등의 범주들의 의미가 밝혀진다. 이에 반해 『요강』은 「자본 일반」의 개념을 밝히고, 그 자본 일반의 개념으로부터의 전개를 가지고서 자본 내부의 특수한 규정들을 밝힌다는 논리 구조를 취하고 있다. 헤겔 논리학 「본질」 편의 「범주들」은 이러한 『요강』 전체의 큰 논리 전개에 따라 곳곳에서 사용되고 있다. 바꾸어 말하면, 「본질」의 범주들은 존재론의 범주들, 본질론의 「현상」이나 「현실성」, 더욱이 개념론의 범주들과 동시에 사용되고 이와 병행하여 이른바 나선 모양으로 여러 겹으로 중첩되는 『요강』 논리의 한 과정으로 살아 움직인다. 따라서 『요강』의 서술을 가로로 잘라 여기는 본질론에 해당한다든가, 혹은 저기는 「근거」에 해당한다든가 하는 식으로 하는 독해 방식은 올바른 방식이라고 할 수 없다.

3.1 헤겔 논리학·본질론 「본질」의 논리

3.1.1 헤겔 논리학·존재론 「질」과 『요강』의 논리

먼저 헤겔 논리학·본질론 앞 단계에 있는 존재론, 특히 「질」의 논리가 『요강』에서 어떤 식으로 충분하게 활용되고 있는지 개괄한다.

헤겔 존재론 「질」의 논리에서 핵심 중 하나는 「생성」과 「이행」이다.

이 「생성」과 「이행」은 『요강』의 서술에서는 자본 개념의 「생성」으로 되살아난다. 구체적으로 말하면, 「화폐의 자본으로의 전화」로부터 자본의 생성 및 재생산 과정을 설명하는 가운데 『요강』의 독자적인 논리 구성인 「생성(내지 실현)해 가는 자본」과 「생성(내지 실현)된 자본」이라는 논리적인 구분으로서 사용되고 있다.

자본의 개념을 밝히는 것은 동시에 그 「한계」나 「제한」을 밝히는 일이다. 그것은 이러한 「한계」나 「제한」을 뛰어넘으려고 하는 자본의 본성을 밝히는 일이기도 하다. 자본의 본성과 그 한계나 제한 사이의 「모순」의 논리는 존재론 「질」 [편]에 있는 「당위」와 「제한」 간의 「모순」에 의한 「유한자」의 소멸이라는 논리가 원용된 것이라 하겠다.

또한 자본은 자기 자신의 운동에서 자립적인 주체로 파악된다. 이것은 바로 다름 아닌 존재론 「질」 편에 있는 또 하나의 핵심인 「독자존재」의 논리다.

그밖에 헤겔 존재론 「질」에 있는 「규정」은 「(경제적) 형태 규정」으로, 또 「악무한」 「무한 진행」은 단순 유통과 화폐의 단순 유통으로, 「진무한」은 자본의 순환 운동으로 각각 되살아나고 있다.

3.1.2 본질론의 주제

다음으로, 헤겔 논리학·본질론의 주제를 밝히겠다.

모든 사물의 본질을 인식하고자 하는 본질론의 주제는 존재하고 있는 그대로의 것(「존재」의 논리적 차원)을 있는 그대로의 직접적인 것으로 놓아두지 않고, 그 배후에 있는 것에 의해 매개되어 존재하는, 즉 현상해서 있는 것으로 파악하는 데 있다. 「본질」은 어디까지나 그 안에 있는 것이고, 이 「본질」에서 본 「존재」가 「현상」에 해당된다. 이와 같이 모든 사물을 본질적인 것과 현상적인 것 간의 이중 관계로 본다는 「본질」 이론의 「합리적 핵심」이 헤겔이 말하는 「자기 (안의) 반성」이다.

본질론에서 밝혀진 논리학상의 규정들은 어디까지나 "자기의 구별 속에 있으면서 자기와의 통일이라고" 하는 「반성」의 규정들이다. 그것들은 서로 자립해 있지만, 상호 통일 속에 있는 규정들이다. 본질론의 규정들은 존재론에서 밝혀진 것과 같은, 다른 것의 「생성」이나 어떤 것과 다른 것이라는 타자성이 밝힌 것, 혹은 또 그것들 사이의 「이행」이나 「전화」 같은 것이 아니다. 바꿔 말하면 본질론은 존재론에 있는 「완성된 질」로서의 「독자존재」의 내부를 한층 더 상세히 분석하고, 「매개된 자기관계」인 「독자존재」의 규정들을 새롭고 더욱 상세하게 해명한 것이라 할 수 있다.

본질론은 크게 세 가지로 구분된다. 제1편 「본질」(이 장에서 다룬다.)은 「자기 자신 속의 반성」으로서의 「본질」이다. 이어서 제2편 「현상」(다음 장에서 다룬다.)은 그 「본질」이 「현상」하고 「실존」하는 것임을 밝히고 있고, 제3편 「현실성」(다음 장에서 다룬다.)은 「본질」이 자기를 현시하여 「현실성」으로 되는 것, 즉 「현실성」은 본질적 현상이라는 것을 밝히고 있다.[27]

---

27 헤겔 논리학·본질론이 안고 있는 문제점에 관해서 미타는 다음과 같이 지적한다. 헤겔 자신은 「존재」 자체의 운동이 「본질」에 도달한다고 생각하지만 이러한 생각은 인식 과정과 객관적 과정을 혼동하는 데에 기초한다. 우리는 인식 과정과 객관적 실재의 과정이라는 두 과정을 구별해야 한다. 또한 헤겔 논리학 "본질론은 본질과 현상의 관계와 함께, …… 2개의 본질 사이의 반성 관계도 살펴보고 있다." 「현상」과 「본질」은 객관

다음으로 「본질」 편에 있는 범주들의 의미를 간결하게 정리해 보겠다. 또한 아래에서 「본질」이라고 표기할 때에는 헤겔 논리학 제2부 본질론의 제1편 「본질」의 규정들을 지시한다.

3.1.3 가상(외관)

헤겔 논리학·본질론에서는 우선 처음에 「본질적인 것」과 「비본질적인 것」을 구별한다. 이를 바탕으로 해서 「본질」로부터 독립하고 직접 존립해 있는 것처럼 보이는 「존재」를 「가상(Schein, illusory being)」이라 한다. 직접 눈앞에 주어져 있는 것은 「본질」의 나타남이면서도 「본질」과는 다르게 존립해 있는 것처럼 보이기 때문에, 그 자립적 존재는 외관상의 것이 된다. 이것을 「가상」이라 한다.

헤겔에 따르면, 「가상」은 아직 「존재」 속에 있고 「존재」로부터 갓 나왔을 뿐인 「본질」이다. 그것은 여전히 직접적인 것이며 매개나 「본질」을 결여하고 있는 것처럼 보인다. 그러나 실은 이것은 그와 같은 것으로 규정된 「본질」 그 자체이므로 「본질」은 여기서는 직접성과 직접성의 절대

적인 실재로서는 말하자면 하나의 사태이지만, 「현상」에서 「본질」로, 「본질」에서 「현상」으로라는 것은 두뇌(인식)의 운동이다. 그런데 그 밖에 또 하나, 말하자면 일자 속에서 어느 것이 본질 혹은 비본질이냐는 그런 것이 아니라, 이 두 가지가 객관적인 반성 관계에 있을 때가 있다. 이것은 객관적 과정이다. 그런데 헤겔은 "이 양자를 포함한 상호 전제적인 반성 관계를 동일한 하나의 원리에 의해 통일적·일반적으로 보고자 한다." 이것이 헤겔 논리학·본질론의 특징이다. 따라서 헤겔에게서는 양방이 혼돈되어 하나가 되어 버린다.(미타, 『연구』 ②, 44~45쪽)

적 부정 간의 통일이라 할 수 있다.[28]

3.1.4 가상에서 반성 관계로

「가상」에서 더 나아가면 「본질」은 「반성(Reflexion, reflection)」 관계로 파악된다. 이번에는 「본질」을 모든 사물의 배후에 있으면서 조용히 놓여 있는 것이 아니라 운동으로 파악한다는 것이다. 「반성」의 운동은 「존재」에서처럼 「어떤 것」이 「다른 것」으로 되는 운동이 아니라 제 자신 속의 운동에 불과하다. 이 경우 다른 것, 구별된 것, 혹은 부정되는 것 등도 실은 그렇게 보일 수 있는 가상이며, 동일한 하나의 본질의 자기 내 관계 혹은 자신과의 동일성에 있다고 한다.

헤겔 본질론의 핵심은 이런 의미에서의 「반성」 관계에 있다고 할 수 있다. 「반성」 관계는 사물 내부의 규정을 상세히 분석하는 첫걸음이라 할 수 있지만, 다른 한편으로는 존재론과 같은 사물의 이행이나 발전은 없고 모순관계는 사라져 버린다.

헤겔은 여기서 세 가지 「반성」 관계를 들고 있다. 첫째, 「정립된 반성」은 「본질」과 「현상」 사이의 상호적 의존관계만을 말한다. 둘째, 「외적 반성」은 양자의 자립적 관계만을 말한다. 셋째, 「규정된 반성」은 대립물

---

28 마르크스가 「가상」을 사용하는 방법에 관해 미타는 다음과 같이 썼다. "마르크스는 가상이라는 말도 가끔 사용한다. 물신성이 그중 하나다. 사회관계가 물화하여 토지가 지대를 낳는다고 하는 등의 객관적 사태를 가상이라고 말하고 있는 것 같다. 그러므로 마르크스에게도 가상은 우리가 참된 인식을 가지기만 하면 소멸해 버리는 그런 단순한 주관적 환상이 아니다."(미타, 『연구』 ①, 31쪽)

의 상호의존과 자립의 양쪽의 관계를 통일한 것이다. 이 세 번째 「규정된 반성」이 「진정」한 반성이라 할 수 있다.[29]

3.1.5 본질성 또는 반성 규정들로서의 동일성·구별·모순

3.1.4의 「반성」 관계에서 마지막으로 다룬 「규정된 반성」은 자립하면서 서로 전제하고 있는 그러한 「반성」 관계였다. 헤겔은 이러한 「반성」 관계를 더 깊이 분석하고, 「동일성」 「구별」 「차이」 「대립」 「모순」이라는 한층 구체적인 「반성」 관계의 규정들이 갖는 의미를 명백히 밝히고 있다. 여기에서는 「본질」 혹은 「반성」 관계는 다양한 현상으로부터 독립한 동일 불변한 것이 아니라, 여러 가지 구별이나 규정으로 나타나면서 또한 자기 자신에게 머무르고 있는 그런 것을 의미한다.

「본질」 혹은 반성의 규정들에서 제일 먼저 고찰되는 규정은 「동일성(Identität, identity)」이다. 이것은 본질이 말하자면 자기 자신에게 머물러 있다고 하는 하나의 측면을 표현한 것이다. 이런 의미에서는 「본질」은 「몰규정성」이다.

제2의 「반성」 규정은 「구별(Unterschied, difference)」이다. 이것은 동

29 "반성은 제2권에서 제일 난해한 곳이다."(미타, 『연구』 ②, 94쪽) "정립된 반성, 외적 반성, 규정적 반성의 관계는 크게는 본질론 전체에서 본질, 현상, 현실성의 관계에 해당하는 것이며, …… 존재론에서의 유, 무, 성의 관계로도 되고 더 나아가서는 …… 동일, 구별, 대립 …… 이라는 규정들의 관계이기도 하다. 그러므로 이 관계는 본질론 전체를 관통하는 관계일 뿐만 아니라 본질론 전체가 지금 말한 세 가지 반성 관계를 안에 포함하는 반성 관계 전체이기도 하다."(미타, 『연구』 ②, 12쪽)

일한 하나의 본질이 구별된 규정들로 현상하는 것을 의미한다. 이 「구별」에서 앞의 「동일성」 즉 「몰규정성」은, 그것 자체가 하나의 규정이 된다고 하는 것이 된다. 따라서 구체적인 것은 항상 「동일성」과 「구별」 간의 통일이다. 말하자면 「동일성」 속에 「구별」이 있고, 「구별」 속에 「동일성」이 있다는 것이다.

「구별」은 더욱이 「무디어진 구별(abgestumpften unterschied)」(『대논리학 II』 107쪽)을 의미하는 「차이(Verschiedenheit, diversity)」와 「본질적인 구별, 즉 대립(Gegensatz, opposition)의 상태」(같은 책, 107쪽) 혹은 「예리한 구별」(미타, 『연구』 ②, 127쪽)로 진행된다.

일체의 사물이 「차이」가 있다고 보는 것은 어떤 것을 하나의 것이 아니라 둘이 각각 자립해 있는 것이라고 보고, 양자를 말하자면 밖으로부터 비교하여 「동등」하다(Gleichheit, likeness) 혹은 「부등」하다(Ungleichheit, unlikeness)는 식으로 서로 구별하는 것을 말한다.

다음으로, 더 깊은 「대립」적인 구별은 「긍정적인 것(Positive, positive)」과 「부정적인 것(Negative, negative)」이라는 관계다. 이것은 2개의 것이 그 자신과 동일성을 가지면서도 자립적이고 차이가 있다고 하는 그러한 관계다. 이 경우 2개의 것은 서로에게 고유한 타자를 내부에 안고 있다. 그러나 그 위치가 다르기 때문에 서로 배제 혹은 배척한다. 이것이 「대립」이라는 「반성」 관계다.

제3의 「반성」 규정은 (『대논리학』의 경우에는) 「모순(Widersprüch, contradiction)」이다. 여기서 헤겔이 말하는 모순은 앞서 말한 「대립」을 하나의 자립적인 것의 본질 속에서 찾아낸 것으로서 자신 속에 자신을 부정하는 규정을 가지고 있으며, 그것을 자신으로부터 배척하는 것을 의미하고 자기 자신의 자립성을 부정하는 그러한 관계다. 말하자면 「대립」의 한 면으로부터 「모순」을 끄집어내고 있다. 따라서 본질론에 있는 「모순」은 「자기부정」이기는 하지만, 존재론 「질」에 있는 유한자의 「모순」과 같은, 타자로의 이행이나 전화의 동력으로서의 모순 같은 것은 아니다. 그것은 어디까지나 하나의 「본질」 속에 머무르고 있는 모순이며, 이런 의미에서 모순의 기초라고도 할 수 있다.[30]

그러나 헤겔은 다른 한편으로 "모순은 모든 운동과 생명의 근본(die Wurzel aller Bewegung und Lebendigkeit)이다. 어떤 것은 그 자신 속에 모순을 갖는 한에서만 운동하며 충동과 활동성을 갖는다(; nur insofern etwas in sich selbst einen Widerspruch hat, bewegt es sich, hat Trieb und Tätigkeit)."(『대논리학 II』, 102~103쪽)고 기술하고, 운동의 원천으로서의 모순은 객관적인 것이고 보편적으로 존재한다는 점을 지적하고 있다.

3.1.6 근거로서의 본질

헤겔 논리학·본질론에서는 사물의 「모순」이 해결되는 것은 다른 것으로의 전화나 이행에 의해서가 아니라 그것의 「근거(Grund, ground)」로서의 「본질」로 되돌아감으로써 이루어지게 된다.

「근거」로서의 「본질」은 「질료」 「내용」 「기초」 등 다양한 의미를 지닌다. 또한 「근거」는 「근거」와 「근거 매겨지는 것」이라는 구체적이고 실재적인 매개 관계(근거 관계) 속에도 있다. 이 매개 관계(근거 관계)를 성립시

30 이는 미타가 여기저기서 지적하면서 강조했던 점이다. 예를 들면, 앞의 책, 48~49, 156~158, 194쪽 이하 등을 참조할 것.

키는 근저에 있는 것도 또한 「근거」로서의 본질이다. 이런 의미에서 「근거」는 이중적이라고 할 수 있다.

첫째, 「근거」와 「근거 매겨지는 것」 사이의 관계는 이런 근거 관계의 근저에 있는 본질에 비추어 보면, 「형식(형태: Form, form)」이 된다. "모든 규정된 것은 일반적으로 형식에 속해 있으"(같은 책, 117쪽)므로 「형식」은 「형식(=형태) 규정」이라고 바꾸어 말할 수도 있다. 이것은 어떤 공통의 실체나 기저 위에 사물이 있다고 할 경우의, 다른 것과의 구별을 표현하는 것이다.

이 같은 의미로 있는 「형식」과 대립하는 「근거」로서의 「본질」로 우선 「질료(Materie, matter)」가 있다. 「질료」란 만물의 근본이 되는 것이며, 말하자면 외부로부터 일정한 「형식」을 받아들임과 동시에 그런 「형식」을 규정하기도 하는 그런 관계에 있다. 그리고 일정한 「형식」을 지닌 「질료」가 「내용(Inhalt, content)」이 된다. 이런 「내용」은 더 나아가 또한 일정한 소재가 되고 그 자신의 「형식」을 갖는다. 이렇게 해서 「형식」은 이중적이 된다. 일정한 「내용」으로서의 「형식」 혹은 「형식」으로서의 「내용」이다. 이런 의미에서 「형식」과 「내용」은 한 몸인 것이다(「형식 내용」).

이상이 「근거(본질, 질료, 내용)」와 그 위에 성립하는 「형식」 사이의 형식상의 구별과 연관의 형태들이다.

둘째, 「근거」와 「근거 매겨지는 것」 사이의 내용상의 구별과 관련에 관해서 보면 그것은 「형식적 근거」 「실재적 근거」 「완전한 근거」라는 형태로 나누어진다.

「근거」와 「근거 매겨지는 것」이 동일한 내용이라면 이 근거 관계는 「형식적 근거」에 지나지 않는다. 「근거」와 「근거 매겨지는 것」이 서로 구별되는 다른 내용의 것이라면 이것은 「실재적 근거」다. 이 경우는 단순한 부분 근거가 나타난 것에 불과하다. 「형식적 근거」와 「실재적 근거」 간의 통일이 헤겔이 말하는 「완전한 근거」이자 「개념」이다.

셋째, 「근거」는 그것의 외부에 주어진 「조건(Bedingung, condition)」에 의해 전제되고 제약 받고 있다. 「근거」와 「조건」이 각각 자립해 있으면서도 서로 제약하고 있는 그런 전체, 이것은 「물상(사물 혹은 사태라고 번역되는 Sache, fact) 그 자체」다. 바꾸어 말하면, 「물상(사물 혹은 사태)」은 그런 내적 「근거」가 여러 가지 「조건」을 재료로 하여 자기 자신을 구체화한 것이다. 이런 「물상(사물 혹은 사태)」이 모든 조건을 충족시켜 감성적인 사물로 현실에 있는 것을 「실존(Existenz, existence)」이라고 한다. 헤겔은 이와 같이 해서 제2편 「현상」으로 이행한다(이 이행은 『대논리학』의 경우 이행이고, 『제1부 논리학』의 경우와는 다르다).

3.2 화폐장에서 「본질」의 논리

3.1에서 정리했던 헤겔 논리학·본질론 「본질」 편에 있는 범주들의 의미를 근거로 해서 3.2 이하에서는 『요강』의 내용으로 들어가서 고찰하고자 한다.

『요강』은 「화폐에 관한 장」으로부터 시작한다. 마르크스는 이 화폐장에서 헤겔 논리학·존재론의 범주들을 비롯하여 본질론에 있는 「현상」이나 「현실성」의 범주들(「현존재」나 「물상」, 「필연성」과 「우연성」, 「가능성」과 「현실성」), 또한 개념론에 있는 「보편」과 「특수」 등의 범주들을 구사하여 대상을 종횡으로 분석하면서 서술을 전개하고 있다. 이 절의 과제는 화폐장에서 「본질」의 범주를 사용한 논리를 밝히는 데에 한정한다.

3.2.1 화폐에서 「가상」

『요강』 화폐장의 과제는 다음과 같다. 상품과 나란히 화폐가 자립하여 나타나는 것은 화폐가 상품의 "교환가치 그 자체의 《본질》에서 나오는"(MEGA, II-1, S. 99) 것이며, 따라서 모든 상품이 화폐로서의 성질을 가지고 있음을 밝히고 이를 기초로 해서 화폐의 규정들을 밝히는 것이다.

화폐장에서 「본질」 범주를 사용한 예로는 우선 화폐 관계에서의 「가상」을 들 수 있다. 「가상」이란 어떤 것이 외견상으로는 본질로부터 정립되어 있는 것처럼 보이는 것을 말한다. 따라서 직접적으로 있는 것을 그대로 본질로 잘못 볼 가능성을 가지고 있다. 이 점에서 화폐장은 "화폐의 [제1의 가치척도로서의] 규정에서는 화폐의 자연적 질료(물질: Materie)인 금이나 은이 본질적인 것으로 나타난다(erscheinen wesentlich)……."(같은 책, S. 136)고 한 예에 있듯이, 화폐 관계에 있는 본질과 현상의 여러 가지 전도 관계를 밝히고 있다.

이것 이외의 예로는 다음과 같은 것이 있다.

"[유통수단으로서의 화폐의 규정에서는] 화폐가 가격을 실현하는 한에서는 금이나 은으로서의 화폐의 물질적인 실존(Existenz)이 본질적(wesentlich)이다. 그러나 이 실현이 단지 소극적인 데에 불과할 뿐 자기 자신을 지양해야 할 것인 한에서는 화폐의 물질적인 실존은 어떤 것이라도 상관없다. 상품을 특수한 하나의 상품인 금이나 은과 교환하는 것이 문제라고 하는 것은 하나의 《가상(ein Schein)》에 지나지 않는다. 이 《가상》은 …… [상품 교환의] 과정이 종결됨으로써 해소된다."(같은 책, S. 137)

또한 "유통과정 전체—거기에서 파운드는 유통수단으로 역할을 할 뿐이며, 가격의 실현은 하나의 《가상》에 불과하고 소멸해 가는 매개에 지나지 않는다—가 고찰되는 한에서는 …… 현실의 1파운드는 …… 하나의 부호에 불과하다."(같은 책, S. 138)

이상의 서술은 화폐를 단지 하나의 자연적 물질로 보고, 상품 교환을 화폐라는 물질, 정확하게는 금이나 은이 가진 그 자연적 「실체」(S. 140, 145, 기타)가 전환하는 것으로 보는 것은 「본질」로부터 분리된 외견상의 현상에 사로잡혀 있는 견해라는 것을 말해 준다.

제2의 사례는 화폐와 상품유통 간의 관련에서 상품유통으로부터 화폐의 자립성을 「가상」이라고 하는 것이다.

"화폐의 자립성은 《가상》에 불과하다. 결국 유통으로부터의 화폐의 자립성은 단지 유통을 망각하지 않는 것 속에만, 유통에 대한 의존으로서만 존립하고 있을 뿐이다."(같은 책, S. 157)

제3의 사례는 상품·화폐 관계에서 행위하는 개인의 독립, 자유, 평등이 「외견상」의 것이라고 하는 것이다. 이것은 단순한 교환과정이 실은 "표면적인 과정"(같은 책, S. 171)이라고 하는 것에 근거하고 있다.

"물상적 의존관계들은 외견상으로는(scheinbar) 독립해 있는 개인들과, 자립적으로 대립하는 사회적인 여러 연관에 불과하다."(같은 책, S. 96)

"개인들의 외견상의(scheinbar) 평등과 자유."(같은 책, S. 171)

이상의 예처럼 화폐장에서는 상품유통이나 화폐 그 자체, 혹은 그것을 기준으로 삼고서 교환을 행하는 개인들의 자립적인 관계 행위는 어느 것이나 더 심층의 과정에서 보면 「가상」이라고 자리매김한다.

3.2.2 화폐에서의 「반성」 관계의 규정들

그다음으로, 화폐장에 있는 「반성」 관계와 반성의 규정들을 살펴보고자 한다.

화폐장에서는 사적인 교환자들의 상호 관계가 전체적으로 「반성」의 논리에 의해서 파악되고 있다.

그에 따르면 화폐를 매개로 하는 사적인 상품 교환자들은 자연인으로 지니고 있는 서로의 차이나 구별에는 무관심하다. 그들은 "교환의 주체로서 《동등성》의 연관"에 있으며, "그들 사이에는 어떠한 《구별》이나, 하물며 《대립》을 찾아내는 일은 불가능하며 하나의 《차이성》을 찾아내는 일조차 불가능하다."(같은 책, S. 165)

또한 "개인은 교환에서 서로에게 배타적이고 지배적(규정적)인 주체로서 자신 속으로 반성하고" 있으며, 그 "개별 이익"은 "자기 자신 속으로 반성된 특수 이익"(같은 책, S. 168)이라고 말한다. 이것은 사적 교환자들의 이익이 그 자체로 자립해 있음을 서술한 것이다.

사적 교환자들은 화폐를 매개로 하여 판매자와 구매자라는 "구별된 규정"(같은 책, S. 169)으로 나타난다. 이것은 「이중의 대립 규정」의 "살아 있는 통일"(같은 책, S. 127)이다. 그러나 구매자와 판매자라는 규정은 상호 교체되며, 유통은 오히려 그러한 「구별」을 지양하고 「동등성」을 정립한다. 이 같은 사적 교환자들의 사회적 연관이 반영되고 표현된 것으로 교환가치로서의 상품의 성질이 있으며, "화폐는 첫째로 우선 모든 교환가치의 《동등성》이라는 연관을 표현하는 것"(같은 책, S. 120)으로 된다.

또한 이상의 의미에서 "가격은 상품의 직접적 규정성이 아니라 반성된 규정성이다."(같은 책, S. 121)라고도 말한다.

더욱이 마르크스는 헤겔 논리학·본질론 「본질」 편에 있는 「반성」 범주의 「구별」→「대립」→「모순」이라는 순서를 직접 의식하면서 표현하고 있다. 그것에 의하면 상품에 내재하는 사용가치와 교환가치는 각각의 특수한 상품과, 그 외부의 화폐라는 자립적인 존재의 형태로 나타난다. 상품과 화폐의 "이 이중의 각기 다른 《실존》은 《구별》로까지, 《구별》은 《대립》과 《모순》으로까지 진행되어 갈 수밖에 없다."(같은 책, S. 81) 여기에서 마르크스가 모순이라고 하는 것은 "생산물로서의 상품의 특수한 성질과 교환가치로서의 상품의 일반적 성질 사이의 모순"(같은 책, S. 81)을 말하며, 이 모순이 상품과 화폐라는 이중의 존재를 야기하는 필연성으로 파악되고 있다.[31]

3.2.3 화폐에서 「근거」의 규정들

화폐장에 있는 「근거」의 규정들을 살펴보자면, 「형식」과 「내용」을 많이 이용한다. 여기에서는 상품 교환에서 채용하는 「형태」 규정과 그 외부에 있는 「내용」이라는 파악 방식을 다룬다. 아래 서술에서 볼 수 있는 것처럼 상품 교환에서 상품의 사용가치나 이와 연관된 욕구는 「형식(형태)」

---

31 헤겔도 이와 똑같이 서술한다. "실재성의 구별을 더 잘 생각해 보면, 이 구별은 차이성으로부터 대립으로 되고 이와 동시에 모순으로 되며, 모든 실재성의 총괄 일반은 자기 자신에서의 절대적 모순이 된다."(『대논리학 II』 107~108쪽)

과 관련해서 있지 않는다는 의미에서 「외부에 있는」 「내용」이다. 그것과 동시에 그 「내용」이 「형식」과 연관되어 가는 것을 취급하는 서술의 전개가 예시되고 있다. 또한 경제학의 고유한 「내용」은 바로 상품 교환의 「형식」에 있는데, 그것은 상품 교환 관계가 산출하는 많은 경제적 「형태 규정」이다.

"(화폐 및 교환) 관계의 순수한 형태, 즉 그 경제적 측면이 고찰되는 한에서는—이 형태 밖에 있는 《내용》은 원래 여기에서는 아직 완전히 경제학의 범위 밖에 있고, 결국 경제적 내용과는 구별되는 자연적 《내용》으로서 정립되어 있으며, 이 자연적 내용에 관해서는 …… 경제적 관계로부터 아직 완전히 분리되어 있다……."(같은 책, S. 165)

혹은 또 "교환 행위 밖에 있는 《내용》에 대해서 말하면, 경제적 형태 규정의 외부에 속하는 이 《내용》은 단지 다음과 같은 것일 수밖에 없다. 즉 (1) 교환되는 상품의 자연적 특수성, (2) 교환자의 특수한 자연적 욕구, 또는 이 둘을 종합하여, 교환되어야 할 상품의 여러 가지 사용가치. 이러한 내용, 즉 교환의 경제적 규정의 완전히 외부에 있는 교환의 《내용》."(같은 책, S. 166)

소매에서의 경우 구매의 「내용」과 「형태 규정」.(같은 책, S. 174)

더욱이 "사용가치, 즉 상품의 《내용》, 상품의 자연적 특수성 그 자체는 경제적 형태 규정으로서는 전혀 존립하지 않는다. 상품의 형태 규정은 오히려 교환가치다. 이런 형태의 외부에 있는 《내용》은 아무래도 좋으며, 사회적 관계로서의 관계의 《내용》은 아니다. 그러나 이 《내용》은 욕구들과 생산 간의 하나의 체계 속에서 그와 같은 것으로서 전개되어 가는 것은 아닐까? 사용가치 그 자체가 경제적 형태를 스스로 규정하는 것

으로서 형태 그것 자체 속으로 끌고 들어가지 않을까?"(같은 책, S. 190)

(단순 유통에서는) "상품 자체—상품의 특수성—는 아무래도 좋은, 단순히 우연적인 또한 일반적으로 표상되는 《내용》이어서, 이러한 내용은 경제적 형태 밖에 있다. 즉 경제적 형태 관련은 단지 표면적인 형태, 형식적 규정일 뿐이고 현실적인 실체(Substanz)는 이 형태나 규정의 범위 밖에 있으며, 이 형태나 규정은 실체 그 자체에는 조금도 관계하지 않는다."(같은 책, S. 193)

이상과 같이 『요강』 화폐장에 있는 상품 교환과 화폐의 분석과 전개에서 헤겔 논리학·본질론 「본질」의 범주들(「가상」 「구별」 「차이」 「동등성」 「대립」 「모순」 「질료」 「내용」 「형식」)이 여기저기에서, 더욱이 의식적으로 채용되고 있음을 알 수 있다.

3.2.4 「물상」으로서의 화폐

마지막으로 화폐를 「물상」으로 파악하는 곳을 살펴보고자 한다.

헤겔의 경우 「물상」이란 어떤 「근거」가 여러 가지 「조건」을 재료로 하여 스스로를 구체화하는 것을 의미하며, 이 「물상」이 감성적인 사물로 있는 것이 「실존」이다. 이에 대해 마르크스의 화폐론은 "개인들의 생산물 또는 활동"이 다름 아닌 비인격적인 "화폐로 전화되어야 할 필연성"(같은 책, S. 91)임을 밝히고 있다. 그리고 "개인들이 이러한 물상적 형태에서 처음으로 자기 자신의 사회적인 힘을 받아들이고, 증명한다는 것."(같은 곳) 혹은 "화폐의 실존은 (사적 생산자들의) 사회적 연관의 물상화(Versachlichung)를 전제로 하고 있다."(같은 책, S. 93) 여기서 「물상(화폐)」

을 “분명 인격들 상호 간의 물상화된 관계로서의 《물상》, 결국 물상화된 교환가치로서의 《물상》일 뿐이다.”(같은 곳)라고 말하고 있듯이 마르크스는 바로 헤겔의 「물상」 논리를 구사하여 화폐를 파악한다.

3.3 자본 개념의 생성에서 「본질」의 논리

다음으로 「자본에 관한 장」을 검토하는 일로 옮긴다. 이 「자본에 관한 장」은 「자본 일반」의 개념 혹은 「자본의 일반적 개념」을 밝히는 부분과 거기서 획득한 「자본 일반」의 개념을 근거로 자본의 특수한 형태 규정을 전개하는 부분으로 나누어져 있다. 마르크스에게는 “자본 개념이 근대경제학의 근본 개념”(같은 책, S. 246)인데, 서술의 방법=플랜 속에서도 헤겔 논리학·개념론에 있는 「보편」 「특수」 「개별」의 변증법을 사용하여 자본의 「일반성」 내부를 더 나아가 (1) 「자본의 일반적 개념」 (2) 「자본의 특수화」 또는 「자본의 특수성」 (3) 「자본의 개별성」 또는 「화폐로서의 자본」 이렇게 세 가지로 나눈다.(같은 책, S. 187, 199)

이 절은 『요강』 「자본에 관한 장」에서 다루는, 「자본으로서의 화폐」로부터 「잉여가치」의 생산에 이르는, 「자본 일반」 개념의 생성이라는 범위에서 마르크스가 헤겔 논리학·본질론에 있는 「본질」의 범주들을 어떻게 구사하여 자신의 논리(방법)를 전개하고 있는지를 검토하고자 한다.

3.3.1 「현상」에서 「본질」로

마르크스에 따르면, 『요강』에서 "문제 삼는 것은 이미 생성되어 그것 자신의 기초 위에서 운동하고 있는 부르주아사회"(같은 책, S. 175)다. 요컨대 서술하는 과정에서 항상, 이미 성립해 있는 자본의 사회가 마음속에 떠오르고 있다. 그러나 마르크스의 「이론적 방법」에 있는 「구체적 총체」는 "직관과 표상을 개념으로 완성해 가는 행위의 산물"(같은 책, S. 37)에 불과하다. 그렇다면 자본제 생산의 총체를 「개념적으로 파악하는 행위」에서 「직관과 표상의 출발점」은 무엇인가? 그것은 무엇보다도 "자본은 우선 유통으로부터, 더욱이 자본의 출발점인 화폐로부터 나온다."(같은 책, S. 175)는 데에 있다.

"유통으로 들어감과 더불어, 동시에 또한 유통으로부터 자기 자신에게로 되돌아온 화폐는 …… 동시에 자본의 최초 개념이기도 하고, 그 최초의 현상 형태이기도 하다."(같은 책, S. 175)

이와 같이 「자본 일반」의 개념을 밝히기 위해 먼저 자본의 「현상」 형태로부터 들어가는 방법을 취한다. 이런 의미에서 『요강』 서술에서 선행하는 화폐장은 자본이 취하는 하나의 「현상」 형태를 분석하는 곳이다. 그러나 이 화폐장에서 분석되었던 화폐는 아직 자본으로서의 규정성을 지니지 못한, 바꾸어 말하면 자본이라는 규정을 논리적으로 사상해 버린 「화폐로서의 화폐」라는 단순한 규정에 머무르고 있는 화폐다.

"이론에서 가치 개념은 자본 개념에 선행하고"(같은 책, S. 174) "자본 개념을 전개하기 위해서는 노동으로부터가 아니라 가치로부터, 게다가 이미 유통의 운동에서 전개되어 있는 교환가치로부터 출발할 필요가 있다. 노동으로부터 자본으로 직접 [논리적으로] 이행하는 것은 불가능하다.” (같은 책, S. 183) 그리고 “교환가치가 자본의 규정으로 진행해 들어갈 때 취하는 최초의 형태”(같은 곳) 그것이 화폐다.

그래서 다음에 다루어야 할 과제는 「화폐의 자본으로의 전화」가 된다. 이것은 날마다의 과정에서 화폐가 자본으로 생성되는 현실의 운동을 실현하는 것이다. 여기서 문제되는 것은 어디까지나 “개념으로서의 자본의 생성”이다. 「화폐의 자본으로의 전화」론은 "단순한 교환가치로서의 유통으로부터 자본으로의 이행”(같은 책, S. 189)이고, 자본 개념의 「생성」론이었다. 이러한 「생성」과 「이행」의 논리는 헤겔 논리학·존재론 「질」에서 전개된 것이지만 화폐의 자본으로의 「이행」과, 「생성된」 자본 개념으로부터의 전개의 구체적 내용은 헤겔 논리학의 「본질」에서 밝혀진 규정들을 전면적으로 구사하면서 서술된다.

3.3.2 자본에서의 「가상」과 「반성」 관계

「화폐의 자본으로의 전화」에 관한 『요강』의 구체적인 논술에서는 우선 화폐나 유통의 자립성을 「가상」으로 끌어내린다.

단순한 유통이나, 그를 기초로 해서 자립하여 존재하는 것 같아 보이는 화폐 자체는 자본의 유통이나 생산과정에서 보면, “표층에서 직접 현존하는 것으로 나타난다.” 그러나 “유통의 직접적 존재(Sein)는 순수한 가상(reiner Schein)이다. 유통은 그 배후에서 진행해 가고 있는 과정의 《현상(Phänomen)》이다.”(같은 책, S. 177) 그러므로 “유통은 그것 자체 속에 자기 갱신의 원리를 포함하고 있지 않다. 자기 갱신의 계기들은 유통에 대해서는 전제되어 있으면서도 유통 그 자체에 의해서 규정되는 것은 아니다." "유통이 존재하는 것은 그것이 끊임없이 매개되는 한에서다."(같은 곳)

그래서 유통의 전제이자 출발점이 되는 것은 노동에 의한 상품의 생산이라는 것이 상기된다. 이렇게 하여 논리적으로 유통으로부터 생산으로 "되돌아간다." 그렇다면 "이번 경우는 생산이 유통을 전개된 계기로서 전제하고 있고, 생산 역시 유통을 정립하고 더구나 끊임없이 유통으로부터 자신으로 되돌아와서 다시 유통을 정립하는 끊임없는 과정으로 나타난다."(같은 책, S. 178) 이렇게 하여 자본으로서의 규정 속에서 유통과 생산은 상호 정립하고 서로 전제하는 관계에 있음이 밝혀진다. 이것은 바로 「반성」 관계(헤겔에게서는 정립된 반성)의 논리다.[32]

그밖에 「반성」 관계에 관해서는 생산관계를 「반성」 관계로 파악하고 더욱이 이 생산관계와 자본가의 관계를 파악하는 다음의 예가 있다.

(리카도나 시스몽디 등의 경제학자가 노동은 생산적이지만 자본은 생산적이 아니라고 말한 것에 대해서) "그들은 이러한 경우에 자본을 그것의 특유한 형태 규정성에서, 결국 자본을 자신 안으로 반성하게 하는 생산관계로서 파악하는 것이 아니라 단지 자본의 소재적인 실체, 즉 원재료 등만을 고려할 뿐이다."(같은 책, S. 228)

또한 마찬가지로 "대자[자각]적으로 존재하는 자본이란 자본가를 말한다. 사회주의자는 곧잘 자본은 필요하지만 자본가는 필요 없다는 등의 말을 한다. 이 경우 자본은 순수한 《물상》으로 나타나지, 생산관계로 나타나지는 않는다. 이 생산관계가 자신 안으로 반성된 것이 다름 아닌 자

32 우치다, 앞의 책, 197~199쪽 참조.

본가다."(같은 책, S. 223)

이러한 서술에서 자본이 무엇보다도 생산관계를 표현하는 범주라는 것, 그 생산관계 내부에는 여러 상호 전제, 상호 매개의 「반성」 관계가 포함되어 있으며, 그것들이 경제적 규정들로 나타난다는 것 등을 보여 준다고 생각한다.

3.3.3 화폐와 자본에서 「동일성」과 「구별」

『요강』에서 최초의, 더욱이 최대의 문제는 "교환가치 및 화폐라는 단순한 규정" 혹은 "추상적 규정"(같은 책, S. 171)과 "자본이라는 본질적으로 다른 규정성"(같은 책, S. 172) 사이의 구별을 파악하는 일이다. 이것은 마르크스가 현실의 구별을 파악할 수 없는 조잡한 이해력밖에 없다고 단정한 경제학자들(프루동, 바스티아, 캐리)에 대한 방법론상의 비판과 통하는 문제이다.

"자본으로서의 화폐는 화폐로서의 화폐와 구별된다." "자본으로서의 화폐는 화폐로서의 단순한 규정을 넘어서는 화폐의 규정이다." 따라서 "이 새로운 규정이 전개되어야 한다."(같은 책, S. 173)

이와 같이 논리적 방법에서는 "바로 사회적 연관(부르주아사회의 연관)을 표현하는 《구별들》"(같은 책, S. 188)이야말로 중요하다. 이것에 대해서 자본과 노동의 교환을 단순한 유통으로 환원하는 것은 "모든 것이 거기에 관계하는 특수한 《구별》을 사상하는 것"(같은 곳)을 의미한다.

자본은 교환가치 측면에서는 단순한 유통의 범주인 상품이나 화폐와 「동일성」을 보존하고 있다. 그러나 "자본은 가치와 화폐로부터 구별되어야 할 관계로서 자본 일반이며, 자본으로서의 가치를 단순한 가치 또는 화폐로서의 자신과 구별하는 규정들의 총괄이다."(같은 책, S. 229)

그래서 『요강』에서 이루어진 「자본의 최초 규정」은 다음과 같다.

"자본의 최초 규정은 유통에서 생겨나며, 따라서 유통을 전제하는 교환가치는 유통 속에서 그리고 유통을 통해서 자신을 보존 유지하는 것이다. 이 교환가치는 유통에 들어감으로써 자신을 잃지 않는 것, 유통은 교환가치가 소멸해 가는 운동으로서가 아니라 오히려 교환가치가 교환가치로서 현실적으로 자신을 정립하는 운동으로서 교환가치를 교환가치로서 실현하는 것, 바로 이것이다."(같은 책, S. 183)

이와 같이 자본이 교환가치로서의 자기동일성을 지니고 있다는 것이 「자본의 최초 규정」이다. "자본이 보존 유지하고 있는 《동일성》, 즉 일반성의 형태는 교환가치라는 것, 또한 교환가치로서의 화폐라는 것이 그것이다."(같은 책, S. 185) 이러한 측면에서 보면, 상품이나 화폐 형태를 번갈아 취하는 것에 관해서, 자본 그 자체는 이와 같은 "규정된 형태에 대해서 무관심하다." 이 경우에 상품이나 화폐는 자본의 「일반성의 대립적인 규정」이다.[33]

마르크스는 논의를 더 진행하여 「자본과 노동의 교환」과 「단순한 교환」 사이의 구별을 문제 삼는다. 양자의 「형식적 구별」은 「단순한 교환」에서는 구입된 상품의 사용 즉 소비가 유통의 외부에 속하는 데 반해 「자본과 노동의 교환」에서는 "화폐와 교환되는 사용가치가 특수한 경제적

33 헤겔의 다음과 같은 말을 참조했다. "본질은 무한한 자기 귀환으로서 …… 구별된 계기를 통한 운동이며, 절대적 자기 매개다. / 본질은 우선 첫째로 자기 자신에게로의 단순한 관계, 즉 순수한 동일성이다."(『대논리학 II』 47쪽)

관계로 나타나고, 화폐와 교환해서 손에 넣은 것을 특정한 방식으로 사용하는 것이 …… 과정의 궁극적인 목적을 이룬다."(같은 책, S. 198)는 데 있다.

나아가 이 두 교환은 "내용으로 보면 다르다."(같은 책, S. 199) 즉 "자본과 노동의 교환에서 제1의 행위는 하나의 교환이고 완전히 보통의 유통에 속하"지만, 자본이 노동을 취득한다는 특수한 과정 즉 제2의 행위는 "교환과는 질적으로 다른 과정"이며 "교환과 직접 대립하고 본질적으로 다른 범주다."(같은 곳)

이와 같이 「자본과 노동의 교환」에 관한 분석에서도 「자본과 노동의 교환」과 「단순한 교환」 간의 「구별」과 「동일성」이라는 논리가 구사되고 있다.

3.3.4 「대립물」로서의 자본과 임노동

자본은 단지 유통에서 등치되고 자신의 「동일성」을 보존·유지할 뿐만 아니라 "제 자신을 배가하는 것" 혹은 "자기 가치를 증식시키는 것에 의해서만 자신을 교환가치로 정립한다." "교환가치로 대상화된 노동이 살아 있는 노동을 교환가치의 재생산 수단으로 정립한다."(같은 책, S. 187)

이리하여 『요강』의 분석은 「자본과 노동 사이의 교환」으로 이행하는데, 이것은 화폐장에서 밝혀진 이전의 규정들과의 연관에 근거하면서 동시에 새로운 규정들을 밝히는 일이기도 하다. 논리의 전진은 곧 후퇴다. 이 점에 관해서 마르크스는 다음과 같이 쓰고 있다.

"우리는 우선 먼저 자본과 노동의 관계에 포함되어 있는 단순한 규정들을 분석하지만, 그것은 …… 이전의 규정들에 대해 가지고 있는 내적 연관을 찾아내는 일이 된다."(같은 책, S. 189)

자본과 노동 사이의 교환에 관한 분석에서 우선 자본과 대립하는 노동은 "비자본 즉 자본의 부정"으로서의 노동이 된다.(같은 책, S. 198) 비자본으로서의 노동은 임노동을 말하며, 논리적으로는 처음부터 곧바로 자본의 대립물로서의 임노동으로 가지 않고 단순한 노동이라는 「구별」로 이행한다.

"자본을 상대하는 노동 …… 은 노동 그 자체, 추상적 노동이며, 노동의 특수한 규정성에 대해서는 전혀 무관심하다. …… 자본 자체는 그 실체의 총체성으로서 있음과 더불어 그 실체의 모든 특수성을 사상한 것으로 있으면서 자신의 실체의 특수성에 대해서는 일체 무관심하므로 자본을 상대하는 노동 쪽도 주체적으로는 동일한 총체성과 추상성을 자체적으로 가지고 있다. (중략) 노동이 단지 형식적인 활동, 혹은 똑같은 말이지만, 단지 소재적인 활동, 즉 형태에 대해서 무관심한 활동 일반이 됨에 따라 이 경제적 관계—하나의 생산관계의 양극으로서 자본가와 노동자가 담지하고 있는 성격—는 점점 순수하고 또 적합하게 전개되어 간다."(같은 책, S. 217)

"자본은 형태에서 보면, 노동대상들과 노동으로 이루어진 것이 아니라 가치들로 이루어져 있는데, 생산과정을 진행하는 중에 자본의 가치 요소들이 여러 가지 실체를 받아들였다는 것은 그것들의 가치로서의 규정과는 관계없으며, 그것들은 그런 것에 의해서 바뀌지는 않는다(Daß seine Wertelemente verschiedne Substanzen angenommen haben während des Produktionsprozesses, geht ihre Bestimmung als Werte nicht an; sie werden dadurch nicht verändert)."(같은 책, S. 230)

이것들에 관한 서술은 나중의 『자본론』 제1권 제5장 「노동과정과 가치 증식 과정」을 떠오르게 하지만, 하여간 자본의 대립물로서의 노동은 노동 일반임과 동시에 자본과 대립하는 특수한 노동이기도 하다.

"최초의 전제는, 한편에는 자본이 있고 다른 편에는 노동이 있어, 양자가 서로 자립적인 모습으로 상대하고 그러므로 양자는 서로에 대해 소원하다는 것이다. 자본과 대립하는 노동은 타인의 노동이며, 노동과 대립하는 자본은 타인의 자본이다. 서로 대립하는 양극은 특수한 서로 다른 방식을 하고 있다."(같은 책, S. 189)

이상과 같이 『요강』의 논리는 자본의 「동일성」, 「구별」에서 「대립」으로 진행되어 가고, 자본의 고유한 「대립물」로서의 임노동으로 이행하는 식으로 진행된다. "노동은 자본의 《대립물》로서 자본의 대립적 현존재로서 자본에 의해서 전제됨과 동시에 다른 한편으로는 노동 쪽에서도 자본을 전제한다고 하는 노동의 본질……."(같은 책, S. 216)이 밝혀지고, 이러한 의미에서 "자본은 …… 원래부터 임노동의 계기를 대립적으로 자신 속에 포함하고 있다."(같은 책, S. 245)고 한다.[34]

---

34 자본에게 고유한 「대립」은 더 나아가 자본의 「모순」으로 진행되어야 한다. "자본 개념의 엄밀한 전개가 필요하다. 그것은 자본 개념이 근대경제학의 기본 개념이기 때문이다. 관계의 기본 전제를 예리하게 파악하는 일로부터, 부르주아적 생산의 일체의 모순이 밝혀져야 하며, 또 이 관계가 자기 자신을 뛰어넘어설 때의 한계도 밝혀져야 한다." (MEGA, II-1, S. 246) 이 이외에 S. 241, 249, 255에도 그러한 지적이 있는데, 자본의 모순 내용에 관해서는 본서 제7장을 참조하라.

3.3.5 자본에서의 「질료」와 「형식」 및 「내용」

이리하여 『요강』은 자본의 노동과정 및 잉여가치의 생산에 대한 해명을 거쳐 자본 내부의 규정들로 옮겨 들어간다. 여기에서는 자본이 자신의 「동일성」을 보전하면서 그것 자체로 여러 가지 「실체」나 「질료」, 「내용」과 「형식」을 갖는다고 하는 식으로 헤겔 논리학의 「본질」의 범주들을 구사하면서 자본의 규정들을 밝히고 있다.

"교환가치는 자본에서 비로소 교환가치로서 정립되는데, 그것도 교환가치가 유통 속에서 자기를 보존 유지함으로써, …… 항상 자신 이외의 《실체》들 속에서, 또 《실체》들의 총체성 속에서 자신을 현실화하는 것에 의해서이며, 또한 자기의 형태 규정을 잃지 않고, 여러 가지 《실체》들 중 어느 것 속에서든 자기 자신과의 동일성을 유지하는 것에 의해서이다."(같은 책, S. 184) 혹은 다음과 같이 말하기도 한다. "생산과정에서는 이제 자본 자체는 《형식》으로서의 자기 자신을, 《실체》로서의 자기 자신으로부터 구별한다."(같은 책, S. 221)

이와 같은 의미에서는 예를 들어 고전파 경제학자들이 사용했던 「축적된 노동」이라는 규정은 자본의 「질료」로 자리매김하고 있다.

"자본을 《새로운 노동(생산)을 위한 수단으로 이용되는, 축적된 노동》이라고 말하는 경우, 그것 없이는 자본이 자본일 수 없는 형태 규정은 도외시되고 자본의 단순한 《질료(Materie)》만이 고찰된다. 이는 자본은 생산수단이라고 하는 것 외에 어떤 것도 의미하지 않는다."(같은 책, S. 179)

또한 자본의 생산과정의 한 측면으로서, 그 "소재적 측면"(같은 책, S. 229)이라 할 수 있는 "단순한 노동과정"(같은 책, S. 222) 혹은 "생산과정 일반"(같은 책, S. 224)을 분석하는 곳에서는 「소재」와 「형태」라는 범주가 사용되고 있다. 노동과정의 "소재적 계기는 그 자신 속에서 《질료》(원재료 및 용구)와 《형식》(노동)으로 구별되고 있는데, 또한 양자의 연관으로서는, 말하자면 현실적 과정으로서는 그것 자체 역시 소재적 연관—자본으로서의 그 형태 연관으로부터 구별된 자본의 《내용》을 이루는 2개의 소재적 요소의 연관—에 불과하다."(같은 책, S. 221)

이 경우, 노동과정 자체가 「질료」와 「형식」으로 나누어지고, 「질료」와 「형식」이 양자 사이의 연관이 「내용」이 되어, 이 「내용」이 자본에게 고유한 「형태」 규정과 구별되고 있다. 이것은 바로 일정한 형식을 갖는 질료는 내용이라는 헤겔의 논리를 원용한 것이다.

『요강』의 주요 과제는 "자본을 자본이게 하는 형태 규정—독자적으로 존재하고 있는 사회관계"(같은 책, S. 222)를 전개하는 것이며, 이 「형태」 규정과의 연관에서 항상 그 「내용」이나 「실체」도 또한 밝혀지고 있다. 그리고 이와 같은 철저한 분석을 통해 그때까지의 경제학이 자본에 고유한 「형태」 규정을 「내용」이나 「실체」로 환원해 왔던 방식에 대해서 방법론적인 비판을 가하고 있다. 지금까지 경제학은 "생산용구를 자본이게 하는 경제적 형태를 간과하면서 자본을 소재적 측면에서만 파악하는"(같은 책, S. 481) 방식을 견지해 왔다고 한다.

앞에서도 살펴보았듯이 "자본은 그 소재적 측면에서 단순한 생산과정으로 고찰되어 왔다. 그러나 이 과정은 형태 규정성이라는 측면에서 보면, 자기 증식 과정이다. …… / 가치는 주체로 등장한다."(같은 책, S. 229) 이를 잊어서는 안 된다. 따라서 "(자본이 축적된 노동이라고 하는 것처럼) 자본의 규정된 형태가 사상되어, 오로지 《내용》만이 강조되고 자본이 이

《내용》으로서는 모든 노동의 필요한 한 계기라고 한다면, ……. 이 증명은 바로 자본을 인간적 생산의 특수하게 발전한 역사적 단계의 계기이게 하는 특유한 규정들을 사상하게 된다."(같은 책, S. 180)[35]

3.3.6 자본에서 「근거」

앞에서도 서술했듯이 자본 개념의 「생성」 과정에서 가장 초점이 된 것은 가치와 자본 간의 관계다. 이 가치와 자본 간의 관계에서는 헤겔 「본질」에 있는 「근거」나 「기초」라는 범주도 사용된다. 즉 가치와 자본 간의 관계에서 가치는 자본에 의해 근거 매겨지는 것이지만, 이론의 진행에서는 가치 개념이 자본 개념을 근거 매긴다는 관계가 된다.

"이론에서 가치 개념은 자본 개념에 선행하지만, 다른 한편 또한 자기 자신을 순수하게 전개하기 위해서는 자본을 기초로 하는 생산양식을 전제로 하기도 한다……."(같은 책, S. 174)

"이제 유통 그 자체가 교환가치를 정립하는 활동으로, 즉 교환가치를 생산하는 활동으로 되돌아간다. 유통이 그러한 활동으로 되돌아간다는 것은 바로 자기 자신의 《근거》로 되돌아감을 의미한다."(같은 책, S. 177)

---

35 또한 자본이 일정한 크기의 가치라고 하는 것만으로 충분치 않다는 것에 관해서 다음과 같이 말한다. "다른 한편 자본은 가치의 생산을 위해 사용되는 가치의 총액이라고 일컬어진다. 바꿔 말하면 자본은 자기 자신을 재생산하는 교환가치라는 것이다. 그러나 형식적으로 볼 때 교환가치는 단순 유통에서도 재생산된다. 이러한 설명에서는 과연 《형태》가 확실히 파악되고 그럼으로써 교환가치가 출발점이 되기는 하지만, 《내용》에 대한 관련 …… 이 빠져 있다.(MEGA, Ⅱ-1, S. 180)

이와 같이 "유통의 전제 또는 유통을 발생하게 하는《근거》로서의 생산"(같은 책, S. 326)으로 되돌아가는 것은 자본이 유통으로부터 발생하고 생산과정으로 진행하며 생산과정으로부터 나오는 것이므로, 자본 개념에서 유통과 생산과정 사이의 관계를「근거」와「근거 매겨지는 것」사이의 관계로 파악한다. "실제로 …… 자본은 유통의《근거》인 생산과정으로 되돌아가는 것과 마찬가지로 생산과정으로부터 다시 나온다."(같은 책, S. 317)

이상과 같이『요강』에 있는「자본 일반」의 개념적 생성의 논리 속에서 헤겔 논리학 본질의 범주들이 종횡으로 사용되고 있음을 명백하게 밝힐 수 있다.

3.4 자본 개념의 전개에서「본질」의 논리

「자본에 관한 장」후반부는 확정된 자본 일반의 개념에 근거하여 자본의 여러 특수한 형태 규정성을 전개하는 곳이다.

자본의 노동과정과 가치 증식 과정을 고찰하는 가운데, 마르크스는 미리 자본은 "생산과 유통의 직접적 통일"이고 자본 개념의 "전개란 이러한 생산과 유통의 통일로서 자기를 정립하고 지양하는 것"이어서, 이 통일은 "단순한 어떤 것으로 현상한다."(같은 책, S. 248)고 쓰고 있다.

그래서 생산과정과 가치 증식 과정에 관한 고찰을 끝내자, 이 두 과정의 "통일의 결과로서 이제 과정의 생산물, 즉 자본 그 자체가 나타난다."(같은 책, S. 315) 자본의 생산과정에서 나온 상품이 다시 화폐가 되기 위해 유통과정으로 들어간다. 이 자본의 유통과정을 다루고자 하는 곳에서 "자본이 자본으로서 정립되는 과정의 제3의 측면을 다루는 곳으로 옮겨 간다."(같은 곳)고 서술하고 있다. 이와 같이 자본 개념의 전개는 자본의 현실적 운동 과정에 따라 이루어지며, 이것의 제1의 과정은 화폐의 자본으로의 전화 그 자체, 특히 노동과의 교환, 제2의 과정은 자본의 자본에 의한 자본을 위한 생산=가치 증식 과정, 제3의 과정은 자본의 유통과정이다. 이 제3의 과정은 자본을 재생산하는 과정이기도 하다.

따라서 "자본을 유통과 생산의 규정된 통일로 정립하는" 것을 마르크스는 「제3의 계기」라 일컬었다. "자본 개념의 형성에서 전개되어야 할 [이] 제3의 계기"는 자본 자신이 만들어 내는 잉여가치가 잉여자본이 되는 "최초의 축적"(같은 책, S. 236)이다. 이 자본에 의한 축적은 "자본의 [개념적: 인용자 주] 생성을 위해서 필요하며, 전제로 받아들여지고 있었던 축적", 즉 임노동과 대립하는 일정액의 화폐 축적과는 본질적으로 다르고 또한 자본이 역사적으로 발생하기 위한 최초의 축적, 소위 본원적 축적과도 다른 "자본으로서 생성한 자본의 축적"(같은 책, S. 237)이다.

이와 같은 자본의 재생산과 축적에 관한 고찰에서는 자본의 개념을 밝힐 때 최초로 전제되었던 몇 가지 조건이 자본 자신에 의해 만들어진다는 것이 밝혀진다. 이리하여 자본의 일반적 개념에 의거하고 이번에는 더 특수 구체적인 규정들이 "맹아로부터의 전개"(같은 책, S. 229)로 다루어지면서 자본 개념이 완성된다.

다음으로, 자본 일반의 개념을 전개하면서 사용되는 「본질」의 범주들을 밝히려고 한다.

3.4.1 자본의 「본질」과 「가상」

자본의 개념이 밝혀지게 됨에 따라 몇 가지 이론적인, 즉 인식상의 「가상(=외관)」이 사라진다. 여기서도 「가상」의 논리가 사용된다.

예를 들면, 자본과 노동 간의 교환은 등가물 사이의 「단순한 교환」이었다. 그러나 "자본과 노동 간의 교환은 비록 노동자 쪽에서 볼 때는 단순한 교환이라고 해도, 자본가 쪽에서 볼 때는 비교환(非交換)이어야 한다. 자본가는 주어진 것보다 더 큰 가치를 얻지 않으면 안 된다. 자본 쪽에서 본 교환은 단지 하나의 외견상의(scheinbar) 교환에 불과한 것이어야 한다. 다시 말하면 그것은 교환의 형태 규정과는 다른 경제적 형태 규정에 속한 것이어야 한다."(같은 책, S. 238) 따라서 예를 들면, 임금의 "성과급 제도는 분명 노동자가 마치 생산물의 일정한 몫을 받는 것처럼 보이는 《가상》을 가지고 들어온다". 이 제도에 관한 고찰은 "일반적 관계를 고찰하는 지금의 경우와는 전혀 관계가 없는 것"(같은 책, S. 238)이지만, 노동자와 자본가 사이의 「몫 나눔」 관계라는 외관은 소멸한다.

또한 자본의 재생산에서 임금노동자는 화폐의 소지자로서, 결국 「소비자」로서 자본가와 상대한다. "이 교환에서 노동자는 다른 모든 교환자와 마찬가지로 동등자로서 자본가와 상대하고 있다. 적어도 외견상으로는(nach dem Schein) 그렇다. [그러나] 사실상 이러한 평등은 이미 다음 사실로 인해 방해받고 있다. 말하자면 임금노동자가 노동자로서 자본가와 맺는 관계가 …… 이와 같은 외견상의 단순한 교환에 대해 전제되어 있다는 것, 따라서 그는 실제로는 경제적으로 다른 규정을 받는 관계 속에 있다는 것 ……. 그렇지만 이러한 《가상》은 환상(Illusion)으로서 노동자 쪽에 존재함과 동시에 또한 어느 정도 다른 쪽에도 존재하며, 노동자의 관계를 본질적으로 변용시킨다."(같은 책, S. 206-207)[36]

잉여가치에서 잉여자본으로의 전화 과정이 밝혀지면, 『요강』 서술의 맨 처음에서 노동의 생산물로 나타났던 (또 그렇게 가정할 수밖에 없었던) 자본으로서의 화폐가, 실은 타인의 잉여생산물이 전화된 것이라는 사실이 밝혀지게 된다. 타인 노동의 취득이 새로운, 그리고 더 큰 타인 노동의 취득을 위한 조건이자 전제가 된다. 이런 것에 의해서 최초에 상정되었던 교환의 법칙, 소유와 노동의 동일성, 자기 노동에 근거한 소유권 및 노동량에 근거한 등가물끼리의 교환 법칙은 그것과는 정반대의 법칙, 즉 노동과 소유의 분리, 타인 노동에 대한 등가 없는 일방적 취득으로 「전회(転回)」=전개된다.

"여기에서는 생산과정을 처음에 고찰했을 때 아직 존재하고 있던 《가상》, 즉 자본이 자신 쪽에 있는 어떤 가치를 유통으로부터 끄집어내는 것 같은 《가상》은 없어지게 된다."(같은 책, S. 363)

이 「소유권의 변증법적 전회」(같은 책, S. 366) 혹은 「필연적인 변증법」(같은 책, S. 416)에 따라서 "최초의 거래로 나타났던 등가물의 교환—소유권은 이것을 법률적으로 표현한다—은 한편에서는 교환이 행해진다는 것은 단지 《가상》일 수밖에 없다고 하는 것처럼 선회해 버렸다. 왜냐하

---

36 주의를 촉구하기 위해 덧붙이자면, 그 후 마르크스는 어떤 자본가도 자신의 노동자에게는 절약을 요구하지만, 다른 노동자와는 소비자로서 상대하기 때문에, 그들을 소비로 내몰고 새로운 욕구를 강요한다고 한다. 이런 관계는 "문명의 본질적인 계기 중 하나이고 자본의 현재 힘도 이것을 기초로 한다."고 썼다. 다만 이러한 관계는 "자본과 이윤" 혹은 "자본의 축적과 경쟁을 다루는 곳에서도 전개된다."(MEGA, II-1, S. 210)고 한다.

면 살아 있던 노동 능력과 교환되는 자본 부분은 첫째로, 그것 자체가 등가 없이 취득된 타인의 노동이기 때문이고 둘째로, 노동 능력에 의해 잉여를 가져와 보전되어야 하기 때문이다……. 요컨대 교환 관계는 완전히 탈락해 버렸으며, 바꿔 말하면 단순한 《가상》일 뿐이다."(같은 책, S. 367)

또한 임금노동자와 자본가 사이의 관계가 "교환자 일반의 평등하고 자유로운 관계이다."(같은 책, S. 372)라고 하는 형식, "소유를 노동의 성과로서만 정립한다고 하는 외관(Das Ansehen)", "자기 노동의 생산물에 대한 사적 소유를 조건으로 정립한다."(같은 책, S. 412)는 것에 관해서도, 마찬가지로 「가상」의 소멸을 말할 수 있다.

이제 "등가물의 교환이 이루어지는 것은 교환 없이, 그러나 교환의 《가상》 아래에서 타인의 노동을 취득하는 데 기초를 둔 생산의 표층에 불과하다. 이러한 교환 체제는 그 기초(Grundlage)로서의 자본에 근거하고 있으며, 그것이 자본에서 떨어져 나와 표면상 그렇게 보이듯이 자립적인 체제로 간주되었다고 할지라도 이것은 완전히 《가상》에 불과하다. 그러나 그것은 필연적인 《가상》이다."(같은 책, S. 412)

그 밖에 생산된 자본을 고찰하는 곳으로 들어가면, "유통의 자립성" "생산의 피안성"도 역시 "단순한 《가상》으로 끌어내려진다."(같은 책, S. 416, 435)는 것은 말할 것도 없다.

이상의 예들은 이제까지의 서술에서 어떻게 해서든 그렇게 보였던, 혹은 그렇게 전제될 수밖에 없는 사태가 실은 「가상」이 된다고 하는데, 그것에만 그치는 것이 아니다. 자본 개념의 전개와 함께 새로운 「가상」이 잇달아 나타나게 된다.

예를 들면, 1년에 4회 회전하는 자본이 잉여가치를 20 산출하고 1회

회전하는 400의 자본도 잉여가치를 20 산출한다고 하는 예처럼 "자본의 크기는 유통(umlauf: 회전) 속도에 의해서, 유통 속도는 자본의 크기에 의해서 보충될 수 있는 것처럼 보인다. 그리하여 유통 시간 그 자체가 생산적이라는 것 같은 《가상》이 들어온다."(같은 책, S. 516) "덧붙여 …… (중략) 회전(Umschlag)이라는 단순한 계기—반복—에 의해서 결국 유통 시간에 의해서 규정된 계기라는, 혹은 오히려 유통에 의해서 규정된 계기라는 단순한 계기에 의해, 가치가 실현될 뿐만 아니라 절대적으로 증대하는 것처럼 보인다. 이런 점도 역시 연구되어야 한다."(같은 곳)

이와 같이 자본 개념을 전개하는 부분이 되면, 그 이전의 전제나 조건이 「가상」으로 전화할 뿐만 아니라 새로운 「가상」, 즉 일종의 필연적 현상 형태가 들어온다. 이러한 형태에서 「자본」의 서술은 조금씩 현상의 세계로 접근하고 현상이 갖는 「가상」성도 역시 밝혀지게 된다.

3.4.2 자본 내부 규정의 「반성」 관계

헤겔이 말하는 「반성」 관계의 논리는 하나의 본질 속에 있는 상호 의존과 상호 자립 관계를 표현한 것이었다. 그러므로 「반성」이라는 용어가 사용되지 않는 경우에도 「반성」 관계의 논리는 자본 내부에 있는 규정들의 상호 관계에서도 타당하다고 하겠다.

우선 첫째로 자본의 재생산과 축적의 과정을 고찰하는 곳에서 마르크스는 "자본이 자본으로 정립되는 과정의 제3의 측면을 다루는 곳에 이르렀다(Hence we arrive at the third side of the process in which capital is posited as such)."(같은 책, S. 315)고 쓰는데, 그 지점에서 되돌아보면, 자본은 화폐에서 생산요소에 이르는 제1의 과정, 가치 증식이라는 제2의 과정, 그리고 다시 교환에 의해 가치가 실현되는 제3의 과정을 통과하는 것이다. 이 "통일하여 자본을 형성하는 세 과정"은 "내적 통일성"과 "각각이 다른 것의 전제임에도 불구하고 상호 자립하여 병존하고 있다."(같은 책, S. 316)는 관계에 있다. 이것이 헤겔이 말하는 「반성」 관계다.

또한 3.4.1에서 보았듯이 유통에서의 등가교환이나 자본으로서의 화폐=가치, 타인의 소유물로서의 생산=생활수단이라는 자본 개념의 전제들은 이제 "자본의 내적 본질에서 생겨난 것으로 나타나고, 이 본질에 근거하여 해명되고 있다." "이제 이것들의 외적인 전제가 자본 자체의 운동의 계기들로 나타날 것이며, 그 결과 자본 그 자체가 이것들의 전제를 자기 자신의 계기들로서 전제하여 왔다."(같은 책, S. 360)

이와 같이 최초에 전제되었던 것이 정립된다는 것, 혹은 일방적 전제로부터 상호 전제로 전진한다는 것이 바로 「반성」 관계의 논리다. 이것에 의해서 앞 절에서 보았던 「가상」의 소멸도 명백히 밝혀지게 된다.

이 점에서는 앞선 항에서 다루었던 「취득 법칙의 전회」론도 역시 본질과 현상 간의 상호 관계이며 자기 자신에게로의 「반성」과 「자기 전회」(헤겔)의 논리라고 할 수 있다. 타인 노동의 취득이 새로운, 그리고 더 큰 타인 노동의 취득을 위한 조건이 되고 전제가 된다. 이것이 바로 「정립된 반성」의 논리다.

또한 직접적 생산과정과 유통과정 두 계기 사이의 상호 규정 관계, 덧붙여 말하자면 일반적 유통과 자본 유통 사이의 관계는 각각 서로 자립하면서 관련을 맺는 것이고, 양자는 「반성」 관계에 있다고 할 수 있다.[37]

---

37 마르크스는 상호 전제로부터 더 파고들어가서 말하자면 일방적 전제의 논리로서의

3.4.3 자본 내부 규정들의 「동일성」「구별」「대립」

다음으로, 일종의 원환 운동을 그리는 주체로서 자본은 유동자본이자 자본 그 자체다. 이 경우 어떤 특수한 자태(姿態: 상품이나 화폐, 생산조건의 모습)에 머물고 있을 때의 자본은 고정(된) 자본이다. 이와 같은 고정자본과 유동자본 간의 구별과 상호 관계가 되면, 단순한 「반성」 관계에서 더 나아가 「구별」과 「대립」의 규정이 된다.

『요강』에 있는 유동자본과 고정자본의 규정은 마르크스의 서술 플랜(같은 책, S. 187, 199)에 따르면, 자본 일반의 특수화 혹은 자본 일반 내부의 특수성이었다. 이곳은 전체적으로 자본 내부의 「동일성」「구별」「대립」에 따르는 내용으로 되어 있다.

마르크스는 먼저, 이제 자본이 유통의 주체이고 독자적인 유통을 통해서 자기동일성을 보존하는 것처럼 보일 때, 그 자본은 유동자본이라고 말한다. 이와 달리 어떤 특수한 형태로 고정되었을 때, 자본은 고정자본이 된다. 이것은 자본의 「동일성」이라는 규정에 비추어 본 경우의 유동자본과 고정자본의 「구별」 규정이며, 유동자본·고정자본에 관한 제1 규정이다.

"모든 국면을 통과하는 주체로서의 자본, 유통 및 생산의 동적인 통일, 과정을 진행하는 통일로서의 자본은 유동자본이다. 스스로 이들 국면 각각에 속박되어 있는 것으로서의 자본, 자신의 여러 구별에서 정립되어 있는 것으로서의 자본은 고정된 자본이며, 속박된 자본

「본원적(원시적) 축적」론으로 진행한다. 이것은 자본의 발생사에 관한 시사적인 서술인데, 헤겔에게는 이러한 일방적 전제의 논리가 결여되어 있다.

(engagirtes Capital)이다. (중략) 따라서 유동자본과 고정자본 간의 구별(Untersheidung)은 우선 첫째로는 자본이 과정의 통일로 나타나는가, 그렇지 않으면 과정의 특정한 계기로 나타나는가에 따라 그것이 받아들여지는 형태 규정으로 나타난다."(같은 책, S. 508)

"유동과 고정이라는 규정은 우선 첫째로는 두 가지 규정 아래에—…… 두 가지 자본이 아니라, 같은 자본의 각기 다른(verschiedne) 형태상의 규정으로—정립된 자본 그 자체, 즉 첫째로는 과정의 통일로 정립되고, 그 다음에는 과정의 특수한 국면으로, 통일로서의 자기로부터의 《구별》로서의 자본 그 자체로서 정립된 자본 그 자체 이외에 어떤 것도 아니라는 것, ……."(같은 책, S. 508)

이와 같이 유동자본과 고정자본의 제1규정을 내린 후에, 마르크스는 "전체적으로 보면 유통이, 삼중으로 나타난다."고 하면서, 이 "자본의 유통에서 나타나는 각기 다른 세 가지 《구별》은 유동자본과 고정자본 사이의 세 가지 《구별》을 만들어 낸다."(같은 책, S. 559)고 말한다.

자본 유통의 제1구별은 「총과정」으로서의 유통과 그 중단이며, 여기서부터는 앞의 유동자본과 고정자본의 제1규정이 주어진다.

유통의 제2구별은 "자본과 노동 능력 사이의 소유통(小流通)"과, 다음의 "대유통(大流通)"과의 구별(같은 책, S. 555)이며, 여기서부터 노동자의 개인적 소비에 들어가는 생산물(「필수품」)이 유동자본으로 규정된다.

유통의 제3구별은 「대유통」이라고 불려지는 "생산과정 외부에서의 자본 운동", 따라서 "생산 국면에서 걸어 나온 자본"과 "생산 국면에 포함된 자본" 사이의 대립이며, 거기서부터 "생산과정에 고정되고 그 속에서 소비되는 자본"인 고정자본의 제3구별(규정)이 생긴다고 되어 있다.

이와 같이 「자본의 총생산과정」은 「본래적 유통과정」과 「본래적 생산과정」이라는 두 과정의 총체성(Totalität)의 운동인데, 그것은 노동시간과 유통시간의 통일이자 “자기 자신 속에 복귀하는 하나의 운동”(같은 책, S. 507)이다. 거기에서 등장하는 새로운 규정들은 헤겔 논리학 「본질」의 범주를 원용하여 전개되고 있다.[38]

「동일성」과 「구별」의 규정에 관해서는 위와 같은 자본 일반의 「특수성」 또는 「특수화」를 끝내고 자본 일반의 「개별성」, 즉 「화폐로서의 자본」 혹은 「자본과 이윤 등등」으로 옮겨 가는 곳에서도, 「생성된 자본」과 이윤으로서의 잉여가치 간의 관계에서도 이용되고 있다.[39]

즉 “새로 생산된 가치로서의 이윤을, 전제된 자기 증식하는 가치로서의 자신과 구별하고, 그것을 자신의 가치 증식의 척도로 정립한 후에, 자본은 다시 이 분리를 지양하고 자본으로서의 자신과의 《동일성》에서 이윤을 정립한다.”(같은 책, S. 620)

3.4.4 자본의 형태 규정들에서 「질료」 「형식」 및 「내용」

자본 개념의 생성에서 보았듯이 자본의 개념에서는 자기 증식하는 가치라고 하는 형태 규정이야말로 중요하며, 동시에 그러한 형태 규정은 그것에 상응하는 여러 가지 소재나 실체, 내용을 가지고 있다는 것이 밝혀졌다. 이것은 마르크스의 서술 플랜에 따르면, 자본의 “일반성 (1)(c)

---

38 또한 자본의 여러 규정에서 「대립」으로부터 「모순」으로의 전개에 관해서는 각주 34번(본서 108쪽)을 참조하기 바란다.

39 우치다, 앞의 책, 268쪽 참조.

자본의 요소, 그것이 노동에 대해 갖는 관계에 따라 분해된 것(생산물, 원료, 노동도구)"(같은 책, S. 199)이다. 이것은 자본 개념의 전개에 의한 자본 내부의 규정들에 관한 고찰, 혹은 자본 일반의 「특수화」 「특수성」에 관한 분석에서도 활용된다. 특히 유동자본과 고정자본 간의 구별에서는 이 구별은 어디까지나 자본의 형태 규정상의 구별이지만, 그것들의 「소재적 측면」, 즉 원료, 생산물 혹은 노동수단이라는 "사용가치로서의 요소들과 《구별》이 동시에 자본으로서의 자본의 《구별》로서 결국 자본의 형태 규정에서 정립된다."(같은 책, S. 571)

"단순히 소재적 측면에서 자본을 구별하는 것(Untersheidung)이 이제 자본의 형태 자체 속으로 들어가서 자본을 분화시키는 것으로 나타난다."(같은 책, S. 579)

단순한 노동과정의 요소들과 그것들 사이에서 상위는 자본 개념을 확정하는 맨 처음에는 형태 규정 밖에 있는 것으로, 바꿔 말하면 그것 자체로 독립적으로 고찰되었지만, 서술을 진행함에 따라 자본의 형태 규정에 들어가게 된다. 이것에 의해서 예를 들면, 노동수단에 관한 규정은 큰 변화를 겪게 된다. 정확히 말하자면 노동수단의 질이 논리적으로도 역사적으로도 변혁된다. 이 결과가 고정자본으로서의 기계장치와 그것의 경제학적 검토이다.(같은 책, S. 570 이하 참조) 여기는 자본으로서의 「형태」에 상응하는 소재적 「내용」을 밝혀 가는 곳이라고 할 수 있다.

"사용가치는 그 자신이 경제적 범주로서 하나의 역할을 한다. 사용가치가 어디에서 이러한 역할을 하는가는 전개 그 자체로부터 밝혀지게 된다."(같은 책, S. 530)

3.4.5 자본의 여러 형태 규정에서 「근거」와 「조건」 및 「물상」으로서의 자본

자본 내부의 형태 규정에 관한 연구에서는 「근거」로서의 「본질」, 특히 앞서 나오는 「질료」나 「내용」과는 다른, 「근거 매겨지는 것」과 「근거」 간의 관계가 분석되고 있다. 말하자면 여기에서는 자본과 그것이 산출하는 잉여가치(=이윤) 사이의 관계가 「근거」와 「근거 매겨지는」 것 사이의 관계로 파악된다.

"제3의 항목 과실을 맺는 것으로서 자본. 이자. 이윤. (생산비용 등등) / 자본은 이제는 생산과 유통 간의 통일로 정립되고 …… 자신을 재생산하는 가치, 따라서 또한 영속하는 가치로 실현되고 있을 뿐만 아니라 가치를 낳는 가치로도 실현되고 있다. (중략) 자본은 그것에 의해 《근거 매겨지는 것》으로서의 잉여가치에 대해서는 《근거》로서 관계한다. 자본의 운동은 자신을 생산하면서 동시에 《근거 매겨지는 것》으로서의 자신의 《근거》로서, 잉여가치로서의 자기 자신에 대해서는 전제된 가치로서, 혹은 잉여가치에 대해서는 자신을 산출하는 것으로서 관계하는 데 있다."(같은 책, S. 619)

또한 「근거」와 「조건」에 관해서는, 경제학 비판 플랜인 자본-임노동-근대적 토지 소유의 관계를 「추론」 형식으로 파악하고 「총체성으로서의 유기적 체제」가 역사적으로 총체성이 된다는 것을 지적했던 곳에서 다음과 같은 모습으로 구사한다.

"지대를 만들어 내는 것으로서의 자본은 그 일반적이고 창조적인 《근거》인 임노동의 생산으로 되돌아간다. 자본은 유통에서 나와서 노동을 임노동으로 정립한다. 이렇게 해서 자신을 완성하여 전체적인 것으로 전개하면, 토지 소유를 자신의 대립물임과 동시에 자신의 조건이기도 한 것으로 정립한다…….”(같은 책, S. 202)

이것은 자본과 임노동 및 근대적 토지 소유가 소위 서로 「근거」가 되고 「조건」이 되는 관계에 서는 것에 의해서 각각 하나의 「사물」로서 현실에 있다는 것을 가리키는 표현이다.

「근거」와 「조건」의 관계를 말하면, 마르크스는 자본주의 경제를 결코 완전한 것으로 보지 않았기 때문에, 자본제라는 「근거」는 그 외부의 「조건」들에 의해 제약받는다고 생각했다.

“자본의 일반적 개념을 고찰하는 데에서 중요한 것은 자본의 생산과 가치 증식·실현 간의 이와 같은 통일이라는 것이 직접적으로서가 아니라 단지 여러 가지 《조건》, 더욱이 이미 살피고 판단되었던 것처럼 외적인 《조건》들과 결부되어 있는 과정으로서만 그러하다는 사실이다.”(같은 책, S. 320)

“자본에 의한 절대적 잉여가치의 창조는 유통의 권역이 확대되는 것, 더욱이 끊임없이 확대해 나간다는 것을 조건으로 하고 있다. …… 그 때문에 자본에 근거한 생산의 하나의 《조건》은 …….”(같은 곳)

이와 같이 자본이 자기 자신을 「근거」로 삼아 여러 「조건」에 의해서 구체적인 것으로 되어 갈 때, 자본을 하나의 「물상(사물 혹은 사태)」라고 부른다. 되풀이해서 말하자면, 자본이란 「물상(사물 혹은 사태)」이다. 자본은 어떤 특유한 생산관계의 현현이자 그 결과이기 때문에, 물상화는 무엇보다 특정한 “사회적 연관의 물상화(Versachlichung)”(같은 책, S. 93)를 의미한다. 여기서 모든 인간적 “활동의 사회적 성격은 …… 개인에게 대립하여 소원한 것, 물상적인 것(Sachliches)으로 나타난다."(같은 책, S. 90) 이와 함께 "인격과 인격 간의 사회적 연관은 《물상》과 《물상》 간의 하나의 사회적 관계 행위로 전화하고 있고, 인격적 능력은 물상적인 능력으로 전화해 가고 있다."(같은 곳) 그리고 "화폐에서 교환가치가, 즉 교환가치로서의 상품들의 모든 연관이 사물(Ding)로 나타나듯이 자본에서는 교환가치를 만들어 내는 활동, 즉 노동의 모든 규정이 사물로 나타난다"(같은 책, S. 177)[40]

이와 같이 파악할 때, 자본이 「본질」의 논리만이 아니라, 이것과 중첩되어 「현상」의 논리로도 파악되고 있다고 할 수 있다.(다음 장)

---

40 「물상」 및 「물상화」에 관해서는, 「물상화」 「모순」 「인간 발달」을 마르크스가 자본주의 경제를 파악하는 삼위일체로 이해한 필자가 쓴 『생활양식의 경제학』(1992) 제4장 및 같은 주제를 『요강』의 서술에 비추어 검토한 본서 제7장을 참조하기 바란다.

제4장
헤겔 논리학·본질론의 「현상」 「현실성」과 「자본」의 방법

제4장은 헤겔 논리학 본질론 제2편 「현상」과 제3편 「현실성」에서 헤겔이 밝힌 논리(방법), 그것을 보여 주는 범주들이 마르크스의 『경제학 비판 요강』에서 어떻게 채용되고 있는지를 검토한다.

4.1 헤겔 논리학·본질론 「현상」의 논리

헤겔 『논리학』 제2권 본질론에서는 제1편 「자기 자신 속의 반성으로서의 본질」에 이어 제2편 「현상(Erscheinung, appearance)」이 나온다. 제2편 「현상」은 제1장 「실존(Existenz, existence)」, 제2장 「현상(Erscheinung, appearance)」, 제3장 「본질적 관계(wesentliche Verhältnis, essential relation)」으로 나누어져 있다. 이 절에서는 먼저 「현상」 편에서 밝혀져 있는 범주들의 의미 내용을 간략히 정리할 것이다.

4.1.1 실존

"본질은 현상한다." 또한 현상하지 않으면, 그것은 본질이 아니다. 따라서 "현상은 본질을 지시하고 본질은 현상 속에 있다."(『대논리학 II』 172쪽) 일반적으로 "철학은 상식이 독립해서 존재하는 것이라고 생각하는 것을 단순한 현상으로 간주"하고, "본질은 현상 배후에 또는 저편에 있는 것이 아니며," "본질은 현상해야 한다."(『1부 논리학』 131절 및 보충)

헤겔 『논리학』은 「존재」에서부터 시작되었다.(본서 제2장) 말하자면 「존재」는 직접적인 존재이지만, "현상은 단순한 존재보다 높은 차원의 것이다. 현상은 존재의 진리이고 존재보다 풍부한 규정이다. 왜냐하면 현상은 자신으로의 반성 및 타자로의 반성이라는 두 계기를 합일하여 자신 안에 포함하고 있는데, 존재 혹은 직접성은 아직 관계를 갖지 않은 것이며, (외견상) 자신에게만 의존하는 것이기 때문이다."(『1부 논리학』 131절 보충)

이와 같이 「존재」에서 시작하는 『논리학』은 「본질」로 옮겨 가고 거기서부터 또 최초의 「존재」로 되돌아간다. 그래서 이번에는 「본질」에서부터 출현하는 「본질적인 존재」 혹은 「근거」가 있는 직접적 존재를 「실존」이라고 한다. 모든 것은 실존한다고 말해야 한다.

이를 헤겔은 다음과 같이 표현한다. "실존을 본질의 술어 또는 규정으로 보는 것은 허용되지 않는다. 본질은 오히려 실존 속으로 이행해 버린다. …… 본질은 그것의 실존과 구별되지 않는다."(『대논리학 II』 177쪽) "본질이 실존하는 것이라는 사실에 의해 실존은 현상이다."(『1부 논리학』 131절) "Existenz(실존)라는 말은 라틴어의 existere(출현하다)라는 동사에서 만들어진 것으로 출현해서 있는 존재를 의미한다. 실존이란 바로 근거에서 출현하고 매개를 지양함에 의해 회복된 존재다."(『1부 논리학』 123절 보충) "실존은 자신 속으로의 반성과 타자 속으로의 반성 간의 직접적인 통일이다. 따라서 실존은 …… 근거와 근거 매겨진 것 간의 상호 의존 및 무한한 연관으로 이루어진 세계를 형성하는 무수한 실존하는 것이다."(『1부 논리학』 123절)

이러한 무수한 실존의 총괄로서 세계가 맺고 있는 "각양각색의 관계 속에는 어디에나 확고한 거처가 발견되지 않는다. 모든 것은 다른 것에 제약받음과 동시에 다른 것을 제약하는 상대적인 것으로만 나타난다. 반성적 오성은 이러한 전면적인 관련을 찾아내서 추적하는 것을 자신의 일로 삼는다. 그러나 …… 개념을 파악하고자 하는 이성은 이러한 한갓된 상대성의 입장을 뛰어넘어 나아간다."(『1부 논리학』 123절 보충)

4.1.2 사물(Ding, thing)과 그 성질(Eigenschaften, properties)

실존하는 것은 먼저 「사물」로 파악된다. 「사물」은 「본질」과 그 직접성 간의 구별되지 않는 통일로서(als ununterschiedne Einheit des wesens mit seinen unmittelbarkeit) 「실존하는 것(Existierendes)」이다.(『대논리학 II』 172쪽)

「사물」은 「물자체」와 「외면적 실존」 간의 구별로 「분석」된다.(『대논리학 II』 178쪽) 이때의 「물자체」는 칸트의 물자체와 달리 헤겔의 경우에는 결국 실존하는 본질 혹은 본질적인 「실존」이다. 이것에 대해서 「외면적 실존」은 단순히 외면적인 것이 아니라 「물자체」의 상호 관계를 가리키는 것이며 「물자체」의 규정성을 형성한다. 이것이 「사물의 성질(Eigenschaft)」이다.(『대논리학 II』 183쪽)

“사물은 근거와 실존이라는 두 규정이 발전하여 하나의 것 속에 정립된 것으로서 총체이다.”라고 말한다. 따라서 사물은 여러 가지 구별, 규정을 가지며, “그것들이 사물의 성질들이며, 성질들과 사물 간의 관계는 소유(das Haben) 관계이다.”(『1부 논리학』 125절) “이제 우리는 사물에서 여러 가지 성질을 상호 결합하는 유대를 갖고 있다. (중략) 그러나 사물은 그것의 성질을 잃어도 그 사물이 아니게 되지는 않는다.”(『1부 논리학』 125절 보유)

이와 같이 「사물」은 논리학의 여러 범주 중에서 최초의 구체적인 총체이다.

4.1.3 사물과 질료(Materie, matter)

「사물」은 여러 가지 원소(빛, 색, 열, 전기 등)로 이루어진 것으로 보인다. 이 경우 물자체보다도 성질 쪽이 말하자면 자립해서 있는 것으로서 중요시된다. 그런 의미에서 「사물」은 규정되어 있다고 말할 수 있으며, 특정한 「사물」의 존재 방식은 여기서는 우연시되고 여러 가지 질료의 단순한 집합(“……도 또한”)과 그 양적인 차이만이 있다는 의미에서 제약된 의미가 된다.

“사물이 갖는 성질들이 독립하여 사물을 이루는 질료 혹은 소재가 된다.”(『1부 논리학』 126절 보유)

“사물은 …… 질료의 표면적인 연관, 외면적인 결합에 불과하다.”(『1부 논리학』 127절)

"질료는 규정성에 대해서 무관심하기도 하다. 다른 한편, 이들 여러 가지 규정성 및 그것들이 사물 속에서 서로에 대해 맺고 있는 외면적인 관계는 형식(Form: 형태)이다."(『1부 논리학』 128절) 그러나 "경험상에서도 역시 형식이 없는 질료는 어디에도 실존하는 것으로 나타나지 않는다."(『1부 논리학』 128절 보유)

"그래서 사물은 질료와 형식으로 나누어진다. 이 양자는 모두 물성(Dingheit)의 총체이며, 각각 자립적으로 존립하고 있다. ……."(『1부 논리학』 129절)

이상의 인용은 모두 『엔치클로페디 제1부 논리학』에 있는 것이며, 『대논리학』에서 「질료」는 「형식」을 다루는 곳에서 이미 취급되고 있다.

여하튼 「질료」와 「형태 규정성」이라는 이와 같은 파악 방식은 사태(Sache)를 「사물(Ding)」로서 다루는 경우 그에 대한 분석과 종합에 근거하여 얻은 관점이다. 이것은 마르크스의 경우에도 타당하다.

4.1.4 현상

본질에서 출현한 존재를 「실존」이라고 부르는 데 비해, 이 「실존」 속에 본질이 있다고 볼 때 실존은 「현상」이 된다. 결국 본질을 갖는 실존(「본질적인 실존」)이 「현상」이다. 이는 실존(어떤 사물)이 어떤 본질의 현상에 지나지 않음을 의미한다. 이리하여 본질은 현상하고 "본질은 실재하는 가상(realer Schein, real illusory being)이 된다."(『대논리학 II』 205쪽) 이런 의미에서 현상은 "가상과 실존의 통일"이다. "따라서 본질은 현상의 배후 또는 피안에 있는 것이 아니다. 본질은 실존하는 것이기 때문에 실존은 현상이다."(『1부 논리학』 131절) "본질은 …… 바로 세계를 단순한 현상으로 끌어내림으로써 자신이 본질임을 현시한다."(『1부 논리학』 131절 보충)

4.1.5 현상의 법칙

「현상」은 「근거」에 의해 매개되어 있는 「실존」이다. 그리고 그 「근거」가 「법칙」이다. "현상의 변전(變轉) 속에 있으면서 자기 동등성으로 유지되며 존재하는 것(das im Wechsel der Erscheinung sich gleich bleibende ist), 이것이 현상의 법칙이다."(『대논리학 II』 206쪽) 역으로 말하면, 「법칙」 위에서 있는 「실존」이 「현상」이다. 「현상의 법칙(das Gesetz der Erscheinung)」은 「현상」의 본질적인 내용이고 "현상의 근저를 이루는 것"이다. 거기에서는 서로 자립해 있는 것이 어떤 규정성에서는 항상 관계 맺어져서 서로 자립성을 잃게 된다. 독일어에서 법칙(Gesetz)은 바로 이러한 정립됨(gesetz: 피정립)을 의미하는 말이다. 따라서 여기서는 「사물」이나 그 「특성」 혹은 「질료」라는 「실존」으로서의 「현상」은 여러 비본질적인 내용을 지니고 있지만, 그것들의 비본질적인 것과는 달리 본질적인 내용을 포함하고 있다.[41]

헤겔은 「현상의 법칙」이 안고 있는 결함을 다음과 같이 지적한다. 첫

41 헤겔은 여기서 낙하법칙(거리는 시간의 제곱에 비례한다.)과 같은 것을 마음에 두고 관찰이나 실험에 의해 얻어진 경험적인 법칙을 「현상의 법칙」이라고 한다. 마르크스는 이것을 규칙성이라고 한다. 이것은 두 항의 긍정적 통일에 지나지 않으며 필연성이 표현되어 있는 것이 아니다. "여기서의 법칙은 관계하는 두 항 중 한쪽만 보면, 상대방이 필연적으로 판명하는 그런 법칙이다."(미타, 『연구』 ③, 42, 49쪽)

째, 「법칙」은 「실존」과는 필연적인 관계를 갖지 않는다. 둘째, 「현상」 자체는 다양하게 변할 수 있는 형태를 지니고 있다. 셋째, 「법칙」을 구성하는 양 항은 필연적인 통일 관계가 되지 않는다.

4.1.6 현상하는 세계에서 즉자대자[절대]적 세계로

실존하는 현상의 다양한 세계에 비해 「법칙」은 추상적 통일의 관계에서 있는 피정립적 존재다. 그런 의미에서 「법칙」은 「현상」의 기초다. 그러나 「법칙」의 두 항 사이의 관계는 부정적 통일이다. 「법칙」의 본질 세계와 실존하는 현상 세계는 즉자대자적인 세계에서 통일되어 있다. 두 세계는 각각 자립해 있는 총체성이며, 동시에 상대방을 자신 속에 포함하고 있다. 헤겔은 이와 같이 서술하여 「현상」을 해소함으로써 다음과 같은 「본질적 상관관계」로 이행한다.

4.1.7 본질적 상관관계

서로 상대방(타자)과 동일한 관계(부정적 통일)에 있으면서 동시에 자립해 있는 존재인(긍정적 자립성) 두 총체성(=세계) 사이의 관계를 헤겔은 「본질적 상관관계」라고 한다. 「본질적 상관관계」에서는 「전체와 부분」, 「힘과 그 발현」, 「내면과 외면」이라는 세 가지 상관관계를 차례로 다룬다.[42]

---

42 岩佐茂, 島崎隆, 高田純 편, 『ヘーゲル用語事典(헤겔 용어 사전)』(1991)의 '(상관관계)'에 따르면 "『대논리학』 본질론에 입각하면, 본질론 전반을 떠받치는 논리는 반성이며 후반의 논리가 실은 상관관계로 되어 있다." 반성론에서는 관계 자체가 강조되는

"실존하는 것은 모두 상관관계를 맺고 있으며, 이 상관관계가 모든 실존의 진리다." "상관관계는 자신과의 관계와 타자와의 관계 간의 통일이다."(『1부 논리학』 135절 보충)

4.1.8 전체와 부분의 상관관계(Verhältnis des Ganzen und der Teile, relation of whole and parts)

전체와 부분 사이에는 다음과 같은 관계가 있다. 전체는 부분으로 이루어지고, 각 부분을 총괄하는 하나의 자립적 통일물이다. 그러나 전체를 구성하는 각 부분은 그것 자체로 서로 다르고 자립해 있다. 각 부분은 총괄되어 전체를 형성하는 한에서 부분이다. 즉 전체에 총괄되지 않으면 부분일 수조차 없다. 이와 같이 전체와 부분 사이의 관계는, 말하자면 서로 교체할 수 있는, 상대적 의미에서 느슨한 상관관계다.

헤겔에 따르면, 이러한 "전체와 부분과 같은 외면적이고 기계적인 상관관계는 유기적 생명의 참된 모습을 인식하기에는 불충분한 것이다."(『1부 논리학』 135절 보충) 그러므로 "물질의 분할 가능성에 관한 무한 진행은 …… 전체와 부분 간의 상관관계가 갖는 두 측면의 무사상적 교체가 된다."(『1부 논리학』 136절)

데 반해, 상관관계에서는 관계 항의 자립성이 명시되는 데에서 반성과 상관관계의 차이가 있다.

4.1.9 힘과 그 발현의 상관관계(Verhältnis der Kraft und ihrer Äusserung, relation of force and its expression)

「전체와 부분의 상관관계」에 비하면, 「힘과 그 발현의 상관관계」는 힘이 발현하여 자신을 드러내고 그 발현에 의해 소멸하지 않고서 거기에 머문다는 의미에서 타자로 이행하면서 자신으로 복귀한다. 따라서 양자는 더 떨어질 수 없는 관계에 있으며 상관성이 더욱 명확해진다. 힘은 스스로 발현할 수밖에 없다는 의미에서 정지한 것이 아니고 단순한 질료도 아니다. 혹은 또한 내적인 것에 머물지 않는, 활동적이고 외적인 것이다.

다만 힘과 그 발현을 잘 살펴보면, 다른 힘에 의해 「자극」을 받아 그것에 의해 「유발」되고 「계기」가 주어진다는 의미에서 여전히 제약된 상관관계라고 헤겔은 본다.

"힘은 밖으로부터의 유발을 필요로 하며 맹목적으로 작용한다. 그리고 그 형식이 그러한 결함을 지니고 있기 때문에, 내용도 또한 제한되고 우연적이다. 그 내용은 아직 형식과 참으로 동일하지 않고 절대적으로 규정되어 있는 개념이나 목적이 아니다."(『1부 논리학』 136절)

4.1.10 외적인 것과 내적인 것의 상관관계(Verhältnis der Äusseren und Inneren, relation of other and inner)

사물은 외면과 내면이라는 두 측면을 갖는다. 내면은 「본질」, 외면은 「존재」라는 각자의 형태 규정에 있다고 간주되지만, 양자는 동일한 하나다. 헤겔은 "안에 있는 것은 밖에도 있고 밖에 있는 것은 안에도 있다."

(『1부 논리학』 139절)고 보는 것이 옳다고 말한다.

"오성은 내적인 것과 외적인 것을 철저하게 분리한다." 그러나 양자는 하나의 것의 다른 규정에 불과하다. "우리는 내적인 것만이 참으로 중요한 본질적인 것이고 이에 반해 외적인 것은 비본질적이고 어떠해도 상관없는 것이라는 잘못된 생각에 빠지지 않도록 해야 한다."(『1부 논리학』 140절 보충)

4.2 헤겔 논리학·본질론「현실성」의 논리

계속해서 4.2부터는 헤겔 논리학·본질론 제3편「현실성(Wirklichkeit, actuality)」에서 밝혀진 범주들의 의미 내용을 간략히 정리하겠다.

헤겔은「본질」이「현상」과 하나로 되어 있는 것을「현실성」이라 한다.「본질」과「현실성」의 통일로서의 구체적인「현실성」은 여러 가지 상관관계로 이루어진 총체성이기도 하다. 이 총체성은 아직 개념과 같은 충분한 통일과 주체성을 갖지는 못하지만,「가능성과 현실성」「우연성과 필연성」「실체와 우유성」「원인과 결과(인과성)」「상호작용」이라는 형태로, 상관관계가 더 현실적인 것으로 전진해 감에 따라 유기적 총체성으로서의 사물의 존재 양식이 한층 명확하게 되어 간다.

4.2.1 절대적인 것(Absolüte, absolute)

헤겔은 먼저「현실성」을「절대적인 것」으로 파악한다.「절대적인 것」

으로서의 「현실성」에서는 내면으로서의 본질과 외면으로서의 현상이 하나가 되고 있다. 이 「절대적인 것」에 대해서 소여로서의 여러 가지 구별이나 형식 혹은 근거나 속성이나 양식은 「절대적인 것」, 자신의 「양태(Modus)」로서 「개시」되고 이것에 의해 「절대적인 것」으로 환원된다고 한다. 그러나 양태는 아직 유기적 총체성을 갖지 않는 다양성에 불과하다.

헤겔은 이 「절대적인 것」을 스피노자가 말한 「실체 개념」과 대응시킨다. 스피노자가 말하는 「실체」는 단지 하나의 실체이자 자기원인이어서 어떠한 규정성도 이 실체 속에서만 의미를 갖게 된다. 이와 같은 스피노자의 「실체=절대자론」과 정반대인 견해가 라이프니츠의 단자설이다.

4.2.2 현실성과 가능성(Möglichkeit, possibility), 필연성(Notwendigkeit, necessity)과 우연성(Zufälligkeit, contingency)

「현실성」과 대립하는 범주는 「가능성」이다. 「현실성」은 먼저 형식적 「가능성」으로서 있다. 그리고 이 형식적 「가능성」이 현실화(실현)한 경우, 그것은 당연히 일어날 것으로 예상되지만 일어난 것은 아니기 때문에 「우연성」이다. 일반적으로 세상일이 「가능성」일 뿐이라고 한다면, 여러 가지 가능성을 얼마든지 생각할 수 있다. 그런 의미에서 「현실성」과 동떨어져 있는 「가능성」은 단지 추상적인 것이다. 단순히 가능하다고 하는 것은 동시에 불가능하기도 하다. 또한 「가능성」은 아직 전체가 아니라 전체 중 하나의 계기이며 동시에 하나의 계기밖에 안 된다고 할 수 있다.

그래서 다음으로 어떤 사태의 여러 조건 전체가 갖추어진 경우를 생각해 보면, 그 사태가 「실재할 가능성」이 나오게 된다. 이 「실재적 가능성」은 이미 내용이 있는 것이지만, 조건이 갖추어진다는 전제를 가지고 있기 때문에 아직 잠재적으로 있는 것(「즉자[잠재] 존재」)이 된다. 따라서 이것과 대립하는 직접적 현실성(「실존」)은 오히려 지양되고 새로운 현실로 이행해야 할 것이 된다. 다만 여기서 이행은 「가능성」의 실현이므로 그것은 자신으로 돌아가는 운동이기 때문에 이제 와서 다른 것이 생기는 일은 있을 수 없다. 「가능성」이 「현실성」으로 전화하는 과정을 「필연성」(여기서는 「실재적」 및 「상대적」인 필연성)이라 한다.

「가능성」이 이제 자신의 전제조건을 자신 속에 갖고 스스로 매개하면서 자립적인 것으로서 「현실성」으로 전화하는 과정을 「절대적 필연성」이라 한다.

또한 『제1부 논리학』 148절에서는 상대적 필연성과 절대적 필연성이라는 구별을 하지 않고서 「필연성」을 구성하는 세 가지 계기로 「조건」 「사태」 「활동」을 들고 있다. 이것에 의하면, 어떤 「사태」의 「조건」은 주어진 것이고 「사태」는 이런 「조건」을 소재로 사용하여 밖으로 나타난다. 그리고 「활동」은 이 「사태」에 존재를 부여하는 운동을 말한다.[43]

---

43 미타 세키스케는 헤겔 「현실성」의 결함으로 다음과 같은 점을 지적한다. 어떤 것이 실현되는 것을 방해하는 것과 투쟁한 결과로 새로운 현실이 실현된다는 것을 보지 못하고, 둘 다 투쟁의 관점으로가 아니라 완성된 현실이 모두 긍정적인 것이 되어 버리며, 새로운 현실이 생겨난다고 해도 그 속에 새로운 투쟁이 있다는 것을 보지 못하고, 현실은 매개를 지양할 수 없음에도 불구하고 그러한 것으로서 직접성으로 옮겨 가 버린다. 가능성이 현실성으로 이행하는 경우의 시간 관계가 없다, 등등(미타, 『연구』 ③, 166쪽, 180쪽 이하 및 191쪽 이하 참조).

다만 헤겔이 어떤 사태 속에 어떤 다른 사건의 가능성을 인식하고 있으며 이런 가능성

4.2.3 절대적 상관관계(absolute Verhältnis, absolute relation)

「절대적 상관관계」란 동일한 하나의 것 내부의 상관관계로, 현실적인 것이 자신의 매개를 지양하여 「절대적 필연성」에 의해 직접적으로 존재하는 그러한 상관관계다. 본질적 상관관계와는 달리, 서로 상관하는 계기 각각이 전체이며 자립성과 총체성을 지니고 있으면서도 동일한 하나의 것 속에 있는 그러한 상관관계, 이것이 「절대적 상관관계」다. 구체적으로는 「실체와 우유성」 「원인과 결과」 「상호작용」이라는 세 가지 상관관계가 열거된다.

4.2.4 실체성의 상관관계(Verhältnis der Substantialität, relation of substantiality)

「실체(Substanz, substance)」란 일반적으로 변화와 다양성 속에 있는 불변적인 것을 말하는데, 헤겔의 경우, 「실체」는 표면에 보이는 「우유성(Akzidentalität, accidentality)」과 하나가 되는 것, 그러므로 「우유성」과 「반조(反照)」 관계에 있는 「현실성」이다. 헤겔에게 「가능성」과 「현실성」, 「긍정적인 것」과 「부정적인 것」은 「우유성」의 자태(Gestalt)이고 동일한 「실체」 속에서 변화하고 운동하는 것이다. 바꿔 말하면, 「실체」는 변화의 끊임없는 우유성을 자기 자신의 출현으로 삼는 「활동성」을 갖고 있으며, 이것들을 자신 아래에 귀착시키는 「절대적 위력(Macht)」(『대논리학 II』 303쪽)을 갖는 것이다.

이 현실성으로 전화하는 이행, 생성, 운동을 논하고 있음을 간과해서는 안 된다.

“실체는 이념의 발전 과정에서 하나의 본질적인 단계이지만, 그럼에도 그것은 이념 자체, 절대적 이념이 아니라, 필연성이라는 아직 제약된 형식 속에 있는 이념이다.”(『1부 논리학』 151절 보충)

4.2.5 인과성의 상관관계(Kausalitäts - Verhältnis, relation of causality)

「절대적 상관관계」에서 더 진전한 것은 「원인」과 「결과」의 상관관계이다. 앞서 말한 「실체성의 상관관계」가 하나의 실체 속에 있는 상관관계였던 데 반해 「인과성의 상관관계」는 두 「실체」 사이의 상관관계로 설명된다.

먼저 인과관계를 그 형식에서 살펴보자(「형식적 인과성」). 「원인」은 「결과」에서 「현실성」을 갖는다. 또한 「원인」은 자신으로부터 작용하여 「결과」를 만들어 내고 이것을 매개로 하면서 자신에 머무른다. 이런 의미에서 양자는 필연적 관계에 있지만 「원인」과 「결과」는 결국에는 동일하다(「동어반복」).

다음, 실재하는 유한한 것의 인과관계를 살펴보자(「규정적 인과성」). 이것은 「A는 B를 야기한다(혹은 B의 원인이다).」라는 명제가 된다. 이 명제를 분석해 보면, 한편으로는 A와 B가 실은 동일한 내용(「기체(基体)」)임을 의미한다(예를 들면 비가 습기의 원인이라고 할 때, 물이 기체가 된다). 또 다른 한편으로 A는 B의 원인이 되는 것 이외에도 많은 내용을 가지고 있으며, A의 모든 내용이 B의 원인은 아니라는 것을 알 수 있다. 이것을 결과로서의 B에서 보면, A만이 관련되는 것이 아니고, 훨씬 많은 요인들이 거기에 작용하고 있다고 생각되며, 원인은 무한히 열거될 수 있다. 이와 같이 생각하면, A는 다만 단지 하나의 계기에 지나지 않는다. 또한 A에게 B의 원인으로 되는 것은 밖으로부터의 작용에 근거한 것이라고 할 수 있게 된다. 원인으로 간주된 것은 다른 원인의 결과이며, 결과로 간주된 것이 다른 것의 원인으로서 다른 결과를 야기하듯이 원인도 결과도 무한히 전개되어서 인과성의 상관관계는 무한 진행에 빠질 수밖에 없다는 결함을 안고 있다.

이 「형식적 인과성」과 「실재적 인과성」을 통일하는, 더욱 고차적인 인과성을 「제약된 인과성」이라고도 부른다. 두 실체는 제각각이면서 한쪽의 「실체」(「원인」)는 능동적 「실체」로 작용하고, 다른 쪽의 「실체」(「결과」)는 수동적 「실체」로 작용한다. 그들 사이는 타자로서 상호 배척하고 있는 관계가 아니며 바로 서로 대상이 되고 서로 작용하기 때문에 능동적으로도 수동적으로도 될 수 있는 고유한 상호 전제 관계이다. 이와 같이 앞서 말한 무한 진행은 다시 「원인」과 「결과」의 자기 관계로 되돌아온다. 헤겔은 이것을 「작용과 반작용」(의 상관관계)이라고 말한다.

4.2.6 상호작용(Wechselwirkung, reciprocity)

이상과 같이 인과성은 「작용과 반작용」이라는 「상호작용」의 한 측면을 끄집어낸 것이었다. 「원인」에서 「결과」로의 운동은 「반작용」에 의해서 자신 안으로 되돌아온다. 「원인」은 능동적일뿐만 아니라 수동적이며, 「결과」는 수동적일 뿐만 아니라 능동적이다. 현실적인 것, 혹은 인과성의 진리는 「상호작용」이다. 이 「상호작용」이 되면, 서로 작용하는 두 「실체」는 자립성을 상실하고 필연적이고 내적인 동일성이 된다. 이리하여 우리는 「상호작용」에서 이미 "개념의 입구에 들어서 있기" 때문에 "이 관계를 개념적으로 파악해야 한다."(『1부 논리학』 156절 보충)

헤겔 『논리학』 제2권에 있는 「본질」의 논리는 이렇게 해서 개념의 논리(제3권)로 이행한다.

4.3 화폐장에서 「현상」·「현실성」의 논리

이상 4.1과 4.2에서 간략하게 정리한 헤겔 논리학·본질론의 두 편(「현상」과 「현실성」)에 있는 범주들의 의미와 내용을 기초로 해서 『요강』의 논리(방법)를 고찰하는 곳으로 옮겨 가겠다.

4.3에서는 화폐장(MEGA, II-1, S. 75-160)에서 「현상」 「현실성」의 범주를 채용하는 것을 통해, 화폐장의 논리의 한 부분을 다룬다. 화폐장 전체의 내용 및 방법에 관해서는—당연한 일이지만—본서 제2장, 제3장에서 다루었던 존재론 「질」 및 본질론 「본질」 편에서 다룬 내용과 겹치는 부분이 있다.

4.3.1 「실존」(「사물」 「특성」 「질료」)으로서의 화폐

『요강』 화폐장은 화폐의 자본으로의 전화를 대상으로 하는 자본 개념 생성론을 위한 전제로 자리매김하고 있지만, 그 자체로는 화폐 개념 생성과 화폐의 규정을 밝히는 곳이다. 헤겔의 방법이라면, 이 화폐는 이미 자본으로서의 개념 규정을 포함하고 있게 되지만, 마르크스의 경우에는 그렇지 않다. 말하자면 자본 개념에서 화폐는 어디까지나 일방적인 전제라는 점을 인정하고, 화폐의 규정들은 자본에 근거한 생산관계의 일부로서 분석적으로 고찰된다.[44] 그리고 마르크스는 여기서도 헤겔 논리학·본질론의 범주들을 전면적으로 사용하여 화폐를 종횡으로 분석하면서 종합적 방법에 근거하여 서술을 전개한다.

화폐장은 먼저 화폐가 어떤 「근거」를 갖는 직접적 존재, 즉 「실존」하는 것으로부터 출발한다. 이 의미에서는 화폐와 나란히 상품 역시 「실존」하는 것이다. 그리고 마르크스는 화폐의 「근거」를 상품과 화폐가 서로 나란히 운동하는 「현실의 교환」 과정 속에서 찾고 있다.

마르크스에 의하면, 어떤 특수한 상품이 다른 모든 상품과 대립하고 그들 상품의 교환가치를 대표하여 그것들의 상징이 되는 것은 "모든 상품의 화폐 《성질》"인 "교환가치 그 자체의 《본질(Wesen)》에서 나오는 것이다."(같은 책, S. 99)

우선 모든 상품은 「사물」로서 파악된다.[45] 「사물」이라는 범주는 구체적 사물의 최초의 기본적인 존재 양식을 가리키는 용어이므로 이는 당연하다. 「사물」은 여러 가지 「성질」을 가짐으로써 다른 「사물」과 관계한다. 「사물」이 다른 「사물」과의 관계에서 「갖는다」는 「성질」들은 상품에서는 "자연적 《성질》"과 "가치로서의 《성질》"(같은 책, S. 76)로 분석된다. 더구

---

44 "생산을 그 총체성에서 고찰할 경우 화폐관계 자체가 하나의 생산관계다." (MEGA, II-1, S. 142) "화폐와 화폐 유통은 자본 그 자체에도 자본의 유통에도 전제이자 조건이다."(같은 책, S. 552)

45 『자본론』의 상품은 「사물」 범주에 해당한다고 미타 세키스케도 지적했다.(미타, 『연구』 ③, 29쪽) 이에 관련해서는 타케치 타테히토도 마찬가지다.

나 "가치로서의 상품의 《성질》은 상품의 자연적 《실존》과는 다른 《실존》을 취할 수 있을 뿐만 아니라, 또 동시에 취해야 한다." "왜 그러한가?" 그것이 여기서의 문제다. 그것은 "상품이 이중의 《실존》을 획득"함으로써만 상품의 질적 차이와 가치적인 등가성이 서로 나란히 존재할 수 있기 때문이다. 화폐는 상품 및 그것들의 자연적 《실존》과 분리되어 나란히 있는 "하나의 보편적인, 사회적 《실존》"이다(화폐 생성의 「필연성」 논리는 「현실성」이라는 항을 참조하기 바란다).

또한 이 화폐장은 화폐 자체의 「성질」도 다루고 있다. 교환의 척도, 교환의 수단, 상품의 대표, 일반적 상품 등등 화폐의 "《성질》들은 모두 단순히 화폐의 규정에서 나오는"(같은 책, S. 80) 것인데, 이 내용을 여기서 자세하게 다루지는 않겠다.

다음으로 화폐에서 「사물」과 「질료」(헤겔 논리학에서는 "질료로부터의 사물의 구성") 간의 관계가 다루어진다. 예를 들면 화폐라는 "이 상징이 표현되는 《질료》(=재료)는 역사적으로 매우 여러 가지 형태로 나타나지만, 이것은 결코 아무 것이라도 상관없는 그런 것이 아니다. 사회의 발전은 …… 차차 그것에 어울리는 《질료》를 만들어 내고, 나중에는 가능한 한 이 질료로부터 다시 벗어나려고 한다."(같은 책, S. 79 이하) 화폐에서 「질료」란 금이나 은 등의 화폐 재료를 말한다. "화폐의 자연적 《질료》인 금이나 은"(같은 책, S. 136)이다(화폐 재료에 관한 더 상세한 서술은 『요강』(MEGA, II-1, S. 97, 106 이하)을 참조할 것).

헤겔이 『논리학』에서 밝힌 바에 따르면, "사물은 질료와 형식으로 나누어지는"데, 그렇다고 해서 「사물」을 그 「질료」로 분해해도 괜찮다는 의미는 아니다. 「질료」는 그것만으로 존재할 수 있는 것이기 때문에, "사물의 규정성은 형식에 있다." "질료는 …… 규정성에 대해서 무관심하기도 하다."(『1부 논리학』 128~129절) 따라서 "발전이 진행해 나가면서 그에 따라 화폐의 교환가치는 화폐에서처럼 그 《질료》, 《실체》로부터 분리된 《실존》을 받아들일 수 있게 된다."(MEGA, Ⅱ-1, S. 99)

이처럼 헤겔 논리학에게서 마르크스가 「질료」와 「사물」의 논리적 관계를 배우고 먼저 화폐를 「사물」로 파악하고 종횡으로 분석한다고 볼 수 있다.

4.3.2 화폐에서 「현상의 법칙」

마르크스는 『요강』 화폐장에서 "시간의 경제(Oekonomie: 절약)"를 "제1의 경제 법칙"이라 불렀다. 이것은 "개개인의 경우와 마찬가지로 사회 발전, 사회 향유, 그리고 사회 활동의 전면성은 시간의 절약에 달려 있다. 시간의 경제, 모든 경제는 결국 거기에 귀착한다."는 것이다. 어떤 시대, 어떤 생산 체제 아래에 있어도 개인과 사회는 시간을 합목적적으로 분할하고 배분해야 한다는 경제 본질론을 기술한 가운데 "시간의 경제는 …… 공동사회적 생산이라는 기초 위에서도 변함없이 계속해서 제1의 경제 《법칙》이 된다. …… 그렇지만 이 《법칙》은 노동시간에 의해 교환가치를 측정하는 것(주: 소위 가치 법칙)과는 본질적으로 다르다."(같은 책, S. 104)고 한다.

마르크스가 「시간의 경제」를 「법칙」이라고 할 경우, 이 「법칙」의 의미는 헤겔이 「현상의 법칙」에서 서술했던 「법칙」에 해당한다. 여기서의 「법칙」이 현상의 근저에 있다는 의미에서, 이것에 대한 소위 가치 법칙은 여기서는 「현상」 혹은 「실존」에 해당한다. 「현상」의 근거로서 「현상」

의 근저에 있고 그 "변화 속에 있으면서 항상적으로 존재하는 것, 그것이 현상의 법칙이다."(헤겔) 「현상의 법칙」은 그 「실존」과는 필연적인 관계가 없으며, 「현상」 그 자체는 다양한 형태를 지니고 있는 것이지만, 이와 마찬가지로 「시간의 법칙」이라는 「법칙」이 상품·화폐 경제의 가치 법칙을 필연적으로 산출하는 논리적 관계인 것은 아니다.[46]

---

46 미타 세키스케는 "마르크스는 헤겔이 말하는 현상의 법칙을 모두 법칙이라 부르지 않는다. 마르크스가 법칙이라 일컫는 것은 …… 개념으로부터 전개된 것뿐이다. 단순히 경험에 의해서만 찾아내어진 것은 법칙이라고 부르지 않았다."(미타, 『연구』 ③, 59쪽)고 해설하고 있다. 그러나 본문에서 보았듯이 마르크스는 "가치 법칙"과 구별되는 "시간의 경제"를 「법칙」이라고 일컫고 있다. 후자의 「법칙」은 필연적인 관계가 없는 그런 것이기 때문에, 개념으로부터의 전개라는 의미에서의 「법칙」은 아니라는 점은 미타가 말한 그대로인데, 이것이 마르크스도 헤겔의 「현상의 법칙」이라는 경우와 같은 의미에서 「법칙」이라는 말을 사용하고 있다는 것이 이 곳의 예가 아닐까? 또한 『요강』과는 다르지만, 유명한 쿠겔만에게 보낸 편지(1868년 7월 11일)에서 노동 배분을 「자연법칙」이라고 부를 때의 「법칙」도 이 「현상의 법칙」에 해당한다.

미타가 말하듯이 『요강』에서 상품이나 화폐 혹은 자본 개념으로부터 "부르주아 경제의 법칙을 전개하는"(MEGA, Ⅱ-1, S. 369) 곳은 대단히 많다. 이는 헤겔의 법칙관과는 다르다. "유통의 일반적 법칙."(같은 책, S. 215) "포함되어 있는 노동량 내지 노동시간의 양에 의해 평가되는 등가물의 교환법칙."(같은 책, S. 366) "잉여노동, 즉 자유롭게 사용할 수 있는 시간을 만들어 내는 것이 자본의 법칙이다."(같은 책, S. 306) "소유와 노동, 나아가 부와 노동의 완전한 분리가 둘의 동일성에서 출발한 법칙으로부터의 귀결로 나타난다."(같은 책, S. 367) "부르주아적 소유의 제1법칙과 제2법칙."(같은 책, S. 377) "자본의 내적 법칙."(같은 책, S. 454) 이윤율 저하는 "근대경제학의 모든 점에서 가장 중요한 법칙."(같은 책, S. 622) 잉여가치율은 이윤율보다 크다는 것, 그리고 생산력 발전이 이윤율

4.3.3 화폐에서의 「본질적 상관관계」(「힘과 발현」, 「내면과 외면」)

화폐장에는 "화폐의 힘(Macht)"(같은 책, S. 80), "화폐의 외견상 초월적인 힘(Macht)"(같은 책, S. 81)이라는 표현이 여기저기서 발견된다.

"각 개인이 다른 개인들의 활동 또는 사회적 부에 미치는 《힘(Macht)》은 교환가치, 즉 화폐 소유자로서의 그에게 있다."(같은 책, S. 90) "[교환가치나 화폐 등의] 《물상》적 형태에서 처음으로 개인은 자신의 사회적 《힘(Macht)》을 받아들이고 증명한다."(같은 책, S. 91)고 말한 것처럼, 화폐라는 「물상」이 갖는 사회적 「힘(Kraft)」의 「근거」를 "각 개인이 그 사회적 《힘(Macht)》을 하나의 《물상》이라는 형태로 가지고 있다."는 점에서 찾는다(이 경우 Macht와 Kraft의 사용법에 주의할 것).

화폐가 상품과 나란히 있는 유통과정에서는, 상품들은 화폐와 교환되고 가치를 갖는다. 여기서는 상품들의 화폐에 대한 연관은 「외적」인 것이지만, 그것은 상품의 내적인 교환가치의 「외적인」 현현이기도 하다. 바꿔 말하면, 상품들의 교환가치로서의 규정성은 그 자체는 다른 것에 의한 매개를 필요로 하지 않는다는 의미에서 「직접적인」, 즉 「내면적인」 규정성이지만, 교환가치가 화폐 형태로 존재하게 되면, 매개되고 「반성된」 규정성이 되고 화폐와의 관계에 의해서 표현된 「가격」이라는 「성질」을 갖는다. 다만 그것은 우선 당장은 아직 「관념적」인 「가격」으로 머릿속에서만 화폐와 교환되는 것이다. 교환가치와 가격을 이와 같이 파악하는 방식에서 사물이 「내적인 것」과 「외적인 것」이라는 두 면을 갖고, 이 둘은 서로 분리되지 않는다는 「본질적 상관관계」의 논리를 볼 수 있다.

저하로 나타난다는 "두 가지 직접적인 법칙."(같은 책, S. 634-635) 기타 등등.

4.3.4 화폐에서의 「현실성」 및 「가능성」 「우연성」 「필연성」

상품의 교환가치로서의 규정성은 노동시간에 의해서 주어지고 있다. 그러면 이런 "노동시간과 구별된 화폐의 《필연성》"(같은 책, S. 99)은 어떻게 설명되는가? 바꿔 말하면, 노동시간은 왜 직접 화폐일 수 없는가? 이것이 큰 문제다.

「현실의 교환」 즉 상품 교환의 「현실성」에서는 "상품의 자연적 《차이성》이 그것들의 경제적 등가성과 모순하지 않을 수 없다." 거기로부터 양자의 "분리 《가능성》이 현실에서의 분리가 되어야 한다." 그 때문에 "상품의 가치는 상품과는 질적으로 구별될 수 있는 《실존》을 가져야 한다." (같은 책, S. 76) 가치는 상품과는 다른 자립적인 화폐로까지 올라갈 수밖에 없는 「가능성」과 「필연성」을 자신 안에 지니고 있다. 이 「가능성」이 「현실성」으로 전화하는 과정은 「현실의 교환」 과정이다. 이것이 마르크스에 의한 화폐 생성의 「필연성」의 논리다.

화폐생성론은 애덤 스미스의 노동=본원적 화폐론에 대한 비판(같은 책, S. 99 이하)을 포함한 곳에서 헤겔 논리학의 방법이 매우 압축적인 문장 속에 담겨 있으며, 헤겔 논리학과 다른 점을 의식한 듯한 다음과 같은 표현도 보인다. 즉 화폐라는 "이 상징은 교환가치의 산물이지 선험적으로 파악된 《이념》을 상술(詳述)한 것은 아니다."(같은 책, S. 79)라고 말한 것이 그것이다.

또한 상품의 외부에 화폐가 나란히 존재하는 상태에서 새로운 모순이 발생하는데, 이는 「가능성」 「우연성」의 논리를 구사하여 전개되고 있다. 말하자면 첫째로, "상품과 화폐의 교환 가능성은 일어날지 어떨지 모르는 외적 조건들에 …… 맡겨져 있기” 때문에 “《우연》적이다.”(같은 책, S. 81-82) 상품들에게 화폐와의 교환=등치는 「필연적」임에도 불구하고 다른 한편으로는 「우연적」이다. 이것은 분명 일종의 모순이다.

둘째로, 교환 행위가 판매와 구매로 분리되고 상호 무관심한 것이 되기 때문에, “그것들은 서로 조응할 수도 있고 하지 않을 수도 있으며, 합치할 수도 있고 하지 않을 수도 있다.” 여기에 「부단한 균등화와 불균등화」가 생긴다.(같은 책, S. 82) 더구나 “매개자로서의 화폐의 규정 속에, 즉 교환의 두 가지 행위로의 분열 속에 공황의 맹아가, 적어도 그 《가능성》이 존재한다.”(같은 책, S. 127) (제3, 4는 생략한다.)

4.3.5 화폐에서 「실재성」과 「상호작용」

마르크스는 『요강』 화폐장에서도 「실체」라는 용어를 많이 사용하고 있다. 그 용례를 보면, 마르크스의 경우도 헤겔과 마찬가지로 「실체」는 변화와 다양성 속에 있는 불변의 것이 아니라 스스로 다양성(헤겔이 말하는 「우유성」)을 산출할 수 있는 힘을 갖는 것이다.

먼저 상품은 「사회적 실체」와 「자연적 실체」로 구분된다. “상품은 그 사회적 《실체》에서 보면, 교환가치다.”(같은 책, S. 120) 그 “교환가치의 현실적인 공통의 《실체》”는 “노동시간”(같은 책, S. 132)이기 때문에 “교환가치는 …… 모든 생산물의 《실체》인 사회적 노동을 상정하고”(같은 책, S. 133) 있으며, “교환가치로 상품들은 그 사회적 《실체》, 즉 노동에 대한 관계로서 정립되고 있다.”(같은 책, S. 135) 이와 같이 교환가치 및 사회적 노동은 하나의 사회적 관계로 파악되고 다양하게 변화하는 형태를 산출하면서도 그 본질인 자신에 머무르는 것으로 이해된다.

이와 같이 헤겔이 사용하는 바와 같은 「실체」 의미에 의한 사용과는 다르게, 화폐의 "자연적 《실체》"(같은 책, S.134, 136)라고 하는 경우의 「실체」는 「질료」나 「기체」와 동일한 의미를 갖는 것이다. 말하자면 "화폐의 질료적 《실체(Substanz)》, 화폐의 기체", "화폐의 질료적 기체(Substrat)"(같은 책, S. 140), "화폐는 …… 금이나 은이라는 《실체(Substanz)》를 갖고 있다."(같은 책, S. 144)고 하는 경우가 그것이다. 이 경우 「실체」는 헤겔적인 의미의 「실체」가 아니라, 변화와 다양성 속에 있으면서도 불변적으로 있는 것을 의미한다.

또한 화폐의 「실체」가 교환가치를 의미하고 그것이 취하는 여러 가지 형태를 「우유(Accident)」로 보고 있는 경우 등등에서, 화폐는 상품에 비해서 더 보편적인 「실체」로 자리매김하고 있다.

"화폐를 나타내는 자연적 《질료》는 하나의 《우유(Accident)》로 나타난다."(같은 책, S. 139) 혹은 "화폐의 《실체》는 …… 부 그 자체다. 교환가치는 화폐의 《실체》를 이루고 있으며 교환가치는 부이다. (중략) 화폐는 상품들 가운데 신이다."(같은 책, S. 145) "화폐는 …… 상품 세계의 지배자 및 신이 된다."(같은 책, S. 146)

"부의 특수한 《실체》에 불과한 모든 상품과 대립하여 화폐는 부의 물질적 대표물 및 부의 일반적 형태가 된다."(같은 책, S. 153)

다음으로, 화폐 「상호작용」의 예로 유통을 담당하는 개인들의 관계를 「상호작용」으로 파악하는 곳이 있다. 이에 따르면, 유통은 "경제학적 범주의 제1차적 총체"인데, 유통과정에서 상품과 화폐 간의 「사회적 관계」는 의식적 개인들의 "《상호작용》" 혹은 "상호 충돌"(같은 책, S. 126)에 의해 생겨난다. 그 과정은 "개인들에게 종속되지 않는" "독립된 과정" 혹은 "자연 발생적으로 성립하는 객관적 연관"으로 나타난다. 그것은 일종의 "소원한 사회적 《힘(Macht)》", "폭력(Gewalt)"(같은 곳)으로 나타난다.

4.4 자본장에서 「현상」·「현실성」의 논리

4.4는 『요강』에서 「자본으로서의 화폐」로부터 잉여가치의 생산에 이르는 「자본 일반」 개념의 생성과, 이 자본의 일반적 개념으로부터의 전개에 의해서 이윤과 이자를 야기하는 자본까지를 서술한 자본에 관한 장을 다루고, 여기에서 마르크스가 어떻게 헤겔 논리학의 「현상」·「현실성」의 범주를 구사하고 있는가를 검토한다.

4.4.1 자본의 「현상」과 「실존」

『요강』 「자본에 관한 장」은 자본 일반의 개념이 논리적으로 생성되는 과정을 더듬는 부분(자본 개념 생성론)과 「이 개념의 맹아로부터의 전개」를 더듬는 과정(자본 개념 전개론) 이렇게 두 부분으로 구분된다.

마르크스에 따르면, 전반부의 자본 개념 생성론은 "자본이 생성하는 현실적 운동의 관념적 표현"(같은 책, S. 229)이다. 이 현실적 운동을 보면, 자본이 "유통으로부터, 더욱이 자본의 출발점인 화폐로부터 발생하는" 것이 명백하다. 화폐는 "자본의 최초 개념이기도 하고 자본의 최초 《현상》 형태이기도 하다."(같은 책, S. 175) 그러나 이 화폐는 화폐장에서 다루어졌던 "화폐로서의 단순한 규정을 뛰어넘어선 화폐의 규정"(같은 책, S. 173)을 가지고 있다. 이런 의미에서 「자본으로서의 화폐」로부터 「자본의 일반적 규정」을 밝히는 것이 자본 개념 생성론의 테마다.

마르크스가 『요강』 자본장에서 헤겔 논리학·본질론 「본질」 편의 「가상」 「반성」 「근거」 등등의 범주를 구사하고 있음은 제3장에서 검토했다. 이 절에서는 「현상」 「현실성」 편의 범주들에 근거한 자본장의 전개 방법을 검토한다.

화폐 혹은 유통으로부터 자본 개념을 도출하는 과정에서 마르크스는 "유통은 그 배후에서 진행되는 과정의 《현상》이기"(같은 책, S. 177) 때문이라는 이유로 일단 유통과정의 「근거」에 해당하는 교환가치의 생산과정으로 되돌아가려고 한다. 그러나 생산과정에 들어가서도 "자본에게는 교환가치를 만들어 내는 활동, 즉 노동의 모든 규정이 《사물》로서 《현상》"(같은 책, S. 177)하므로 이것에 집착하게 되면, 마르크스 이전의 경제학자들이 그러했듯이 자본이 자본인 "형태 규정을 도외시하고 자본의 단순한 《질료》[주: 예를 들면 생산용구]만을 고찰할"(같은 책, S. 179) 수밖에 없게 된다. 실제로 이것은 헤겔 논리학의 「사물과 질료」의 논리에 머물게 되는 것이다. 마르크스가 볼 때 이러한 「사물과 질료」의 논리에 의해서 자본을 파악하는 방식은 논리의 한 단계로서는 필요하지만, 거기에 머무르게 되면 자본을 "개념적으로 파악"할 수 없게 된다. 생산과정에까지 분석을 철저히 진행하여 "자본은 모두 새로운 생산에 수단으로 이용되는 대상화된 노동이라고 해도", 그것만으로는 "자본이 《물상》으로 파악되고 관계로 파악되지 않기"(같은 책, S. 180) 때문이다.

그래서 "자본의 개념을 전개하기 위해서는 노동이 아니라 …… 교환가치로부터 출발하는 것이 필요하다." "유통에 대해서 자기를 자립시킬 뿐만 아니라 유통에서 자기를 보존 유지하는 교환가치"(같은 책, S. 183) 혹은 화폐는 이제 자본이다.(「자본의 최초 규정」) 그러나 이 규정성에서 자본은 아직 "명목상의 것일 뿐이다."(같은 책, S. 185) 거기에서 탈출하기 위해서 교환가치는 "자기를 배가하고", "자기 증식"하는 것으로, 교환가치로서 자신을 정립할 필요가 있다. "노동에 의해 소비되고 새롭게 자신을 재생산하는" 것은 "살아 있는 노동을 교환가치의 재생산을 위한 수단으로 정립하는"(같은 책, S. 187) 것이다.

이상이 이른바 자본의 현상에 관한 서술이다. 이 「현상」이 「본질」의 드러남으로 파악되어 버리면, 헤겔이 말하는 「실존」이 된다. 자본의 「실존」은 잉여가치를 낳는 화폐에 불과하다. 마르크스는 잉여가치의 생산을 밝히고 난 후, 상품이 생산과정으로부터 나와, 다시 화폐가 되는 형태로 유통에 나타나는 단계를 파악하고 잉여가치 중 자본가의 소비분을 제외한 부분은 「자본으로서의 화폐」에서 「화폐로서의 자본」으로 전화한 것으로 본다. 그 화폐는 이제는 최초의 화폐처럼 이것으로부터 자본이 되고자 하는 그런 화폐가 아니라, 이미 자본이 된 화폐, 즉 자본이라는 본질이 거기서 「현상」하고 있는 화폐다. "실현된 자본이 화폐로 《현상한다》."(같은 책, S. 345) 이 화폐와 자본의 "새로운 규정"(같은 책, S. 357)은 「자본의 실존」이라 불릴 만하게 된다.

"[잉여가치로서의 화폐에서] 화폐의 자립적인, 환상적인 《실존》은 지양된다. 화폐는 오로지 자기 증식하기 위해서, 즉 자본이 되기 위해서 존재하는 것이기 때문이다."(같은 책, S. 277)

화폐는 "지금은 자체적으로 이미 자본이며, 새로운 노동에 대한 지도

증이다.” 이 “화폐로서의 자본의 물질적 《실존》은 무차별적인 것이다.” (같은 책, S. 278)

이상과 같이 『요강』 자본장에서의 「실존」은 헤겔 논리학에서 “본질로부터 출현한 존재”라는 의미 내용으로 쓰이고 있다. 바꿔 말하면, 「실존」의 논리학적 의미 내용을 알지 못하면, 왜 거기서 「실존」이라는 용어가 사용되는지를 이해할 수 없다.[47]

4.4.2 자본에서 「본질적 상관관계」(힘과 발현, 내적인 것과 외적인 것)

자본 개념을 밝히는 가운데, 마르크스는 자본의 역사적 사명은 잉여노동의 추구에 의해서 욕구들을 발달시키고 필요노동을 단축하는 데 있다고 하고 나서, 자본을 「본질적 상관관계」라고 서술한다.

“따라서 자본은 생산적인 것이다. 즉 사회적 생산력들의 발전을 위한

---

47 잉여가치를 「실존」으로 보는 다음 문장은 본질이 나타나고 “매개가 지양되어 회복된 존재”(『1부 논리학』 123절 보충)로서 「실존」의 의미를 잘 보여 준다. “(잉여가치는 자본과의 관련에서만, 즉 생산과정에 앞서서 존재하는 가치와의 관련에서만 생산물이다. 잉여가치는 그것 자체로서, 즉 자립적인 「실존(Existenz)」으로 보면, 단지 양적으로 규정된 교환가치에 불과하다.)”(MEGA, II-1, S. 261)

『요강』 일역본에서 Existenz는 거의 「존재」로 번역되어 있고, 일부에서 「실존」이라 번역하고 있지만, 이것으로는 「현존재」라는 의미가 명확히 드러나지 않는 것 같다고 생각한다. [옮긴이는 Existenz를 ‘실존’이라 번역하고 Dasein을 ‘현존재’라고 옮겼다.]

또한 이 「실존」을 「사물」과 「질료」 간의 관계로 파악하는 『요강』의 논리는 제3장 「근거」로서의 「질료」라는 점에서 다루었으므로 여기서 재론하지는 않겠다.

《본질적 상관관계(ein wesentliches Verhältnis)》다. 자본은 이 생산력들의 발전 그 자체가 자본 그 자체 속에서 하나의 《제한》을 찾아낼 때 비로소 그러한 것이기를 그만둔다."(같은 책, S. 241)

또한 자본가 노동자 사이의 관계를「본질적 상관관계」라고도 표현한다.

"어떤 자본가도 자신의 노동자와 맺고 있는 관계는 자본과 노동의 관계 일반이고 《본질적 상관관계》다."(같은 책, S. 333)

이 두 예는 서로 상대방과 동일한 관계에 있으면서 자립해 있는 존재라고 할 두 총체성 사이의 관계를「본질적 상관관계」라 불렀던 헤겔의 사용법을 따른 것이다.

다음,「힘과 발현의 상관관계」를 보겠다. 마르크스는 먼저 노동자의「생명력(Lebenskraft)」과「생명 발현(Lebensäusserung)」을 바로「힘의 발현(Kraftäusserung)」(같은 책, S. 372)으로 표현한다. 그리고 "자본가는 교환에서 노동 자체 …… 즉 생산력(Produktivkraft)을 손에 넣음"으로써 "이 생산력은 …… 자본 그 자체에 내속하는 《힘(Kraft)》이 된다."(같은 책, S. 198)고 쓴다. 이와 같이 마르크스는「힘과 발현 간의 상관」관계로 노동의 생산력을 파악하고, 이 파악을 기초로 해서 단순한 힘(Kraft)과 위력(Macht)을 잘 분간하여 사용하면서 노동자의 소위 본원적 생산력이 자본의 권력으로 전화한다는 것을 밝혀낸다.

"노동자가 행하는 노동의 창조적인 《힘(Kraft)》은 자본의 《힘(Kraft)》으로, 타인의 권력(Macht)으로 노동자와는 대립하는 위치에 놓이게 되기 때문에, 노동자는 가난해질 수밖에 없다. 노동자는 부의 생산력(Produktivekraft)으로서의 노동을 양도하고 자본은 그러한 생산력으로서의 노동을 자기 것으로 한다."(같은 책, S. 226) 따라서 "사회적 생산력의 모든 증대는 …… 노동을 지배하는 권력을 증대시킬 뿐이다."(같은 책, S. 227) "노동을 짓누르는 객관적 권력"(같은 곳), "노동에 대한 지배권(Kommando)"(같은 곳), "살아 있는 노동을 지배하는 권력"(같은 책, S. 572, 576), 이 "권력으로서의 자본"(같은 책, S. 177)을 대부분의 경제학자들이 부정하고 있으며, 헤겔의 논리학에도 이러한 권력으로서의 힘을 파악하는 방식은 없다.

다음으로, 「내적인 것과 외적인 것의 상관관계」를 살펴보겠다.

「내적」과 「외적」이라는 말의 사용 예로는 "개념적으로는 경쟁이란 다수의 자본 간의《상호작용》으로 나타나서 실현되는 자본의《내적》본성, 자본의 본질적 규정임에 틀림없고《외적》필연성으로서의 내적 경향임에 틀림없다."(같은 책, S. 326)고 하는 경우가 있다.

이외에도 상품 생산물의 실현에서 5개 부문의 비례관계를 문제로 하여 "생산력 발전의 어떤 주어진 입각점에서는 …… 생산물의 어떤 고정된 비율이 생긴다. 이러한, 자본의《내적인》개념적 분할은 교환에서는 자본 상호 간의 교환에서 정해진, 또는 한정된 비율들이 생긴다는 식으로 나타난다. (중략) 자본 내부에서의 [C, V, M 등의] 분할은 교환에서는 예를 들면, 5개의 자본들 사이의 분배로 나타난다."(같은 책, S. 353-354)고 하는 방식으로, 내적인 것이 외적인 것으로 나타난다고 파악한다. 이 경우 마르크스는 현실 자본제 경제의 불균형을 보고 있으므로 헤겔처럼 「내적인 것」과 「외적인 것」 간의 동일성을 말할 뿐만 아니라 내적인 것과 외적인 것 사이의 불일치 혹은 분리를 말한다.

"교환은 가치 증식의《내적》조건을 변화시키지 못하지만, 이들 조건을《외부》로 방출하여 그것들에게 상호 자립적인 형태를 부여하고 이리하여 《내적》 통일성을 단지 《내적》 필연성으로만 존재하도록 강제하며, 그로부터 이 《내적》 필연성이 공황의 모습으로 《외적》, 강제적으로 발현하게 된다."(같은 책, S. 357)

더욱이 자본 개념의 전개에서는 자본 일반의 개념과 경쟁 간의 관계에 관해서 전자에서 밝혀지게 된 "자본의 《내적》 법칙들을 경쟁이 《외적》 필연성으로 자본에게 강제하기 때문에, 이것들의 법칙을 모두 외관상 거꾸로 뒤집는다."(S. 633)고 말한다. 이러한 「내적」과 「외적」이라는 말의 사용법은 양자의 떼려야 뗄 수 없는 상관관계를 상정하는 것이라고 할 수 있다.

4.4.3 자본의 규정에서 「현실성」 및 「가능성」 「우연성」 「필연성」

자본장에서 최초의 화폐는 이른바 자본으로서의 「가능성」을 갖는 화폐다. 마르크스는 이것을 "화폐로서의 화폐임을 그치고 자본의 《가능성》으로 생성해 가는 화폐"(같은 책, S. 278)라고 표현한다. 더 나아가 마르크스는 이 화폐가 자본으로 전화하고 이제 생산=가치 증식 과정에서 나와 다시 화폐가 될 때, 잉여가치로서의 화폐 중 자본가의 소비분을 뺀 새로운 부분을 "이미 자본으로서의 그 형태와 관계를 맺는 화폐(그것은 이미 자본의 정립된 《가능성》인 화폐)"라고 일컫고 있다. 이 경우 자본 개념 생성론이 「자본으로서의 화폐」의 「가능성」이 「현실성」으로 전화한다는 논리를 이용하고 있음을 알 수 있다. 다음도 또 하나의 예이다.

"임노동에 의한 잉여가치의 산출(Setzen)은 자본의 자기 증식, 즉 자본의 현실화(Verwirklichung)라는 것."(같은 책, S. 244)

다른 한편으로는 노동력 상품의 특수성을 언급하면서 노동자가 자본가에게 제공해야 하는 사용가치는 "단지 《가능성》으로서만, 즉 그의 능력으로서만 존재하고 있을 뿐이다. 그것은 자본에 의해 찾아내져서 운동 속에 놓이게 되면서부터 비로소 《현실성》이 된다."(같은 책, S. 189)고 표현한다. 주관적 동기로서 노동은 객관적 계기가 갖추어지면 부로서 「현실성」으로 전화한다는 것을 논리학적으로 표현하고 있는 바이다.

"노동의 《실재적 현실성》이 지닌 이 계기들[주: 노동수단과 대상을 말한다.]로부터의 추상으로 존재하는 살아 있는 노동은 …… 절대적 빈곤으로서의 노동이다."(같은 책, S. 216) "그것은 부가 대상적으로 《현실성》으로 존재하는 자본과 대립하며 …… [활동으로는] 부의 일반적 《가능성》으로서의 일반적 부이다."(같은 곳)

이 논리는 「소외된 노동」의 변증법으로도 사용된다. 즉 자본이 노동의 생산물로 나타나고, 마찬가지로 노동의 생산물이 자본으로 나타나며, 대상화된 노동이 살아 있는 노동에 대한 지배력, 지휘권으로 나타난다면, 노동은 "자기 자신을 자기로부터 소외되어 …… 타인에게 속해 있는 이 실재성과 대립하게 되고, 실체성을 결여하며 완전히 궁핍해진 노동능력으로 정립하는 활동으로 나타나고", "자기 자신의 《현실성》을 …… 타인을 위한 존재로 정립하는 활동으로 나타난다. 이러한 현실화 과정은 그대로 비현실화 과정이기도 하다. …… (중략) 생산과정을 경과한 결과, 살아 있는 노동 자신의 깊은 곳에 있는 여러 가지 《가능성》이 자신의 밖에 있는 《현실성》으로서—그러나 자신과 대립하여 부를 이루고 있는, 자신에게는 소원한 《현실성》으로서—존재하게 된다."(같은 책, S. 363)

더욱이 가치 실현의 가능성을 논하면서 A~E의 다섯 가지 부문을 예로 든 곳을 살펴보면, “아무튼 분명한 것은 가치 실현이 여기서는 자본가 상호 간의 교환 속에서 이루어지고 있다는 점이다. (중략) 여기에서 가치 실현의 핵심은 각 자본가들이 자기 자신의 생산물을 다른 4명의 자본가가 산출하는 생산물의 각 부분과 교환하는 것, 더욱이 잉여생산물의 일부는 자본가의 소비로 들어가고 일부는 새로운 노동을 작동하기 위해 사용되는 잉여자본으로 전화하도록 교환하는 것이다. 여기에서 가치 실현의 핵심은 더 큰 가치 실현—새로운, 그리고 더 큰 가치들의 생산—을 위한 《실재적 가능성》이다.”(같은 책, S. 353)

마찬가지로 “노동에 의해서 생산된 잉여자본—잉여가치— 중에 동시에 새로운 잉여노동의 《실재적 가능성》이 만들어지고, 이리하여 잉여가치 그 자체가 동시에 새로운 잉여노동 및 잉여자본의 《실재적 가능성》이 된다.”(같은 책, S. 364)고 한다.

가치 실현의 가능성이나 새로운 잉여가치의 가능성은 동시에 「우연성」을 수반한다.

“통일해서 자본을 형성하는 세 과정은 각각 시간·공간적으로는 각기 다른 상호 《외적인》 과정이다. …… 그것들의 통일은 개별 자본가에 관해서는 《우연》이다.”(같은 책, S. 316) “[자본이 생산한] 상품의 가격이 실현되는가 어떤가는 《우연》한 일로 된다.”(같은 책, S. 317)

이리하여 자본의 여러 가지 계기가 통일하는 필연성은 우연성으로 전화한다.

“[서술에서] 이제까지 가치 증식 과정에서는 개개의 계기들 각각은 서로에 대한 무관심성밖에 보이지 않는다. 말하자면 그것들의 계기는 《내적》으로는 서로 조건 매기면서 《외적》으로는 서로 찾아내고 있지만 서로 합쳐지든지 합쳐지지 않든지, 서로 합치하든지 합치하지 않든지, 서로 대응하든지 대응하지 않든지 상관없다는 식의 무관심성(the indifference of the individual moments to each other, that they determine each other internally and search for each other externally, but that they may or may not find each other, balance each other, correspond to each other: 역자 삽입)이었다. 서로 합쳐져서 일체를 이루는 것의 내적 《필연성》에도 불구하고 더욱이 그것이 서로 무관심한 자립적인 《실존》이 되고 있다는 것, 이것은 이미 모순들의 기초(Grundlage)다. / 그렇지만 아직 끝나지 않았다. 생산과 가치 증식·실현 사이의 모순—자본은 그 개념에서 볼 때 이 양자의 통일이다—은 단순히 과정 속에 있는 개개의 계기들이, 혹은 오히려 과정들의 총체 속에 있는 개별 계기들이 겉으로 보기에는 자립하여 상호 무관심하게 나타난다는 것 이상으로, 훨씬 내재적으로 파악되어야 한다."(같은 책, S. 326)

가능성과 현실성에 관련해서 마르크스는 부의 발전의 대립적 형태를 「현실성」이라 하고, 그런 대립적 형태를 지양할 「가능성」을 그 속에서 찾아낸다.

"《현실성》에서 보면, 부의 발전은 오직 이것들의 대립[주: 잉여노동(=부)과 비노동을 말한다.] 속에만 존재하지만, 《가능성》에서 보면, 다름 아닌 부의 발전이 이것들의 대립이 지양되도록 하는 《가능성》이다. 즉, ……."(같은 책, S. 308)

마지막으로 자본순환에서 연속성의 필연성과 우연성 및 신용의 필연성에 관한 다음과 같은 언급이 있다.

자본의 일반적 개념에서 자본은 「유통하는 자본」 혹은 「순환」 내지

「유통」으로 나타난다. 그 자본 순환 과정에서는 생산과정과 유통과정 간의 연속성이 「필연성」으로 정립된다. 이와 같이 자본의 순환 "과정의 지속적인 연속성의 《필연성》이 정립되어 있음에도 불구하고 그것들의 국면은 특수한 상호 무관심한 과정들로서 시간적으로도 공간적으로도 흩어지게 된다. 그래서 자본에 근거한 생산의 본질적 조건인 과정의 연속성이 우연적인 일로 나타난다. 자본 그 자체에 의한 이 《우연성》의 지양이 신용이다(신용에는 또 다른 측면이 있는데, 이 측면은 생산과정의 직접적 본성에서 유래하는 것이며, 따라서 신용의 《필연성》을 위한 기초다)."(같은 책, S. 434)

4.4.4 자본에서 「실체성」 「인과성」 「상호작용」

자본의 「실체」에 관해서 마르크스는 다음과 같이 말한다.

자본은 유통에 나타나는 모습에서는 번갈아 상품 및 화폐가 되는데, 이때 "자본은 《실체》에 대해서 무관심하지는 않지만, 규정된 형태에 대해서는 무관심하다. 이 측면에서 보면, 자본은 이 《실체》의 끊임없는 변태로 《현상한다》."(같은 책, S. 185) 이 경우 「실체」는 "자본이 보존 유지하고 있는 교환가치로서의 동일성"을 의미하고 「우유성」에 해당하는 것은 「규정된 형태」 혹은 「끊임없는 변태」다. 이런 논리는 헤겔의 「실체성의 상관관계」에 해당한다. 그러나 여기서 아직 자본은 개념으로서 완성된 「주체」가 되지는 못한다. 이런 「주체」로서의 자본은 이윤이나 이자를 낳는 자본이며, 『요강』 자본장에서는 제3항목에서 다룬다. 그것은 결국 자신의 형태에 대해서 무관심한 것이 아니라 "능동적인 주체—과정의 주체—로서의 자신으로부터 출발하고, …… 자신에 대해서 자신을 증식시키는 가치에 대한 양태로 관계하는"(같은 책, S. 619 이하) 것이다.

또한 「인과성의 상관관계」의 예는 『요강』에 자주 보이지 않지만, 다음의 예와 같이 자본과 화폐 간의 관계를 원인과 결과 간의 상관관계로 표현한다.

"화폐는 최초에는 자본의 전제로, 자본의 《원인(Ursache)》으로 당연히 나타났지만, 이번에는 [가치 증식 과정으로서의 생산과정으로부터 생겨난 화폐로서] 화폐는 자본의 《결과(Wirkung)》로 나타난다."(같은 책, S. 270)

이것은 「나타난다.」라는 표현이 보여 주듯이, 화폐를 원인으로 보고 자본을 결과로 보는, 보통의 인과관계로 간주하는 그런 견해를 비판한 것이라 할 수 있다.

이것이 이윤을 산출하는 주체로서의 자본이 되면, 이윤이라는 "《결과》가 전제로 나타나는 순환 운동이 정립된다."(같은 책, S. 631)

마지막으로 자본의 「상호작용」이다. 자본의 상호작용은 자본들 간의 경쟁에서 볼 수 있다. "개념적으로 경쟁은 다수의 자본 사이의 《상호작용》으로 나타나고, 실현된 자본의 내적 본성, 자본의 본질적 규정임에 틀림없다."(같은 책, S. 326) 혹은 "자본은 다수의 자본으로 현존하며, 또한 다수의 자본으로밖에 현존할 수 없다. 그러므로 자본의 자기 규정이 다수의 자본 사이의 《상호작용》으로 나타난다."(같은 책, S. 326)

마르크스는 자본의 일반적 개념에서 논해야 할 것과 "자본이 실재하는 자본으로 많은 자본의 《상호작용》으로 고찰되어야 할 항목"(같은 책, S. 532)에서 논해야 할 것을 구분하여 자본 최후를 "다수의 자본 사이의 《상호작용》인 경쟁"으로 마무리하면서 그 서술을 전개해 나갈 것을 플랜상에서 예정하고 있다. 이 부분은 헤겔 논리학·본질론에서 범주가 「상호작용」이고 나아가 헤겔 논리학·존재론이 「일자와 다자」의 「견인과 반발」로 마무리되는 것과 대응하는 논리 전개 방법이라는 점에서 대단히 흥미로운 곳이다.

제5장
헤겔 논리학·개념론과 「자본」의 방법

이번 장에서는 헤겔 논리학·개념론(주로 『대논리학』 제3권 「개념론」 제1편 「주관성」)과 마르크스 『경제학 비판 요강』(이하 『요강』)에서 이용된 경제학의 방법 간의 관계를 검토한다.

근대 자본제 경제는 자본-토지 소유-임노동으로 구성된 유기적 총체성을 이루고 있다. 마르크스는 「부르주아사회의 기초」인 이 자본제 경제를 대상으로 삼아, 이것을 학문적으로 표현하는 「경제학 비판」 체계의 첫 걸음으로서 「근대경제학의 기본 개념인 자본 개념」을 파악하고 「엄밀한 전개」에 의한 「자본」론 체계를 만들려고 했다. 그 최초의 성과가 초고 형태로 남아 있는 『요강』이다. 그런 의미에서 『요강』은 처음부터 「자본」론이었다.

그 기초가 되는 방법은 자본 개념의 “변증법적 발생”과 그 “맹아로부터의 전개”(이상 모두 마르크스의 용어)이다. 『요강』이 하나의 학문적 체계를 형성하는 것으로, 헤겔 논리학에 있는 「개념」 구분인 보편·특수·개별의 변증법에 근거하여 편성되어 있음은 초고에서 마르크스 자신에 의해 명백하게 기술되어 있다. 그러므로 『요강』의 편성은 헤겔 논리학 전체의 구성인 존재론-본질론-개념론의 순서로 구성되어 있을 리 없으며, 그렇게 이해하는 것은 잘못이다. 마르크스가 헤겔 논리학을 원용한 방식은 헤겔 논리학의 구성을 그대로 『요강』에 적용한다거나 혹은 그 순서를 변경한다거나 하는 그런 것이 아니다. 『요강』에 나오는 자본 개념의 생성과 전개에서 헤겔 논리학의 존재론과 본질론에 나타나는 범주가 곳곳에서 구사되고 있는 것은, 헤겔이 말하는 것처럼 「존재」와 「본질」의 논리가 항상 「개념 생성의 계기」이고 「개념의 발생적 서술」이기 때문이다. 마르크스는 자본제 경제라는 대상의 표상을 항상 마음에 떠올리면서 이것을 끊임없이 분석·종합하여 개념에 도달하고, 나아가 이를 반복하면서 그 개념을 보다 풍부하게 한다. 그러한 개념 구성의 순서가 보편·특수·개별이라는 헤겔 논리학의 개념 전개의 변증법이었다.

5.1 헤겔 논리학·개념론의 논리

5.1.1 개념론의 주제와 구성

헤겔 『논리학』(통칭, 대논리학) 제3권은 「주관적 논리학 또는 개념론」이라고 이름 붙여져 있다. 제1편 「주관성(die Subjektivität, subjectivity)」은 개념 자체와 판단, 추리라는 "일반적으로 논리학이라고 일컬어지는 범위에 속하는 소재"(헤겔의 머리말, 1816)를 취급한다. 제2편 「객관성(die

Objektivität, objectivity)」에서는 일반적으로 논리학의 내용으로 생각되지 않는 「기계론적 관계」 「화학론적 관계」 「목적론적 관계」를 다룬다. 그리고 제3편 「이념(die Idee, idea)」은 주관적 개념과 객관성 간의 최초 통일인 「생명」과, 그것에 이어서 「인식」(「진리」와 「선」)을 다루고 「절대적 이념」으로 마무리하는 구성을 이루고 있다.

『논리학』의 존재론이 직접적으로 어떤 것에서 다른 것으로 이행하는 관계를 파악하는 것이라면, 본질론은 하나의 것 내부에 있는 본질과 현상이라는 반성관계와 상관관계를 파악하는 것이었다. 이에 비해 개념론은 하나의 것이 다른 것에 있으면서 자신에게 머무르는 관계, 즉 타자로의 이행과 자신으로의 반성관계를 통일하는 유기적 전체를 파악하는 것으로, 존재론과 본질론 이 양자를 통일하는 것이 된다. 헤겔 논리학의 구성에서 보면, 개념(der Begriff, notion)은 존재(직접적인 것, 혹은 그 이행)와 본질(반성)에 대한 「제3자」가 되지만, 존재와 본질은 "개념 생성의 계기"(『대논리학 III』 19쪽)이며 존재와 본질은 개념에 보존된다. 바꿔 말하면 존재와 본질의 논리(객관적 논리학이라고 부른다.)는 이미 "개념의 발생적 서술"(『대논리학 III』 20쪽)인 것이다.

5.1.2 개념과 개념적 파악

어떤 대상을 인식하는 것은 그것의 개념을 파악하는 것이다. "어떤 대상의 개념적 파악(das Begreifen, comprehension)"(『대논리학 III』 32쪽)은 논리적인 것(로고스)을 전제한다. 이런 로고스를 단순히 주관적인 것으로 본 칸트에게 반대해서 헤겔은 개념이나 논리적인 것(로고스)이 단순히 내용을 사상한 형식적인 것이 아님을 밝혀냈다.

마찬가지로 헤겔은 개념과 실재성은 다른 것이고 손으로 만질 수 있는 감성적인 존재를 개념보다 우월한 것으로 보고 양자를 대립시켜서는 안 된다고 말한다. 감성이나 직관, 및 그것들을 산출하는 소재는 오성에 선행하는 것이지만, 그러한 감성적인 존재의 실재성의 근거는 개념이며, 실재성은 개념으로부터 도출되어야 한다.

"그러나 철학은 단지 어떤 일어난 사실을 이야기로 엮어 나가는 데서 그치는 것이어서는 안 된다. 철학은 오히려 그 안에 있는 참된 것에 대한 인식이어야 하며, 나아가 이 참된 것에 근거하여 이야기 속에 한갓 일어난 일로 현상하는 것을 개념적으로 파악하는 것이어야 한다."(『대논리학 III』 38쪽)

이러한 의미에서 보면, 개념과 실재성의 일치를 주장하고 이것이 「이념」임을 주장하는 곳에 헤겔 철학 및 관념론의 특징이 있다.

칸트는 "개념이 종합"임을 알아차렸다. 그러나 이 종합을 아프리오리한(선천적) 판단이라 하면서 「심리학적 반영의 입장」 혹은 「심리학적 관념론」의 입장에서 개념은 직관과 표상의 다양성 없이는 무내용(無內容)이고 공허한 것이라고 했다. 이에 대해서는 헤겔에 따르자면 "실은 개념이 종합이라는 이러한 이유 때문에, 개념은 자기 자신 속에 규정성과 구별을 가지"며, "모든 유한한 규정성과 다양성의 근거이고 원천이다."(『대논리학 III』 39쪽)

5.1.3 개념에서의 보편·특수·개별의 변증법

헤겔이 개념에 관해 서술한 것은 다음 다섯 가지로 정리할 수 있다.

① 개념은 보편·특수·개별이라는 세 계기를 포함한다.

② 이 세 계기를 구별하는 것은 개념이 자신으로부터 구별되는 규정(성)들이다. 따라서 이들 세 계기는 개념 전체이기도 하다. "개념은 총체성(die Totalität, totality)이며, 따라서 그 보편성 혹은 자기 자신과의 완전히 순수한 [자기] 동일 관계에 있는 것이면서 본질적으로 또한 규정과 구별을 이루는 것이다."(『대논리학 III』 55쪽)

③ 개념 속의 보편(die Allgemeinheit, universality)이라는 것은 모든 계기에 침투하고 모든 계기를 자신 속에 갖는 것이라는 의미에서 보편인데, 동시에 자신을 다른 계기(특수와 개별)와 구별하여 이것과 대립하는 계기이기도 하다. 이러한 보편을 변증법적 보편 혹은 구체적 보편이라고 한다. 변증법적 보편은 "타자를 포괄하는" 것, 혹은 "타자 속에 머무르면서 …… 제 자신에 깃들어 있는 것이다."(『대논리학 III』 59쪽) 그런 의미에서 개념으로서의 보편은 "자유로운 힘(Macht, power)"(『대논리학 III』 59쪽), "창조적 힘(schöpferische Macht)"(『대논리학 III』 62쪽), 혹은 "더 고차적인 보편"(『대논리학 III』 62쪽)이라고도 말해진다.

④ 보편 및 개념이 자신 속에 포함하는 규정성은 특수(die Besonderheit, particularity)다. 보편은 이 특수한 규정성에서 말하자면 "내면을 향한 가현(假現)이자 자신에게로의 반성이다."(『대논리학 III』 61쪽) 따라서 "특수는 보편을 포함"함과 동시에 이런 특수 규정성에서 보편이 표현된다는 의미에서 "보편은 특수"이다. 나아가 여러 종류의 특수는 서로 종차

를 가지면서 동일한 하나의 보편성 아래에서 「총체성」을 이루고 있다. 이 의미에서 보편은 「원리」다. "원리란 개념의 전개와 실현의 시원과 본질을 포함하는 것이다."(『대논리학 III』 70쪽) 그리고 "개념으로 하여금 하나의 특수가 되도록 하는 셈이다."(『대논리학 III』 65쪽)[48]

---

48 『대논리학』 제3권 제1편 제1장 「개념」에서 여러 특수 규정성 중 하나가 보편적 개념을 표현하고 있으며, 그것이 여러 특수성의 총체를 한데 모아 올리고 있다는 견해가 반드시 명확한 것은 아니라고 생각한다. 그러나 이런 견해는 제2장의 「선언 판단」에서 다음과 같이 분명히 언명되어 있다. "개념 자체가 또한 직접적으로 그것의 선언지의 하나다. 그런데 다른 선언지는 이 보편성이 그 특수성 속에서 해소된 것이다."(『대논리학 III』 342쪽)
헤겔 논리학에서 변증법적 보편·특수의 의의와, 그것의 마르크스에 의한 원용을 밝힌 것은 미타의 업적이다. "미타 씨는 이 보편, 특수, 개별의 변증법적 동일성을 다음 다섯 가지 의미로 밝힌다. 제1의 의미는 보편적인 것이 그 자신 안에 특수한 것을 내포하는 모순물로서 있으며, 그 때문에 당장에는 그 사물을 사멸시키는 것이 아니라 발전시키면서 그것을 하나의 특수한 것이게 한다는 것. 제2의 의미는 보편은 그대로 동시에 현실적인 하나의 특수라는 의미에서, 그것이 바로 하나의 특수이기 때문에 다른 특수로 전화·발전할 수 있다는 것. 제3의 의미는 이상과 같이 보편으로부터 특수가 생겨나는데, 이 특수는 형식논리학에서처럼 밖에서부터 무엇인가가 보편에 규정을 가해서 생기는 것이 아니라, 보편이 잠재적으로 그러했던 것이 실제로 그렇게 된 것에 불과하기 때문에, 그것은 동시에 보편이라는 것, 즉 특수가 보편이라는 것. 제4의 의미는 최초의 보편은 두 번째, 세 번째의 특수한 단계로 전화하더라도 자신임에 변함이 없다는 점에서 스스로를 특수화하면서도 자기 동일성을 유지하는 움직이는 보편(헤겔이 말하는 주체, 개별)으로서의 특수 전체와 동등하다는 것. 제5의 의미는 이러한 보편과 특수의 동일성 없이는 사물의 유기성이 파악되지 않는다는 것이다. 이상이 헤겔 논리학 제3권 「주관적 논리학 또는 개념론」에서 서술한 변증법의 핵심이다."(「서평 『미타 세키스케 저작집』 제1권 헤겔 논리학과 사회과학」

변증법적인 이성적 인식에서 말하는 개념으로서의 보편에 대해 오성적 인식에서 말하는 보편은 「추상적 보편」이다. 이것에 대해 헤겔은 다음과 같이 서술한다. "추상적인 것은 이미, 이 추상적인 것을 [인식에서] 획득하기 위해, 구체적인 것이 갖는 다른 규정들을 제거하는 것이 필요하다는 의미를 담고 있는 셈이다."(『대논리학 III』 57쪽) 이것은 형식논리학에 있는 보편과 특수의 관계에 해당한다. 형식논리학에서 보편(=유)은 여러 특수(=종) 속에 있는 공통성이라는 의미로 사용된다. 이것이 「추상적 보편」이다. 「추상적 보편」은 구체적인 것 속에 있는 여러 특수 규정성을 제거함으로써 얻어진다. 이 경우 "특수성은 더 높은 보편 속에서 스스로를 해소시키고 만다."(『대논리학 III』 61쪽) 오성적 인식은 이렇게 해서 얻어진 유(=보편)에 여러 종차(=특수)를 가함으로써 구체적인 사물을 파악하려 한다. 그런 의미에서 유와 종차는 별개의 것이며, 유가 종차를 규정한다거나 창조한다거나 하는 힘은 없다. 이러한 유(=보편)는 구체적인 사물에 주어지는 하나의 형식이다. 「추상적 보편」의 획득이 중요하지 않다는 것은 아니다. "규정적이고 추상적인 개념은 이성의 조건 혹은 오히려 이성의 본질적 계기이다."(『대논리학 III』 74쪽)라고 헤겔은 서술한다. 이러한 「추상적 보편」을 전제로 해서, 그러나 이와는 다른 의미로 헤겔의 변증법적 보편 개념을 이해하는 것이 필요하다.

⑤ 개별(die Einzelheit, individuality)은 보편, 특수와 짝이 되는 개념의 제3의 계기다. 개별은 문자 그대로 하나하나 셀 수 있는 자립적인 것이다. 이 개별 속에서는 개념(보편)이 특수의 규정성에 매개되어 있는 것으로 파악된다.

『立命館經濟學』 제26권 제2호, 1977년 6월, 199~200쪽.

5.1.4 판단의 논리

형식논리학에서 판단(das Urteil, judgement)은 주어와 술어를 결합하는 관계이며 주어와 술어는 계사(Kopula, 영어로는 보통 be)에 의해 맺어진다.

이와 달리 헤겔 논리학에 있는 판단은 개념이 자신을 규정하는 운동이다. 개념을 구성하는 계기들은 각각이 자립적 총체성이기 때문에, 판단은 이들 총체성 사이의 관계를 표현하는 것이다. 헤겔은 여기서 (A) 현존재의 판단(a 긍정, b 부정, c 무한), (B) 반성의 판단(a 단칭, b 특칭, c 전칭), (C) 필연성의 판단(a 정언, b 가언, c 선언), (D) 개념의 판단(a 실연, b 개연, c 필연)이라는 네 가지 판단 형식을 다룬다. 이것은 헤겔 논리학에서의 「존재」「본질」「개념」의 경과를 단계적으로 파악해서 바로잡은 것이다. 여기에서 모든 판단 형식을 자세히 다룰 필요는 없으므로 간단히 각각의 특징을 살펴보겠다.[49]

「현존재의 판단」은 '이 장미는 붉다.'라고 하는 것처럼, 일반적 표현으로 '개별은 보편이다.'라는 형식을 갖는 판단이다. 따라서 「질의 판단」이라고도 한다. 주어의 개별과 술어의 추상적 보편은 각각 다른 것이다.

「반성의 판단」은 '이것은 유용하다.'라고 하는 것처럼, 개별적인 것이 다른 것과 관계 맺는 경우의 판단이다. 그러므로 「반성의 판단」에서는 술어가 주어를 포섭한다. 그것이 모든 것(개별)에 관해 말해지는 경우 경험과학의 법칙에 타당한 판단이다. 「반성의 판단」은 「양의 판단」이라고도 한다. 그것은 사물의 동질 동등한 관계에 의한 것이기 때문이기는 하

49 헤겔의 판단론 전체에 관해서는 鈴木茂(스즈키 시게루)가 쓴 「헤겔의 판단론에 관해」(『鈴木茂論文集 3』, 文理閣, 1989, 초판 1975~78.)를 참고했다.

지만, 관계의 규정과 동시에 실체 규정도 포섭하며, 「하나의 것」으로부터 「모든 것」으로 나아가지 않을 수 없다. 참으로 모든 것이 무엇을 말하는가 하면, 그것은 본질로서의 실체나 유, 구체적 보편을 말하는 것이 된다.

그래서 '장미는 식물이다.'라고 하는 것처럼 특수한 것의 실체적 기초를 이루는 구체적 보편을 파악하는 판단이 「필연성의 판단」이다. 특히 그 속의 「선언 판단」은 "A[=유나 보편]는 B[라는 특수한 계기나 형태]이든가 혹은 C[라는 특수한 계기나 형태]든가 하는 등등"으로 표현된다. 여기서는 유와 종의 관계가 필연적 관계에서 파악되며, 보편은 개념의 계기들의 통일이며, 사물의 총체를 파악하는 개념이다. "보편과 특수의 이러한 동일함이 개념이며, 이제 판단의 내용을 이루는 것은 개념이다."(『1부 논리학』 177절 보충)

그리고 「개념의 판단」은 개념과 실재성의 적합성을 처음으로 문제 삼아 그것이 「선하다」 「옳다」 「아름답다」고 하는, 있어야 할 것(「당위」)과 있어야만 해서 있는 것(「존재」) 사이의 관계를 파악하는 「가치 판단」의 모습을 취한다. 그것은 현실의 모순과 발전의 필연을 파악하는 판단이기도 하다.[50]

5.1.5 추론

추론(der Schluss, syllogism)은 중간항(Mitte, middle term: 매개념)에 의

---

50 "필연성의 판단은 이른바 해부학에 해당한다. 그에 반해 개념의 판단은 발생학에 해당한다."(『ヘーゲル大論理学概念論の研究(헤겔 대논리학 개념론 연구)』 1991. 88쪽. 스즈키 시게루의 집필에 의거한다.)

해 두 항이 관계 맺는 인식 형식이며, 일반적으로는 삼단논법이나 연역 추리라 일컬어진다. 이에 반해 헤겔 논리학에서 추론은 「이성적 지성의 형식」이다. 추론은 판단의 운동 혹은 진행에 의한 개념의 더 나아간 전개이며, 게다가 단지 사고의 과정만이 아니라 현실의 과정에도 있다고 생각된다. 헤겔은 이 추론에서도 「현존재의 추론」 「반성의 추론」 「필연성의 추론」이라고 하는 것처럼 논리학의 걸음을 답습한다.

먼저 「현존재의 추론」은 「질적 추론」 혹은 「형식적 추론」이다. 제1격의 「개별(E)-특수(B)-보편(A)」이라는 「추론의 기본 형식」에서 보면, 개별은 특수에 포섭되고, 특수는 보편에 포섭되든가 아니면 개별에 특수가 내속하고 특수에 보편이 내속하든 간에, 어느 쪽이든 개별이 특수를 통해서 보편과 결합된다. 세 항은 어느 것이나 직접적이고 추상적이며, 그것들 사이의 관계는 외면적이고 우연적이다.

「반성의 추론」에서는 명사 사이의 매개적 관계가 문제가 된다. 구체적으로는 ① 모든 현실 구체적인 특수 규정성이 중간항(매개념)으로 되어 개별과 보편을 결합하는 「a 전칭추론」 ② 경험적인 모든 개별을 중간항(매개념)으로 하여 보편과 특수를 결부시키는 「b 귀납추론」(「경험추론」) ③ 구체적인 것의 본성으로서의 보편을 중간항(매개념)으로 삼아 개별과 특수를 결합시키는 「c 유비추론」 이렇게 세 가지를 든다.

「필연성의 추론」은 사물의 보편적 본성이라 할 유(類)가 중간항(매개념)이 되어, E-A-B의 형식을 취하면서 자신 속에서 반성하고 있는 동일 관계다. 「필연성의 추론」은 「실체의 본질적 구별인 종차」를 가리키는 특수를 중간항(매개념)으로 삼고, 개별 실체와 유로서의 보편을 두 항으로 하는 「a 정언추론」, 조건과 조건 매겨지는 것, 원인과 결과 내지 근거와 귀결의 필연적 관계를 가리키는 「b 가언추론」, 유로서의 보편(A)이 중간항(매개념)으로서의 여러 특수 규정성(B, C, D)을 통해서 스스로를 매개하면서 배타적인 개별이 되는 「c 선언추론(유비추론)」으로 전개된다. 여기서 추론이 완성되고 개념이 실현된다.

"현실적인 것은 특수를 통해 자신을 보편으로 높이고 자신을 자신과와 동일하게 하는 개별이다. — …… 추론은 개념의 계기들을 매개하는 원환운동이며, 이를 통해 현실적인 것은 하나의 것으로 정립된다."(『1부 논리학』 181절)

이상과 같이 『논리학』 제3권 제1편 「주관성」은 보편·특수·개별로 이루어진 변증법적 개념 파악에 근거하여 구체적인 개별을 하나의 유기적 전체로 파악하는 논리를 밝힌 것이다. 이 「주관성」의 논리는 나중에 검토하는 것처럼 『요강』에서 구사된다.

그전에 개념의 논리에 이어지는 「객관성」과 「이념」의 논리를 간단히 살펴보겠다.

5.1.6 기계론적 관계

「객관성(das Objekt, objectivity)」은 일반적으로 주관과 대립하고 주관과 구별된, 주관 밖에 있는 것(대상이나 세계)으로, "자신 속에서 완결되어 있는 구체적인 자립적인 것"(『1부 논리학』 193절)이라 간주된다. 헤겔 『논리학』 제3권 제2편 「객관성」은 개념이라는 「주관성」이 매개를 지양하여 밖으로 표출되어 직접적 존재를 획득한 것이다. 객관은 각각 다양한 총체를 이루고 있으면서 자립과 비자립 간의 「절대적 모순」(『1부 논리학』 194절)

에 있게 된다.[51]

이 중, 기계론적 관계(der Mechanismus, mechanism)는 「객관성」은 무규정이고 서로 무관계한, 병립해 있는 구별들이 외면상 결합해 있는 그런 관계다. 이 경우, 결합이라 해도 집합, 혼합, 퇴적 등과 같은 말 이상의 것은 아니다. 정신에서 기계론적 관계는 기억이나 습관, 명령이나 규칙에 의한 기계적 행동 양식 등 "개성의 자유가 거기에 없는" 것을 말한다.

객관에 대한 기계론적인 파악 방식으로는 라이프니치의 모나드(단자)론이나 결정론 등이 있다. 다른 한편, 현실의 기계론적 과정으로는 전달, 작용과 반응, 반발, 정지, 저항, 강제력(운명), 그 성과로서 개체적 자립성, 중심(구심)성, 법칙성을 열거할 수 있다.[52]

---

51 "과학, 특히 철학의 임무도 역시 주관과 객관 사이의 대립을 사유에 의해 극복하는 데 있다. 일반적으로 인식의 목적은 우리와 대치하고 있는 객관적 세계에서 그 미지성을 벗겨내고 그것 안에서 자기 자신을 찾아내는 것이다. 자신을 찾아낸다는 것은 객관을 우리의 가장 내적인 자신이라고 할 개념으로 환원하는 것이다."(『1부 논리학』 194절 보충 1) 이 보충은 헤겔의 합리적인 과학-철학관의 일면을 보여 주지만, 이어서 헤겔이 "주관적이기도 한 개념은 외적인 재료 또는 소재를 필요로 하지 않고 자신의 고유한 활동에 따라 자신을 객관화한다……."(같은 곳)라고 할 때에는, 그의 신비론적인 측면이 나타난다.

52 헤겔이 기계론적 관계의 의의와 한계를 다음과 같이 말하고 있다는 점은 주목할 만하다. "끝까지 기계론적 관계를 고집하고 자연을 충분히 인식하는 길을 가로막는 것은 근대의 자연 연구의 극히 근본적인 결함, 주요 결함으로 보아야 한다. (중략) 기계론적 견해는 그것이 사유적인 인식 일반을 대신하려 하는 주제넘음을 범하는 경우 결정적으로 거부되어야 하지만, 다른 한편 그것이 보편적인 논리적 범주라는 권리와 의의를 가지고 있다는 것도 분명히 인정되어야 할 것이다. (중략) 정신의 세계에서도 기계론적 관계는 마찬가지

5.1.7 화학론적 관계

화학론적 관계(der Chemismus, chemism)에서 「객관성」은 서로 구별된 규정성이 반성적이고 친화적인 일정한 관계를 이루고 있는 것을 말한다. 화학론적 관계는 기계론적 관계와는 달리 "서로 뒤섞이고 결합하여 하나의 전체가 되려는 절대적인 충동"(『1부 논리학』 200절 보충)을 갖는다. 헤겔은 이 화학론적 관계를 자연계에 있는 화학 현상만이 아니라 생명체의 성적 관계, 정신에서 사랑이나 우정의 기초를 이루는 것으로 본다. 화학론적 관계의 과정은 2개의 객관 사이의 친화성, 중화성이다. 이 관계의 매개체들에 관해서 물, 기호 일반, 언어 등을 예로 든다. 또한 중화된 것이 분리될 가능성도 있다. 결합과 분리라는 두 과정은 서로 관계가 없지만 화학론적인 과정 전체를 이룬다.[53]

5.1.8 목적론적 관계

목적론적 관계(der Teleologie, teleology)에서 「객관성」은 개념이 그것을 통해서 자기 자신을 실현하는 「주관적 목적」-「수단」-「실현된 목적」이라는 추론 형식을 취한다.

로 종속적인 위치이기는 하지만, 역시 그 위치를 갖는다."(『1부 논리학』 195절 보충)

53 헤겔 철학은 자연과학에서 화학의 시대를 반영하며, "화학적 관계라는 중간 단계를 분석함으로써 자연 필연성과 인간적 자유 사이의 단절에 가교를 놓고, 또한 무기적 자연과 유기적 생명이 중간의 계층을 통해 연속되어 있다는 것을 보이고자 하면서 …… 칸트적 이원론을 극복하려고 시도한다."(헤겔 논리학 연구회 편, 앞의 책, 154쪽, 梅林誠爾.)

먼저 「주관적 목적」 자체가 분석되고 보편적 목적-특수한 목적-개별적 목적으로 된다는 것이 밝혀진다. 목적은 자신을 밖으로 표현하고자 하는 「본질적 충동」이고 「보편적 활동성」인데, 보편적 목적은 자신을 규정(한정)하여 특정한 내용을 갖고 더욱이 개별적 목적으로까지 한정되어 비로소 그 활동성(실천적 성격)을 획득한다.

목적은 운동이다. 그리고 "객관적인 기계론적 세계와 화학론적 세계를 자기의 목전에 둔 가운데, 목적의 활동성은 …… 이 세계와 관계한다."(『대논리학 III』 277쪽) "목적은 수단을 통해 객관성과 결합한다. …… 수단은 추론의 중간항(Mitte: 매개념)이다. 목적은 유한한 것이기 때문에 그 실현을 위해서는 어떤 수단을 필요로 한다."(『대논리학 III』 279쪽) 이 수단은 그 자체로 하나의 객관이며, 목적이나 객관적 세계에 대해서 외면적인 위치에 있지만, 그 자체가 보편성을 갖는다. 유한한 목적을 실현하기 위해서는 이 수단을 말하자면 한정하고 매개성을 완결할 필요가 있다.
"목적이 자신을 객관과의 간접적인 관계 속에 놓고 자신과 객관 사이에 다른 객관을 끼워 넣는 것은 이성의 간지(List der Vernunft)라 볼 수 있다. …… / (중략) 그러한 수단 속에서야말로, 목적 속에 들어 있는 이성적 지성[이성성]은 이러한 외면적인 타자 속에서, 그리고 바로 이러한 외면성을 통해 자신을 보존 유지하는 것으로 나타난다. 그런 한에서 수단은 외적 합목적성의 유한한 목적보다 더 고차의 것이다. (중략) 인간은 비록 자신의 목적이라는 점에서 오히려 외적 자연에 종속해 있더라도 자신이 가지고 있는 갖가지 도구에 힘입어 외적 자연에 대한 지배력을 갖는다."(『대논리학 III』 285~286쪽)

여기서 말하는 "이성의 간지"라는 표현은 마르크스가 『자본론』의 주에서 인용했던 것으로 유명하다. 마르크스는 「노동과정」을 분석하면서 노동수단에 관한 부분에서 "노동자는 노동수단을 자신의 목적에 따라, 다른 것에 작동하는 힘의 수단으로 작용하게 하기 위해 그것들의 기계적·물리적·화학적 속성을 이용한다."고 서술하고, 주를 붙여 헤겔 『1부 논리학』 209절 보충에 있는 같은 취지의 문장을 주석 없이 인용한다. 덧붙이자면 마르크스는 『자본론』의 이어지는 곳에서 여기서 소개한 "수단은 목적보다 더 고차의 것"이라는 헤겔의 파악 방식도 또한 원용하고 있다. 마르크스는 "노동수단은 인간 노동력 발달의 측정기일 뿐만 아니라 노동이 그 속에서 행해지는 사회적 관계의 표시기이기도 하다." 즉 "무엇이 만들어졌느냐가 아니라, 어떤 노동수단을 가지고 어떻게 만들어졌느냐가 각 경제 시대를 구분짓는다."(M-E Werke, Bd 23, S. 194, 강신준 역, 『자본 I -1』 267~268쪽)라고 하면서 수단의 우위성을 확인하고 있다.

그러나 주의해야 할 것은 헤겔이 목적론적 관계와 기계론적 관계 사이의 관련을 논의하면서 목적의 우위에 따른 양자의 동일성을 서술하고 있다는 점이다. 헤겔은 앞의 인용문 아래에서 단락을 바꿔 "그러나"라고 한다. "목적[의 활동성]은 기계론적 과정의 밖에 있는 것이 아니라 오히려 기계론적 과정 안에서 유지되며 기계론적 과정의 규정이다. (중략) 객관에 대한 목적의 힘은 대자적(=독자적)으로 존재하는 동일성임에 틀림없다. 그리고 목적의 활동성은 이러한 동일성의 현현이다."(『대논리학 III』 286쪽) 합목적적 활동과 기계론적 과정, 이 둘은 목적에서 통일된다. 그리고 여기에 주객의 일치, 「실현된 목적」이 있다.[54]

54 "이 합목적성과 기계적 목적의 고차적 통일은 이성의 간지보다 한층 높은 입장이다. / 헤겔은 이성의 간지를 넘어 목적과 기계적 과정의 고차적 통일을 말한다. [여기서는]

위와 같이 헤겔이 밝힌 논리학적인 의미의 「객관성」은, 기계론적-화학론적-목적론적인 것처럼, 객관적 세계의 존재 양식을 더 낮은 것에서 고차적인 것에 이르는 계층적 관계로 구성한 것이다. 헤겔은 목적 실현 과정 자체가 기계론적 및 화학론적 과정이기도 함을 보여 준다. 그리고 이를 바탕으로 해서 다음의 생명 과정이 성립한다.

나는 기계론, 화학론, 목적론에 각각 「관계」라는 번역어를 붙여 표현했다. 이들 관계가 「과정」이면서 동시에 「운동」이기도 한 활동적인 것임을 이상의 설명으로부터 이해할 수 있기 때문이다.

5.1.9 생명의 논리

「이념(die Idee, idea)」은 보통 한갓 관념이라는 의미로 사용되고는 하는 낱말이지만, 헤겔 『논리학』 제3권 제3편 「이념」에서는 개념과 객관적 실재성의 통일이라는 의미로, 완전한 개념, 진리 그 자체라는 의미로 사용된다. 그러므로 헤겔에게 현실적인 것은 이념적인 것이다. 이성적 인식은 이 현실적인 것을 개념적으로 파악함으로써 이념, 즉 진리를 파악한다. 헤겔은 현실의 과정과 인식의 과정을 개념과 객관이 함께 분리되고 대립하면서 [분리·대립]을 극복해 나가는 동적인 과정이라고 이해하고 있다.

「이념」의 맨 처음에서 다루는 「생명(das Leben, life)」은 자연의 생명이나 정신의 생명과는 구별되는 논리학상의 범주다. 더구나 논리학에서

…… 이성의 간지처럼 외부로부터 목적이 지배할 필요가 없다."(헤겔 논리학 연구회 편, 앞의 책, 178쪽, 向井久·浦丸誠至.)

「인식」을 다루는 전제로서 생명이 자리 잡고 있음을 주의하기 바란다. 논리적 「생명」은 주관과 객관이 단순히 통일된 것이다. 모든 다양한 실재 속의 주관적 개념, 이것이 「혼」이고, 혼과 일체가 되어 있는 객관성이 「신체」다. 「논리적 생명」은 「살아 있는 개체」-「생명과정」-「유(類)」로 구성되어 있다.

「살아 있는 개체」는 살아 있는 유기체로서 다양한 지체(肢體)의 통일이다. 「개체」는 그 내부에서 다양한 구성 요소들을 생성하고 소멸시키면서 자신을 갱신하는 과정으로서 파악되며 감수성(Sensibilität), 흥분성(Irritabilität), 재생산(Reproduktion)이라는 세 가지 기능을 가지고 있다. 「살아 있는 개체」는 자신의 밖에 있는 객관적 세계를 대상으로 삼고서 이것에 작동하며, 이것을 수단으로서 동화하고 자신을 실현한다. 이것이 「생명과정」이다. 그 결과는 「개체」의 탄생 및 죽음이다. 또한 이 개체와 개체의 관계에서 「유」로서의 생명이 실현된다.(「종의 번식」) 이와 같이 헤겔에게 「생명」의 논리는 「살아 있는 개체」 내부의 과정, 개체와 외부 세계 사이의 「생명과정」, 그리고 개체와 개체 사이의 「유」의 과정이라는 세 과정으로 이루어진다.

논리학에서 비로소 유기적 통일체의 논리를 다루는 것이 「생명」이다. 게다가 「생명」의 논리는 기계론적, 화학론적, 목적론적 과정을 전제로 하면서 이들 과정으로 환원할 수 없는, 보다 고차적이고 활동적인 과정을 파악한다.[55]

---

55 헤겔의 생명 논리와 초기 마르크스의 인간 사회관의 관계, 그리고 마르크스의 생활과정론에 관해서는 내가 쓴 '헤겔 논리학과 초기 마르크스'(『생활양식의 경제학』, 1992, 제1장)에서 검토했다.

5.1.10 인식의 이념과 절대이념

헤겔 논리학에서 「정신」 및 「인식」은 「생명」을 전제로 하며, 생명에서 출현한다. 헤겔은 「생명」은 죽음을 면치 못하는 데 반해, 「정신」은 불멸이며 더욱 고차적인 것이라고 생각한다. 「정신」 속에 있는 「인식(das Erkennen, cogniton)의 이념」에는 주관이 객관을 인식하는 활동인 이론적 이념과, 주관이 객관 속에서 자신을 실현하는 실천적 이념, 이 양면이 있다. 어느 것이나 개념과 실재성 사이의 일치를 추구하는 것이지만, 전자는 「참된 것(das Wahre, true)의 이념」, 후자는 「선(die Gut, good)의 이념」(『1부 논리학』에서는 「의지의 이념」)으로 다루어진다. 이 「참」과 「선」 즉 이론과 실천이 일치하는 것이 「절대이념(die absolute Idee, absolute idea)」이다.

먼저 인식은 "진리를 추구하는 지식의 충동"이다. 그리고 인식은 항상 유한하므로 자신을 넘어서려고 하는 모순이다. 헤겔은 이론적 이념의 인식 활동으로 분석적 방법과 종합적 방법 두 가지를 문제 삼고 있다. 분석적 방법은 대상을 주어진 것으로 하여 거기서부터 추상적인 규정들을 도출한다. 이에 반해 종합적 방법은 분석적 방법에 의거하는 다양한 규정들을 통일하고 관계 맺게 하며, 필연성을 포착하여 개념적 파악으로 향하는, 더 진전된 인식이다. "보편으로부터 특수를 향해 가는 진행이라는, 개념에 속하는 진행이야말로 …… 종합적인 학문, 즉 체계와 체계적 인식의 기초이자 가능성이다."(『대논리학 III』 372쪽) "이로써 종합적 방법은 대상에 꼭 맞게 개념의 계기들이 발전하는 것이다."(『1부 논리학』 228절 보충) 이것이 마르크스 (『요강』)의 이론적 방법=체계라는 점을 쉽게 이해할 수 있다.

그러나 헤겔에 따르면, 인식 활동의 이론적 이념에서 진리는 아직 주관적이고 형식적인 것에 그치고 있다. 다름 아닌 실천적 이념에서 개념과 합치된 실재가 확보된다. "이념의 실천적 활동은 선을 완성하려는 선의 충동, 의지다."(『1부 논리학』 225절) 이것은 "개념이 객관적 세계 속에서 자기 자신을 통해서 스스로에게 객관성을 부여함으로써 자신을 실현하고자 하는" (『대논리학 III』 399쪽) 인식 주체의 행위다. 거기서는 있어야 할 현실성이 주어진 현실성과 대치되고 "의지는 세계를 비로소 있어야 할 것으로 바꾸려고 한다."(『1부 논리학』 234절 보충) 인식은 원래 수동적이 아니라 능동적인 것인데, 여기서는 더욱이 실천적 인식과 이념으로까지 높아지고 실천적 인식과 이론적 인식이 통일된다. 이리하여 이념이 현실적으로 존립하기에 이른다. 이것이 헤겔의 「절대이념」이다.

헤겔에 따르면 "절대이념이야말로 철학의 유일한 대상이자 내용이다." 그것은 "자신 속에 모든 규정성을 포함하는 것으로 …… 여러 종류의 다양한 형성물을 갖는다."(『대논리학 III』 410쪽) 자연과 정신, 예술과 종교도 「절대이념」의 양식인데, 철학은 「절대이념」을 파악하는 최고의 양식이다. 왜냐하면 철학은 개념을 파악하기 때문이다. 그리고 논리학이 다루는 논리적 이념은 순수한 「절대이념」 자체, 즉 보편이다. 논리학이 다루는 여러 범주들은 「절대이념」의 형식이면서 동시에 그 내용도 표현하고 있다. 따라서 개념의 운동 양식인 「방법」은 인식의 양식이면서 동시에 "모든 객관성의 혼(die Seele aller Objektivität)"(『대논리학 III』 412쪽), 즉 실재의 양식이기도 하다. 이런 의미에서 개념적 파악의 방법은 「절대적 방법」이다. 이 방법이 변증법적 방법이다.

변증법적 방법은 「시원」 「진행」 「부정의 부정」이라는 세 계기로 성립한다.(『1부 논리학』 238~242절) 「시원」으로서의 최초의 개념은 직접적이고 구체적인 보편이기 때문에, 매개되고 전개된 풍부한 개념으로 「진행」한다. 이것에 의해서 최초의 개념은 근거 매겨지고 확증된다. 그리고 이 둘을 지양하여 세 번째 것이 생긴다. 이런 진행에 따라 최초 것의 「부정」과 두 번째 것의 「부정」에 의해서 최초의 것이 회복되고, 구별이나 매개를 지니게 된 전체로서의 통일성이 밝혀지게 된다. 거기에서 자신을 부정하면서도 자신에게 머물고 개념과 실재성을 일치시키는 활동성을 볼 수 있다. 이것이 헤겔이 말하는 「주체」, 혹은 살아 있는 유기체로서의 「개체성」, 나아가서는 「인격성」이다.

그리고 "진행은 시원에게로의 역진행(逆進行)이기도 하다." 이러한 변증법적 구조에 의해서 학문의 「방법」은 「체계」로서의 "하나의 원환(ein Kreis)"(『대논리학 III』 437쪽)을 이룬다는 것을 헤겔은 밝힌다.

헤겔 논리학은 사고 과정과 현실 과정을 한 몸으로 간주한다. 그 때문에 어디에서나 두 과정을 혼동하는 데에서 오는 억지나 난해한 서술을 볼 수 있다. 또한 사물의 생성과 필연성의 논리를 밝히면서도 점차 사멸의 필연성이 애매하게 되고, 사물의 조화성이 전면에 나오게 된다는 결함을 갖는다. 그러나 『논리학』 제3권 「개념론」은 전체적으로 볼 때, 사물의 유기적 일체성이 보편·특수·개별이라는 변증법적 관계에 따라 성립하고 있음을 밝히고 있고 ,이와 동시에 기계론적·화학론적·목적론적·생명론적이라는 식으로 중층적으로 겹쳐 쌓여 있는 관계성 속에 인간의 이론적·실천적 활동과 관계성이 성립하고 있음을 밝히고 있다. 더욱이 이론적 활동의 핵심은 개념적 파악이라는 것, 그것은 경험과학이 구사하는 분석적·종합적 방법을 기초 혹은 전제로 한 것이라는 것, 이러한 것들을 우리에게 보여 준다.

이러한 헤겔 논리학의 「합리적 핵심」을 끄집어내어 계승하고 경험과학인 경제학의 방법으로 구사했던 것이 마르크스의 『요강』이고 『자본론』이다. 『자본론』의 최초 원형인 『요강』에서 이러한 방법론상의 특징이 선명하게 나타난다.

그래서 다음 과제는 『요강』 화폐장 및 「자본에 관한 장」에 비추어 「개념」의 논리를 검증하는 일이다.

5.2 화폐장에서 「개념」의 논리

『요강』 화폐장은 화폐의 본질적 규정들을 분석하면서 화폐를 개념적으로 파악하는 곳이다. 마르크스는 『요강』을 끝낸 후 이 「7권의 노트에 대한 색인」을 남겼는데, 이에 따르면, 「II 화폐」라고 기록한 그 첫머리에는 "일반론(Im Allgemeinen). 가치로부터 화폐로의 이행(Uebergang). 교환 자체의 산물." "화폐의 세 가지 규정."이라고 쓰여 있다. 그리고 「II 화폐」는 그 아래에 「1. 척도로서의 화폐」 「2. 교환수단으로서의 화폐, 또는 단순한 유통」 「3. 화폐로서의 화폐」 「4. 화폐의 담당자로서의 귀금속」 「5. 단순 유통에서 현상하는 취득 법칙」 「6. 화폐의 자본으로의 이행」으로 구분되어 있으며, 노트의 해당되는 곳을 지정해 놓았다.(MEGA, II, Bd. 2, S. 3-7)

자본을 개념적으로 파악하기 전에 왜 화폐에서부터 출발했는가에 대한 문제는 5.3에서 논의하기로 하고 여기에서는 화폐장에서 「개념」의 논리, 즉 개념의 생성과 유기적 총체를 파악하는 논리가 어떻게 사용되고 있는지 확인해 보려고 한다.

5.2.1 화폐의 개념적 파악

앞의 색인에도 있는 것처럼, 마르크스는 화폐를 「가치로부터의 이행」 즉 가치 개념으로부터의 전개로 파악한다. 『요강』 노트의 좁은 공간에 이를 응축하여 서술해 두고 있으며, 서술 앞뒤가 바뀌어 반복되는 경우도 있다. 나중의 『자본론』처럼 필요하고 충분한 논리로 전개되어 있다고는 말할 수 없지만, 이 『요강』의 화폐 생성론을 「개념」의 논리에 비추어 살펴보고자 한다.

상품의 가치는 "그 상품에 실현되어 있는 노동시간의 양과 같은데", 가치는 상품들의 사회적 관계다. 따라서 상품의 자연적 성질과는 관계하지 않는다. 그러나 상품의 가치로서의 보편성이 현실의 교환에서는 사용가치로서 상품의 특수성에 의해 제약되기 때문에, 그 보편성이 실현되지 못할 가능성을 마르크스는 지적한다.

"가치로서 상품은 등가물이다. (중략) 상품은 …… 다른 모든 상품의 일반적 척도임과 더불어 또한 일반적 대표물이기도 하고 일반적 교환수단이기도 하다. 가치로서는 상품은 화폐다."(같은 책, S. 76) 이 "상품은 화폐다."라는 판단 형식의 서술은 가치의 개념에서 말하면 가치가 이미 잠재적으로는 화폐이며, 그러므로 또한 화폐로 진행할 수밖에 없음을 지적한 것이다. "상품은 개념에서 보면 교환가치로서 화폐다."(같은 책, S. 120)

"가치로서 상품은 보편적"이지만, "현실의 상품으로서는 《특수성》이다. 가치로서 상품은 항상 교환 가능하지만, 현실의 교환에서는 상품이

특수한 조건을 충족시키는 경우에만 교환이 가능하다."(같은 책, S. 76)

이 가치로서의 「경제적 등가성」은 「상품의 자연적 현존재」로서의 「차이성」과 "모순하지 않을 수 없다." 여기서 모순이라고 하는 논리는 앞에서 다루었던 헤겔 논리학에서 보면, 「보편과 특수 간의 모순」이라는 형태로 제기되었던 「개념과 존재 사이의 현실적 모순」이다. 이러한 모순은 바로 상품의 가치 개념이 그 현실적 존재인 사용가치의 제약을 받고 있으므로 가치로서의 실현을 방해받는다는 현실적 모순이다.

이런 모순 때문에 "상품의 가치는 상품과는 질적으로 구별될 수 있는 존재를 가져야 한다. 그리고 현실의 교환에서는 이런 분리 가능성이 현실의 분리가 되어야 한다." 이렇게 하여 "상품은 이중의 존재를 획득하고 자연적 존재와 더불어 순수하게 경제적 존재를 획득한다."(같은 책, S. 76)

이상의 내용은 「현실의 교환」 속에 있는 「모순」에 의해서 상품으로부터 화폐가 생성될 수밖에 없다는 「필연성」(같은 책, S. 78)이다. 이 경우 화폐는 상품 일반에 대해서 「특수한 상품」이 된다. 개념적으로 상품과 화폐는 상품이 보편이고 화폐가 특수라는 유기적 관계에 있게 된다. 그러므로 현실의 모순도, 화폐 개념도 모두 가치 개념으로부터의 전개로 파악된다. 그러나 화폐라는 특수한 상품이 「교환가치의 일반적 실체」가 되고 「일반적 상품」(같은 책, S. 100)이 되면, 화폐와 교환되는 개개의 상품은 이번에는 특수한 상품으로 자리매김하게 된다.

"상품 자체와 나란히 있게 되는 특수한 실존으로서의 상품의 교환가치, 이것이 화폐다. (중략) 결국 일반적 등가물이다."(같은 책, S. 77)

원래 이 같은 인식은 헤겔이 『논리학』에서 했던 방식으로부터 얻어지지 않는다. 이 경우 헤겔류의 방식은 상품 가치 개념을 분석하고 거기서부터 표상 분석의 도움도 거치지 않고 바로 화폐로 이행한다. 마르크스는 그렇게 하지 않는다. 가치 개념을 현실의 교환에 등장하는 상품의 존재와 대질하고 교환에서 발생하는 현실의 모순에 의해서 화폐의 필연성을 파악한다. 마르크스는 오히려 화폐를 선험적 이념의 결과로 파악하는 헤겔류의 방식을 비판 혹은 경계하면서 다음과 같이 쓰고 있다.

화폐, 말하자면 "이 교환가치의 물질적 표장(標章)은 교환 자체의 산물이지 선험적으로 파악된 이념의 수행에 의한 것이 아니다."(같은 책, S. 79)

마르크스는 "교환가치가 화폐로 된다."는 표현 방식에 대해서도 "개념 규정과 이것들의 개념의 변증법만이 문제로 되는 것 같은 외관을 산출하는 관념론적 서술 양식을 정정하는 것이, 나중에는 필요하게 될 것이다(Es wird später nötig sein, die idealistische Manier zu korrigiren, die den Schein hervorbringt, als handle es sich nur um Begriffsbestimmungen und die Dialektik dieser Begriffe)."(같은 책, S. 85)라고 썼다. 이것은 명백히 선행하는 개념 분석을 가지고, 그 다음의 더 나아간 개념으로 진행하는 것처럼 서술하는 헤겔 논리학의 방식으로 빠지지 않도록 스스로 주의한 것이라 볼 수 있다.

5.2.2 화폐의 모순 속에 있는 보편과 특수

다음으로, 마르크스는 화폐가 상품과 나란히 함께 유통되는 과정에서 화폐의 보편성과 특수성이 모순된다는 식으로 화폐 자체의 모순을 개념적으로 파악하고 있다.

상품-화폐 유통에서 화폐는 교환가치의 표현으로서 일반적인 교환 가능성을 갖지만, 현실에서 다른 상품들과 교환되는 매매의 과정에서는 자신도 특수한 상품으로 서로 대립한다. 여기에서는 매매(賣買)의 불일치, 즉 교환에서 곤란이 생기게 된다. 마르크스는 그것을 화폐가 갖는 보편성과 특수성 사이의 모순에 의한 것으로 파악한다.

"화폐는 그 자체로 하나의 특수한 상품이며, 다른 상품과 교환될 때에는 다시 자신의 일반적 무조건적 교환 가능성과는 모순되는 특수한 교환 조건에 맡겨짐으로써, 자기 자신 및 자신의 규정과 모순하게 된다." (같은 책, S. 84) "화폐는 단지 일반적 교환가치일 뿐만 아니라 동시에 다른 여러 종류의 특수한 교환가치와 나란히 있는 하나의 특수한 교환가치다. 이 점에 실제 세계에서 나타나는 모순들의 새로운 원천이 있다."(같은 책, S. 85) "화폐는 일반적 상품일 뿐만 아니라 특수한 상품이기도 하며, 특수한 상품으로서 수요 공급의 법칙에 복종한다."(같은 책, S. 129)

5.2.3 총체로서의 유통과 추론 형식

상품-화폐 유통은 하나의 총체를 형성한다. 이것을 마르크스는 "유통은 사회적 과정의 총체다." 혹은 "경제학적 범주들 중 제1차적인 총체로서의 유통"(같은 책, S. 126)이라고 표현한다. 현실의 유통에서는 '상품-화폐-상품'이 하나의 계기 혹은 "유통을 나타내는 본원적 형태, 직접적 형태"(같은 책, S. 136)로 끄집어내지고 '화폐-상품-화폐'가 또 하나의 계기로서 끄집어내진다. "이러한 순환은 이중의 것으로 나타난다. (중략) 제1의 경우에는 …… 상품이 목적이다. 제2의 경우에는 …… 화폐가 목적이다."(같은 책, S. 130)

이때 마르크스는 "유통의 분석에서 이끌어낸" '화폐-상품-화폐'라는 순환 형식을 「추론」이라고 일컫는다. 또한 이 순환을 제2「형태」라고 하면서, 앞의 제1순환=형태(상품-화폐-상품)에 관해서도 "화폐가 상품의 한갓된 교환수단으로, 결국 중간항으로, 《추론》의 소전제로 나타나는 형태"(같은 책, S. 131)라고 일컬으며 양자 간의 특유한 구별을 논하고 있다.

이와 같이 상품-화폐 유통을 유기적 총체성으로 파악하고 그 속의 순환을 추론 형식으로 파악하는 것은 분명 헤겔 논리학·개념론을 원용한 것이다.

5.2.4 부의 총체성과 화폐

마르크스는 유통으로부터 자립한 화폐를 고찰하면서 상품 세계에서 부의 존재 방식도 「총체성」으로 파악한다. 즉 여기에서는 화폐가 「부 그 자체」다. 다른 상품들이 「부의 특수한 계기」「부의 특수한 존재양식」「부의 특수한 실체」를 구성하는 데에 반해, "화폐는 부의 일반적 형태 외에 다른 것이 아니다." "부(총체성으로서, 또한 추상으로서의 교환가치)는 …… 금 및 은이라는 모습으로 개별화되어 손으로 만질 수 있는 하나의 개별적 대상으로 존재한다."(같은 책, S. 146)

이리하여 "부의 개념은 [화폐에서] 개별화되어 있다."(같은 책, S. 145) "따라서 화폐는 상품들 사이의 신" "상품 세계의 지배자 및 신이 된다."(같은 책, S. 146) 이리하여 화폐를 소유하는 것은 "보편적 부의 개체(das Individuum)"(같은 책, S. 146)를 손에 넣는 것이 되고, 화폐는 치부욕의 대상 그 자체가 될 뿐만 아니라 그 원천이 된다(「황금욕」).

"부의 일반적 대표물로서의 화폐, 개별화된 교환가치로서의 화폐는 부를 일반성으로까지 확대하기 위한 수단임과 동시에 교환의 영역을 전 지구상에까지 미치도록 하기 위한 수단이기도 하다……. 결국 소재라는 면과 공간이라는 면에서 교환가치의 현실적인 《보편성(Allgemeinheit)》을 비로소 만들어 내기 위한 수단이었다.”(같은 책, S. 149)

이와 같이 상품-화폐로 구성된 부의 세계는 교환가치(=보편)-상품들(=특수)-화폐(=개별)로서 헤겔 논리학의 추론 형식에 근거한 「총체성」으로 파악된다.

5.3 자본장에서 자본 개념의 생성

5.3.1 유통으로부터 자립한 화폐

『요강』 화폐장에서 “화폐를 화폐로서의 그 완전한 규정성에서 파악”했던 “화폐의 완성 형태”(같은 책, S. 161)는 유통의 결과로 유통으로부터 자립한 존재가 된 화폐, 즉 「축장화폐」다. 이것이 화폐의 제3규정이다.

여기에서 “화폐 관계는 그 순수한 모습으로, 또한 그보다 고도로 발전한 생산관계들과 관계 없이 전개된다.”(같은 책, S. 164) 이 “단순히 파악된 화폐 관계”에서는 오히려 “부르주아사회의 내재적 대립이 모두 사라지는 것처럼 보이며,” 따라서 그런 화폐 관계는 종종 부르주아사회의 변호론으로 이용되고는 한다. 화폐 관계의 「주체」인 「개인들」은 단순한 「교환자」일 뿐이다. 그들 사이에는 「동등성」, 「평등」 혹은 「경쟁」이라는 관계는 있어도 그 이상의 구별이나 차이는 없다. 교환자들은 서로에게

「자유」로운 「인격」을 인정할 수는 있지만, 등가물의 소유자로서 서로가 가진 자기 목적을 위해 서로의 수단이 되는 것 이상의 일에는 「무관심」하다. 거기에서는 「자신의 이기적 이익」을 일반화하는 것이 「보편적 이익」이 된다.

"교환가치의 교환이 모든 평등과 자유의 생산적이고 실질적인 기초이다."(같은 책, S. 168) 혹은 또한 "화폐 시스템은 사실상 이러한 자유와 평등의 시스템을 실현하는 것일 뿐이다."(같은 책, S. 169)

그러나 "과학의 진행 속에서 본다면, 이들 추상적 규정들[주: 교환가치 등]은 바로 아주 내용이 부족한 최초의 규정들로서 나타난다. 그것은 부분적으로는 역사적으로도 선행해서 나타난다. 더 발전한 것은 더 나중의 것으로 나타난다. 현재의 부르주아사회의 전체 안에서는 …… 이러한 정립(das Setzen)이나 가격의 유통 등은 표면적인 과정으로 나타나고, 그 심층부에서는 전혀 다른 과정이 진행되며, 거기에서는 개인들의 이러한 외관상의 평등과 자유는 사라진다."(같은 책, S. 171)[56]

마르크스는 제3규정에서는 "화폐는 유통을 통해서 자기 자신을 결합

---

56 마르크스는 교환이라는 표면적 과정만을 본다면 다음 세 가지 것을 망각하게 된다고 말한다. 그 하나는 교환가치가 전 생산 체제의 기초라는 것 자체에도 개인에 대한 사회적 강제 혹은 사회적 규정이 정립되고 있다는 것. 둘째로는 교환에서 생산과 관련한 것들은 더 고도의 여러 생산 형태를 띠고 나타나지만, 고도의 생산 형태는 화폐나 유통이라는 단순한 규정성에 머무르고 있지 않다는 것. 그리고 "마지막으로 교환가치 및 화폐라는 단순한 규정 속에 이미 노임(Arbeitslohn)과 자본 간의 대립 등이 잠재적으로 내포되어 있다는 것……. (중략) 가장 단순한 경제적 관계들은 오히려 극히 심오한 대립에 의해 매개되고, 그 대립의 표현이 소실되어 없어진 일면만을 표현하는 데 불과하다."(MEGA, II-1, S. 171)

한다. 이 규정성 속에 자본으로서의 화폐의 규정이 잠재적으로 이미 포함되어 있다."(같은 책, S. 143)고 했다. 그러나 화폐장에서는 「자본으로서의 화폐」의 "규정들을 그렇게 쉽게 취급할 수는 없다. 화폐를 단순히, 결국 그것이 화폐의 제3의 연관에서 자립해 있는 화폐로서 유통으로부터 …… 나온 그대로의 모습으로 고찰"(같은 책, S. 143)해야 했다.

5.3.2 자본으로서의 화폐의 규정

그런데 헤겔은 『논리학』의 「개념의 생성」을 회고하는 곳에서 "개념은 본질로부터, 또한 존재로부터 생성된다."(『대논리학 III』 55쪽)고 서술한다. 마르크스가 『요강』에서 화폐로부터 자본이 생성된다고 하는 방식으로 자본 「개념의 생성」을 서술하는 것은 자본이 화폐로서 「있다」는 것(「존재」)으로부터 출발하여 「자본으로서의 화폐」라는 「본질」로 진행해 가고 거기에서 자본의 최초 개념을 확정하려 하고 있음을 의미한다. 그것은 날마다 반복해서 전개되는 자본의 운동이라는 현실을 대상으로 삼아 그 대상의 표상을 분석하는 것으로부터 출발하여 거기서 얻어진 단순한 규정들로부터 더 복잡하고 높은 규정으로 이행한다. 이것은 "교환가치의 단순한 규정성"에서 "자본이라는 본질적으로 다른 규정성"(MEGA, II, Bd. 2, S. 172)으로의 이행이다.

마르크스는 말한다. "자본으로서 화폐는 화폐로서 단순한 규정을 뛰어넘어서는 화폐의 규정을 의미한다. 그것은 한층 고도의 실현으로 간주될 수 있다. (중략) 그때에는 더 낮은 형태가 더 높은 형태를 포섭하는 주체로 정립된다. 어쨌든 자본으로서의 화폐는 화폐로서 화폐와는 구별된다. 이런 새로운 규정이 전개되어야 한다."(같은 책, S. 173) "그래서 자본의 일반적 규정을 문제 삼는다."(같은 책, S. 174)

『요강』에서 「화폐의 자본으로의 전화」론의 최초 부분은 이상과 같이 되어 있다. 이것은 결코 화폐 개념으로부터 자본 개념을 도출하려고 했던 것이 아니다. 자본 개념의 생성을 「자본으로서의 화폐」에 관한 분석으로부터 시작한다는 것이다. 이 점을 오해하게 되면, 무언가 화폐 개념에서 자본을 도출해내야 한다는 헛된 노력을 시도하거나 혹은 마르크스가 의도하지 않았던 것을 하기 위해 마르크스의 서술을 수정한다거나 하는 무리를 반복하게 된다. 또한 역사상의 어떤 시기에, 합해진 화폐액이 자본으로 전화했음을 다루고 있다(혹은 다루어져야 한다)는 오해와 연결된다.

마르크스는 "이미 생성되어 있고, 그것 자신의 기초 위에서 운동하고 있는 부르주아사회를 문제 삼는다."고 분명히 언명하고 있다. 이러한 마르크스의 방법에서는 자본 개념의 생성론을 위해 역사 과정을 더듬을 필요가 없다. 눈앞에서 펼쳐지는 자본의 일상적인 운동 형태를 표상하기만 하면 된다. 거기에서는 단순한 유통의 매개 수단이 아니라 유통으로 들어옴과 동시에 유통으로부터 다시 자신에게 되돌아오는 자립적인 형태로 있는 화폐, "이 화폐가 동시에 자본의 최초 개념이기도 하고 그 최초의 현상 형태이기도 하다."(같은 책, S. 175)

이와 같이 『요강』에 있는 「화폐의 자본으로의 전화」론은 잘 다듬어진 논리적 전화도 아니고 역사적 전화도 아니며, 그냥 자본 개념의 생성론일 따름이다. 그렇기 때문에 마르크스는 자본의 현상 형태로부터 고찰을 시작했다. "자본은 먼저 유통에서, 더욱이 자본의 출발점으로서의 화폐로부터 생겨난다."(같은 책, S. 175)

화폐를 산출하는 가치 개념과 자본 개념은 서로 전제하는 관계이기 때문에, 논리적 관계에서는 한쪽 방향의 전화론은 불가능하다. “이론에서 가치 개념은 자본 개념에 선행하지만, 다른 한편으로 또한 스스로를 순수하게 전개하기 위해서는 자본을 기초로 하는 생산양식을 전제하기도 한다.”(같은 책, S. 174)

헤겔이 말하듯이 “개념은 오직 모든 계기들에 침투해 들어간 것이다.”(『대논리학 III』 55쪽) 이런 의미에서 자본 개념은 화폐, 상품, 교환가치 등 모든 계기들에 「침투」해 들어가 관철되는 규정이다. “따라서 교환가치가 단순한 규정성으로 존재할 뿐만 아니라 자본이라는 본질적으로 다른 규정성으로도 또한 존재한다는 것”(같은 책, S. 172)이 밝혀져야 하는데, 그것은 동시에 「다른 규정들」을 갖는 “현실의 여러 가지 구별”, “전개를 구성하는 구별”(같은 책, S. 173)을 밝히는 것이기도 하다. 여기가 소위 논리와 역사 간의 관계의 요점이다.

논리적으로 보면 가치 개념이 자본 개념에 선행한다. 그것은 “부르주아 사회의 시스템 내부에서 가치 다음에 바로 자본이 이어지기”(같은 책, S. 175) 때문이다. 이 진행은 일견 “가치 규정의 개개의 계기들이 사회의 역사적 생산과정의 더 빠른 단계로 발전하고, 그 결과로 나타나는” 것에 조응하는 것처럼 보인다. 그러나 자본의 시대보다 더 이전의 경제사회에서는 자본제 이전의 경제 시스템(토지 소유를 중심으로 하는 경제 관계)이 가치 관계의 기초에 존재한다. 이 경제 시스템을 이해하지 못하면, 해당 경제사회에서 교환가치가 갖는 의미도 알 수 없게 된다. 마찬가지로 “가치가 그 순수성과 일반성에서 존재한다는 것”은 이미 “사회적 생산양식의 어떠한 주어진 역사적 단계를 그 전제로 하고 있으며, 그 자체로 그 생산양식과 함께 주어져 있는, 역사적인 관계인 것이다."(같은 책, S. 174) 이미 완성된 "자본을 기초로 하는 생산양식"을 대상으로 하는 근대경제학은 자본 개념을 축으로 전개하여야 한다. 경제학의 논리적 방법(자본 개념의 생성과 전개)에서는 자본의 현상 형태를 이루고 있고, 나아가 더 단순한 경제적 범주라고 할 가치 개념, 그 전개로서의 화폐 개념에서 출발하는 것이 필요했다.

경험과학인 경제학이 특수 역사적인 경제사회를 대상으로 하는 한, 우리가 논리의 진행이 그대로 현실 과정의 진행과 동일하다는 헤겔 논리학의 원칙에 얽매일 필요는 없다. 이런 점을 마르크스는 충분히 자각하고 있었다.

5.3.3 자본의 최초 규정

다음으로 문제가 되는 것은 "자본이 자본으로 나타나는 최초 형태인 화폐"로부터 출발했다고 해도 등가교환을 전제로 하는 단순 유통 과정의 운동으로는 자본의 개념을 밝힐 수 없다는 점이다. 「자본의 일반적 규정」 속에는 분명 가치가 포함된다. 그러나 자본으로서의 가치(화폐)는 「본질적으로 다른 규정」이다. 그래서 「유통의 배후에서 진행되는 과정」, 유통을 매개로 하는 "총체적 과정"(같은 책, S. 177)을 다룰 필요가 있다. 그것은 "유통의 근거"(같은 책, S. 177)인 "가치를 생산하는 활동으로 되돌아가는 것"이지만, 이 생산과정은 결국 단순한 상품-화폐 유통을 만들어 내는 생산이 아니라 새로운 질적 내용(경제학적 형태 규정)을 갖는 생산이 된다. 이것이 제1의 요점이다.

여기에서 생산으로 되돌아간다고 해도 "자본의 규정된 형태"(같은 책,

S. 180)를 사상하면서 생산수단과 같은 "자본의 단순한 질료(Materie)"만을 골라내어 "자본이 모든 인간적 생산의 필요조건이라는 것을 증명하는 일만큼 경솔한 것은 없다."

"중요한 것은 자본을 인간적 생산의 특수하게 발전된 역사적 단계의 계기이게 하는 특유한 규정이다. 자본이 새로운 생산에 수단으로 사용되는 대상화된 노동이라고 할지라도, 새로운 생산에 수단으로서 이용되는 대상화된 모든 노동이 자본은 아니다."(같은 책, S. 180)

또한 자본을 이윤을 낳는 가치의 총액이라든지 혹은 축적된 노동이라고 보는 견해가 있다. 이런 견해에 대해서 마르크스는 "자본을 물상으로 파악하는" 것이 아니라, "관계로 파악하는 것", 그것은 "과정으로" "전개되어야 한다."고 주석을 달아 두었다. 그리고 "자본의 개념을 전개"하기 위한 「자본의 최초 규정」을 다음과 같이 규정한다.

"유통으로부터 발생하고, 따라서 유통을 전제로 하는 교환가치는 유통 속에서, 또한 유통을 통해서 자신을 유지 보존한다." "교환가치는 유통으로 들어감으로써 자신을 잃지 않는다." "유통은 교환가치가 소실되는 운동이 아니라 교환가치가 교환가치로서 현실에 자신을 정립하는 운동으로서 교환가치의 교환가치로서의 실현이다."(같은 책, S. 183)

유통에서 자신을 계속 유지 보존하는 교환가치라는 「자본의 최초 규정」은 말하자면 자본의 본질 규정 중 하나이기는 하지만, 아직 자본의 개념이라고 할 수는 없다. 물론 그것은 타자와의 관계에 있으면서 제 자신으로 되돌아가서 자립성을 유지하는 것이다. 헤겔 논리학의 용어로 말하면 존재론 「질」의 「독자존재」이지만, 그것 자신의 본질적 규정을 아직은 결여하고 있다.

자본의 개념 규정을 위해서는 더 나아가서 상품이나 화폐의 형태를 취하면서 그것들이 특수한 "실체의 총체성 속에서 자신을 현실화하는" 혹은 "자신의 형태 규정을 잃지 않고" "동일성을 보존 유지하는", 또한 「특수성」 속에 스스로의 「보편성」을 관철하는 교환가치임을 밝혀야 한다. 이것은 바로 헤겔이 『논리학』 개념론에서 밝히고자 했던 주체(개념)과 다른 것이 아니지만, 지금은 "여기에서 우리가 자본에 대해 말하고 있다 해도 아직 자본은 이름일 뿐이다."(같은 책, S. 185)[57]

5.3.4 노동에 의해서 몇 배가 되기도 하는 교환가치

「자본에 관한 장」 맨 처음에 놓인 「화폐의 자본으로의 전화」론은 자본 개념의 생성론이다. 이에 대해 마르크스는 "우리는 지금 자본의 발생 과정과 만나고 있다. 이런 변증법적 발생 과정은 자본이 생성하는 현실적 운동의 관념적 표현에 지나지 않는다."(같은 책, S. 229)라고 써서 새겨 두었다.

---

57 우치다, 『중기 마르크스』(1985, 197~200쪽)는 제3규정에서 화폐의 모순(질적 일반성과 양적 제한성 간의 모순)이 「근거」(생산)로 돌아감으로써 해결된다는 식으로 『요강』의 「화폐의 자본으로의 전화」론을 「이해」한다. 그러나 화폐의 모순과 전화론은 당장에는 다른 것이다. 자본 개념 생성론에서의 모순은 화폐의 모순(이것은 현실의 모순이다.)이 아니라, 무제한적인 가치 증식성이라는 자본의 본성과 유통 형식에서의 존재 사이의 논리적 모순으로 파악되어야 한다. 「자본으로서 화폐」에게 「화폐로서 화폐」의 「모순」이 타당할 수는 있지만, 이런 모순의 전개를 축으로 해서 화폐의 자본으로의 이행론을 읽어 내는 것은 무리이다.

"단순 유통이라는 것은 악무한이다. 이에 대해 자본은 화폐가 상품으로 되고 또 화폐로 바뀌어 가고 있다. 따라서 이것이 주체다."(미타, 『연구』 ①, 252쪽)

그런데 마르크스가 “자본의 개념을 전개하기 위해서는 노동으로부터가 아니라 가치에서 출발할 필요가 있다. 노동으로부터 직접 자본으로 이행하는 것은 불가능하다.”(같은 책, S. 183)라고 서술하면서 교환가치로부터 자본 개념의 생성을 시작했지만, 자본으로서 화폐는 유통의 전제이자 출발점이기도 한 「노동」 그것도 “자기 자신을 갱신하고, 자기 자신으로부터 다시 유통을 시작하기 위해서만 노동에 몸을 맡겨 노동의 재료가 되는, 대상화되고 자립화된 교환가치로 정립된다.” “이 교환가치는 자신을 가치를 증식시킴으로써 자기를 교환가치로 정립한다.” 즉 “교환가치로 대상화된 노동이 살아 있는 노동(die lebendige Arbeit)을 교환가치의 재생산을 위한 수단으로 정립한다.”(같은 책, S. 186)

이 「주체로서의 교환가치」가 자본이다. 그리고 “이 정립하는 활동 자체(dieses Setzen selbst)는 자본의 유통으로서 나타난다(그러나 이 유통은 나선이고 확대해 가는 곡선이지 단순한 원은 아니다).”(같은 책, S. 189)

이리하여 “자본은 그 개념에서 보면 화폐다.”(같은 책, S. 195) 그러나 이 개념의 「판단」 형식은 아직 성립되지 않았다. 왜냐하면 “화폐는 자본이다.”라는 판단에는 아직 이르지 못했기 때문이다. “자본은 화폐다.”라고 할 뿐 아니라 “화폐는 자본이다.”라는 더 나아간 판단이 가능하려면 자본의 「대립물」인 “가치를 만들어 내는, 생산적 노동”(같은 책, S. 196)과의 교환에 관한 분석으로 옮겨 가야 한다.

5.3.5 자본과 노동 간의 교환

「자본과 노동 간의 교환」에 대한 고찰로 들어가는 곳에서 마르크스는 다음과 같이 서술한다.

"정립된 교환가치로서의 자본과 대립하는 사용가치는 노동이다. 자본은 비자본, 결국 자본의 부정과 관련된 한에서만 교환된다. 바꾸어 말하면 이러한 규정성 속에 있으면서 자본의 부정에 관련되어 있는 한에서만, 자본은 자본이다. 현실적인 비자본이란 노동이다."(같은 책, S. 198)

이러한 서두는 무엇인가를 규정할 때 그 대립물을 가져와서 규정하는 헤겔의 방식(예를 들어 헤겔은 「존재」라는 범주를 말할 때 「무」를 가져오고, 「본질」이라는 범주를 말할 때 「비본질」을 가져온다.)을 답습하고 있음을 보여 준다. 그리고 「자본과 노동 사이의 교환」은 더욱이 두 과정으로 구분된다. 이 중 「자본 쪽에서 하는 노동의 취득이라는 특수한 과정」, 즉 「제2의 행위」는 단순한 교환과는 질적으로 다르며, 「본질적으로 다른 범주」라고 쓰고, 그런 후에 「보편성」「특수성」「개별성」이라는 편제로 이루어진 「자본」의 세 번째 플랜(같은 책, S. 199-200. 이 플랜에 대해서는 후술하겠다.)을 적어 넣었다. 이와 같이 마르크스는 자본 개념 생성론이라는 곳에서, 그리고 바로 이곳이기 때문에 더 집중적으로 자신의 「경제학 비판」의 체계적 플랜을 몇 번이고 구상한다.

그러나 자본과 노동 간의 대립은 상호 전제 관계이기도 하다. "노동이 자본의 대립물로서, 즉 자본의 대립적 현존재로서 자본에 의해 전제됨과 동시에 다른 한편으로는 노동 쪽에서도 자본을 전제한다고 하는 노동의 본질."(같은 책, S. 216)

게다가 주의해야 할 것은 여기에서 자본과 노동은 각각 「자체로서의 자본」과 「노동 자체」다. 자본과 노동은 각각 특수한 규정성을 갖는 「총체성」이기는 하지만, 여기서는 "모든 특수성을 사상한 것으로 있는" 「추상성」이다. 아직 자신의 「총체성」을 전개하지 못한 추상적 보편으로서의 규정이라는 것이다.(같은 책, S. 217 참조)

이리하여 자본은 노동을 취득하여 합체하는 "생산과정"(같은 책, S. 221)으로 진행한다. 이 과정은 소재적·실체적 규정을 이루는 「노동과정」(「단순한 생산과정」)과, 「자본을 자본이게 하는」 특유한 형태 규정의 측면을 이루는 「가치 증식 과정」 간의 통일이다.

이 과정에서 "자본은 가치와 화폐로 구별되어야 할 관계로서", 즉 "자본으로서의 가치를 단순한 가치 또는 화폐로서의 자신으로부터 구별하는 규정의 총괄"로, 「자본 일반(das Capital im Allgemeinen)」"(같은 책, S. 229)이라고 해야 할 것이 된다(이보다 조금 앞선 곳에 「자본 일반(Capital überhaupt)」(같은 책, S. 223)이라는 용어가 있다). 마르크스는 "자신의 가치를 재생산하고 증가시키는 것"이라는 점에서 자본의 "규정된 형태를 확립하는 것이 필요하다. 그렇지 않으면 혼란이 생긴다."고 적고 나서, "우리는 지금 자본의 발생 과정과 만나고 있다. 이 변증법적 발생 과정은 자본이 성립하는 현실적 운동의 관념적 표현에 지나지 않는다."(같은 책, S. 229)라고 써 놓았다.

이것은 바로 개념으로서의 자본 생성을 취급한다는 것을 표명할 뿐이다. 그것이 「변증법적 발생」이라고 하는 것은 가치나 화폐로서의 자본의 표상을 분석하는 것에서 출발하여, 그것과의 구별과 연관을 한걸음씩 더 듬어 가면서 자본에 고유한 보편적 개념 규정을 명백히 하는 서술 과정을 보여 줌을 말한다. 게다가 그것은 자본으로서의 화폐가 어떻게 자본이 되는가라는 현실의 운동을 이론적 인식을 바탕으로 반성하는 것일 뿐 다른 것이 아니다. 더욱이 "그 이후의 연관들은 이 맹아로부터의 전개로 간주되어야 할 것이다."(같은 책, S. 229)라고 기술하여, 자본 일반이 개념으로서도 「맹아」가 되고 여러 가지 특수한, 개별적인 개념 규정들이 전개해 가는 변증법적 서술이 예정되었음을 보여 주고 있다. "우리는 아직 자본의 특수한 형태도, 또 다른 개별적 자본들 등으로부터 구별된 개별 자본도 문제 삼지 않는다."(같은 곳)

이상과 같이 마르크스의 사고와 서술의 진행을 더듬어 보면, 「화폐의 자본으로의 전화」론이 자본 개념의 생성을 주제로 하고 있다는 것, 그리고 그 이후의 서술에서 자본 개념을 전개한다는 것이 명백하다. 「1857~58년 노트」=『요강』은 내용과 방법에서 볼 때 처음부터 「자본」론이다. 다만 그것은 아직 자본의 일반적 개념론에 속한다. 그러나 이 "자본 개념의 엄밀한 전개가 필요하다는 것은 자본 자체—그 추상적 복사물이 자본의 개념이다—가 부르주아적 사회의 기초이듯이 자본 개념은 근대경제학의 기초 개념이기 때문이다."(같은 책, S. 246)[58]

개념으로서의 자본이 가지는 이러한 성격을 마르크스는 "주체"(같은 책, S. 247)라고 표현한다. 「부르주아적 부」는 사용가치와 교환가치라는 양극의 대립물을 총괄하여 매개하는 "중간항(Mitte, 매개념)"이고 "완성된 경제적 관계로서", "더 고차적인 잠재력으로 나타난다."(같은 책, S. 246) 그것이 「주체」라고 하는 것은 양극의 관계나 운동이 "양극을 자신의 계기로 삼으며", "더욱이 이 양극의 자립적 전제를 지양하고 이 지양에 의해서 자기 자신을 유일한 자립적인 것으로 정립하게 되기 때문이다."(같은 책, S. 247) 이러한 추상적인 논리는 바로 헤겔의 주체 개념과 동일한 논리

58 "자본과 임노동의 개념에 관한 문제는 근대 사회의 시스템에 발을 들여놓으려고 하는 입구에서부터 제기되는 기본 문제다."(S. 243) "부르주아적 부의 규정된 성격을 개념적으로 파악하는 것."(S. 246)

다. 따라서 "자본이 생산과 유통 간의 직접적인 통일이다."라고 할 경우, 그것은 양면의 단순한 기계적 통일이 아니라, "제 자신을 정립하고 지양하는" 것으로 「전개」되는 것이다.(같은 책, S. 248)[59]

5.4 자본장에서 자본 개념의 전개

5.4.1 「자본」의 최초 플랜

이미 보았듯이 마르크스는 「화폐의 자본으로의 전화」론을 「자본의 변증법적 발생 과정」의 서술로 자리매김한다. 그와 동시에 "그로부터 뒤의 관련은 이런 맹아로부터의 전개로 간주되어야 할 것"(같은 책, S. 229)이라고 한다. 이것은 「자본」에 관한 서술이 자본 「개념」의 생성과 전개라는 방법에 근거한 것임을 명확히 한 것이다.

이러한 개념적 전개는 자본(의 개념)을 "주체"(같은 책, S. 247)라고 부르면서 교환가치와 사용가치, 유통과 생산 등, 모든 계기를 자기 자신의 계기로 삼고 자기 관계적인 자립적인 것으로 삼은 곳에서 개시된다고 할

---

59 마르크스의 「화폐의 자본으로의 전화론」이 논리적 전화인가 역사적 전화인가라는 주제로 논쟁이 있었다. 날마다 반복되는 현실의 운동을 추상화했다는 의미에서는 논리적 전화론이지만, 문제는 이런 논리가 어떠한 논리인가라는 점이다. 이것이 단순히 유통의 표면에 나타나는 현상으로부터 배후에 있는 생산과정의 본질로 나아가는 차원의 이행이 아니라는 것은 명백하다. 또한 「화폐가 자본이 된다.」는 표현을 화폐 개념으로부터 자본 개념을 도출한다고 하는 관념론적인 서술로 이해해서는 안 된다.

수 있다. 구체적으로는 자본이 잉여가치를 산출하는 「주체」이며, 더구나 "더 많은 잉여가치를 만들어 내려는 부단한 운동"이고, "자신의 제한을 뛰어 넘어서려고 하는, 제한도 한도도 없는 충동이다. 어떠한 한계도 자본에게는 제한이고, 또 제한일 수밖에 없다."(같은 책, S. 249)고 기술했던 곳에서 출발한다. 거기서는 생산력의 발전도 자본의 "무한한 치부 충동으로서, 노동의 생산력들을 어디까지라도 증대하려고 애쓰고 그것을 실제로 불러일으키는"(같은 책, S. 255) 곳으로부터 노동의 생산력을 자본의 생산력으로 전화시키는 것으로 파악한다.

마르크스는 이렇게 전개하기 전에 『요강』의 서술이 이윽고 「자본과 노동의 교환」에 들어서는 곳에서, 자본에 관한 최초 플랜을 공개한다. 이 플랜은 「자본」 개념을 「보편성·특수성·개별성」으로 편성하는 것이며, 이 플랜에 헤겔 논리학·개념론의 논리=방법을 적용한 점은 명백하다.

Ⅰ.

(1) 자본의 일반적 개념. —

(2) 자본의 특수성. 즉 유동자본. 고정자본(생활수단으로서, 원료로서, 노동도구로서의 자본).

(3) 화폐로서의 자본.

Ⅱ.

(1) 자본의 양. 축적. —

(2) 그 자신으로 측정된 자본. 이윤. 이자. 자본의 가치. 즉 이자 및 이윤으로서의 그 자신과 구별된 자본.

(3) 자본의 유통. (α) 자본과 자본의 교환. 자본과 수입의 교환. 자본과 가격. (β) 자

본의 경쟁. (γ) 자본들의 집적.

Ⅲ. 신용으로서의 자본.

Ⅳ. 주식자본으로서의 자본.

Ⅴ. 금융시장(Geldmarkt)으로서의 자본.

Ⅵ. 부의 원천으로서의 자본. 자본가.

이어서 자본 다음으로 토지 소유가 논해져야 할 것이다. 토지 소유 다음에는 임노동(이하, 생략)."(같은 책, S. 187)

이 플랜은 화폐장 속에 써 두었던 플랜(최초의 「경제학 비판」으로 다섯 편으로 이루어진다.)의 "제2편 생산의 내부적인 편제"(같은 책, S. 151)를 더 상세히 보여 준 것이라고 생각한다.

또 이 플랜은 「자본과 노동 사이의 교환」의 서술에 들어가는 곳에서 더 엄밀하고 상세히 다시 정리된다. 거기서는 보편·특수·개별이라는 변증법적인 구성이 한층 명확히 전개된다.

Ⅰ. 일반성 —

(1) (a) 화폐로부터의 자본의 생성. (b) 자본과 (타인의 노동에 의해 매개된) 노동. (c) 자본의 요소들, 그것이 노동에 대해 갖는 관계에 따라 분해된 것(생산물. 원료. 노동도구).

(2) 자본의 특수화. (a) 유동자본. 고정자본. 자본의 유통.

(3) 자본의 개별성. 자본과 이윤. 자본과 이자. 이자 및 이윤으로서의 그 자신과 구별된, 가치로서의 자본.

Ⅱ. 특수성. —

(1) 자본의 축적.

(2) 자본의 경쟁.

(3) 자본의 집적(동시에 질적인 구별이기도 하고, 자본의 크기와 작용의 척도이기도 한, 자본의 양적 구별).

III. 개별성. —

(1) 신용으로서의 자본.

(2) 주식자본으로서의 자본.

(3) 금융시장으로서의 자본.

금융시장에서 자본은 그것의 총체성에서 정립된다. 거기서 자본은 가격을 규정하는 것, 노동을 고용하는 것, 생산을 규제하는 것, 한마디로 말하면 생산 원천이다(이하, 생략).”(같은 책, S. 199)

5.4.2 자본의 단순한 개념 혹은 일반적 개념의 전개

이와 같이 『요강』은 자본 개념의 생성을 바탕으로 한 자본 개념의 전개로 구상되면서 집필되었다. 그러면 자본 「개념을 전개한다.」고 하는 것은 무엇을 의미하는가?

첫째, “자본의 일반적 개념”(같은 책, S. 316, 320)은 “자본의 본성, 즉 자본의 본질적 개념 규정들 그 자체”(같은 책, S. 327)이므로. 이 개념 규정이 모든 규정에서 관통되고 있음을 밝히는 것이라 하겠다. “자본의 단순 개념”(같은 책, S.326, 420) 속에 여러 가지 특수한 계기들이 포함되어 있음은 서술의 전개와 함께 차례로 밝혀진다. 그렇지 않으면, 최초로 제시되었던 “자본의 일반적 개념”은 「개념」이라고 할 수 없다. 따라서 “자본의 일반적 개념"을 서술하면서 모든 것을 한꺼번에 논할 수는 없다. 이런 의미에서 개념은 전개되어야 한다. 이것은 개념이 갖는 논리적 전개의 「동력」이라 해야 할 것이다. 예를 들어 자본의 생산물이 불변자본 가치, 필요노동, 잉여노동 등의 부분으로 분할되는 것은 "자본의 내적인 개념적 분할"이지만, 이것들을 "개념적으로 상호 규정하고 있는 계기"가 교환을 통해 "여러 가지 자립적인 계기로 나타난다."(같은 책, S. 353, 354)고 하는 경우가 그것이다. 이것들은 자본 일반의 범위 안에서 전개되는 주제다.

마찬가지로 이윤율이나 가격의 균등화, 이와 연관된 유통 자체에서 기인하는 그러한 가격 규정의 계기가 들어간다는 문제를 자본 일반의 범위에서 결국 "여기서 논해야 할 것이다. 왜냐하면 이 문제는 자본의 단순한 개념—일반적으로 고찰된—으로부터 나온 것이기 때문이다."(같은 책, S. 420)라고 쓴 곳이 있다. 더욱이 마르크스는 "인구에 관한 기초 이론도 이윤, 가격, 신용 등과 마찬가지로 자본의 최초 장 속에 포함된다."(같은 책, S. 438)고 하는 경우에도 다름 아닌 자본 일반 속에 각 특수 이론의 계기가 포함되어 있기 때문에, 나중에 그것들의 특수 이론이 전개 가능하게 된다고 생각하고 있다.

다른 한편, 마르크스는 명백히 자본 일반의 범위를 넘어서는 자본의 가치 상실 혹은 가치 실현의 조건에 관해서 일반적 개념의 범위 안에서도 그 계기가 제시되어야 한다고 생각한다. 다음의 서술은 이를 잘 보여준다.

"현존하는 자본의 끊임없는 가치 상실은 여기에서 논해야 할 문제가 아니다. 그것은 이미 자본이 [개념으로서] 완성되어 있다는 것을 전제로 하기 때문이다. 가치 상실이라는 말을 여기에서 사용한 것은 나중에 서술하는 것이 사실 자본의 일반적 개념에 이미 포함되어 있음을 시사하기 위해서일 뿐이다. [따라서] 그것은 자본의 집중과 경쟁에 관한 이론을 다루는 곳에서 논해져야 할 것이다."(같은 책, S. 316)

"자본의 일반적 개념을 고찰하는 곳에서 중요한 것은 자본이 생산과 가치 증식·실현의 이러한 통일이 직접적으로가 아니라 다만 여러 조건과, 더욱이 이미 보았던 것처럼 외적인 조건과 결합되어 있는 과정으로서만 그러하다는 것이다."(같은 책, S. 320)

마르크스가 이 두 가지 주의점을 써 둔 것은 다음 사실을 보여 준다. 가치 상실이나 생산과 가치 증식·실현의 불일치라는 사태는 서술의 전개 속에서 밝혀지는 것으로, 자본의 일반적 개념을 논하는 곳에서는 아직 전개될 수 없지만, 자본 개념에 그것들이 잠재적으로 포함되어 있음은 제시해 두어야 한다. 이러한 것이 변증법적인 자본 개념 전개의 첫 번째 의미다. 이와 똑같은 것이 "세계시장의 창출"이나 "자본의 문명화 작용"(같은 책, S. 322), 더욱이 「자본의 모순들」에 관해서도 지적되고 있다.

"세계시장을 만들고자 하는 경향은 직접 자본 자체의 개념 속에 주어져 있다."(같은 책, S. 320) "자본의 단순한 개념 속에 자본의 문명화 경향들 등등이 자체적으로 포함되어 있어야 한다. 이제까지의 경제학처럼 그것들이 단순히 외면적인 귀결들로 나타나는 것일 뿐이어서는 안 된다. 마찬가지로 나중에 나타나게 될 모순들도 이미 잠재적으로 이 개념 속에 들어 있음이 실증되어야 한다."(같은 책, S. 326)[60]

---

60 자본에 기초한 생산의 모순과 관련해서, 마르크스는 리카도와 같은 경제학자는 「자본의 보편적 경향」을, 시스몽디와 같은 경제학자는 "그 특수한 피제한성을 파악하였다."고 평가했고, 자본의 모순을 자본이 "마지못해 지향하는 보편성이 여러 가지 제한

둘째, 자본 「개념을 전개한다.」고 하는 경우, 「자본 일반」과 자본의 특수성 간의 관계는 어떻게 되는가이다. 예를 들면 「자본들의 상이성」에 관해 다음과 같이 서술한다.

"(유통은 여기서 아직 본래적으로는 관계가 없다. 왜냐하면, 여기서 우리가 다루고 있는 것은 자본 일반(überhaupt)이어서, 유통은 화폐로서의 자본의 형태와 자본으로서의 자본의 형태 사이를 매개하는 데 불과하기 때문이다. 최초의 자본은 화폐 그 자체를 실현할지도 모른다. (중략) 여기서 다루고 있는 것은 자본 그 자체, 즉 사회 전체의 자본이다. 자본의 상이성(Verschiedenheit) 등은 아직 관계가 없다.)"(같은 책, S. 260)

여기에서 「자본 일반」을 서술할 때에는 사회 전체의 자본을 대표 혹은 표현하는 것으로서의 자본을 "하나의 자본"(같은 책, S. 545, 602)으로 보는 것이기 때문에 여러 가지 자본의 구별이나 상호의 상이성, 그러한 의미에서의 특수성은 아직 고찰될 수 없다고 말하고 있다. 「보편성」을 밝히고 난 후에, 그 「특수성」을 밝힌다. 이것이 자본 개념의 전개에 있는 두 번째 특징이다.

그렇다면 이 「보편」과 「특수」 간의 관계는 어떤 것인가? 통상의 사고에서 「보편」은 여러 가지 「특수」를 관통하는 공통성이다(「무엇 일반」, 예를 들어 사과나 귤에 대해 「과일 일반」 등). 그런 인식은 사실은 각각의 특수성을 사상한 후에 얻어진 추상물이다. 그런 의미에서 이와 같은 「보편」을 헤겔

을 자본 자신의 본성에 찾아낸다."(MEGA, II-1, S. 323)는 점에서 찾아낸다. 이것은 논리학적으로 말하면, 보편과 특수 사이의 모순이다. 마찬가지의 표현은 "자본이 생산을 특수하게 제한하는 것은 생산의 어떠한 제한도 뛰어넘어 돌진하려고 하는 자본의 보편적 경향과 모순한다."(같은 책, S. 327)

이「추상적 보편」이라고 불렀다는 것은 이미 지적했다. 그러나「과일 일반」이라는 구체적 사물(「과일」)이 존재하지 않듯이「추상적 보편」은 실재물은 아니다. 이에 대해 변증법적 보편 혹은 헤겔이 말하는「구체적 보편」은「특수」와 나란히 있는 하나의 실재다. 이와 같은「보편」과「특수」의 변증법적 논리의 관계를 의식하면서 마르크스는「자본」개념에 관해 다음과 같이 말한다.

"{그런데, …… 한 가지 말하고 넘어갈 것이 있다. 특수한 자본들과 구별되는 자본 일반은 분명히 (1) 하나의 추상으로만 나타날 뿐이지만, 그것은 자의적인 추상이 아니라 부의 다른 모든 형태—혹은 (사회적으로) 생산이 발전해 가는 양식들—와 구별되는 자본의 종차를 파악하는 그러한 추상이다. 이것은 어떤 자본 그 자체와도 공통적인, 바꾸어 말하면 일정액의 어떤 가치도 모두 자본이게 만드는 그런 규정들이다. 그리고 이 추상 내부에서의 구별들도 마찬가지로 추상적 특수성이며, 이 특수성들이, 어떤 종류의 자본도, 그것이 이들 특수성의 긍정 또는 부정인 것에 의해서 특징 지워진다(예를 들어 고정자본 또는 유동자본)."(같은 책, S. 359)

여기에서는 자본 개념에서의「보편」은 논리적으로 말하면 추상적이지만 그것 자체는, 즉 다른 생산 형태와 구별되는 특수성(종차)을 보여 주는 것이며, 그 내부에서의 특수성도 당장은 추상적이라고 서술한다. 마르크스가 여기서 괄호 속에 써넣었듯이 고정자본과 유동자본이라는 특수한 규정성은 "동일한 자본이 동일한 사업에서 고정과 유동이라는 두 가지 다른 형태, 특수한 실존 양식으로 나타나고, 따라서 이중으로 실존한다."는 것을 의미한다. 여기에서 "자본이라는 것에 덧붙여 고정 또는 유동이라는 것이 자본의 특수한 규정성으로 나타난다. 어찌되었든 자본은 이러한 특수화로 나아가야 한다."(같은 책, S. 529) 이것은 자본 일반 속에 있는 특수화의 계기를 서술한 것으로 이 자체로 중요한 지적이다. 그러나 앞의 서술에서 마르크스는, 앞의 주석에 계속해서 자본 일반이 다른 특수와 나란히 실재하는 하나의 특수라고 서술한다.

"(2) 그런데 특수한 실재적 자본들로부터 구별되는 자본 일반은 자체로 하나의 실재하는 실존(Existenz)이다. 이런 것은 이해되지는 못할지라도 통상의 경제학에 의해서도 승인되고 있다. 또 보통의 경제학의 평균화에 관한 학설 등등에 대단히 중요한 계기를 이루고 있다. (중략) 그 때문에 일반적인 것은 한편으로는 단지 사고상의 종차에 불과하지만, 동시에 이 종차는 특수한 것의 형태 및 개별적인 것의 형태와 나란히 있는 하나의 특수한 실재적인 형태이기도 하다(이 점에 관해서는 나중에 다시 다룰 것이다. 이것은 경제학적 성격을 갖는다기보다는 논리적 성격을 갖는다. 하지만 우리가 연구를 진행하는 과정에서 매우 중요한 의미를 가질 것이다)……."(같은 책, S. 359)

바로 문제의 「논리적 성격」을 명확히 의식하면서 마르크스는 「자본 일반」이 「특수하게 실재」하는 것이라고 쓰고 있다. 이것의 구체적인 예로 잉여가치를 생산하는 산업자본을 생각해 볼 수 있다. 산업자본 그 자체는 상업자본이나 이자를 낳는 자본과 나란히 실재하는 「특수」한 자본이지만, 자본의 본성을 가장 잘 실현하는 자본으로 실재한다. 이런 의미에서 자본 개념은 「보편」적 자본인 산업자본으로부터 상업자본이나 이자를 낳는 자본이라는 「특수」한 자본으로 전개된다.

셋째, 자본은 여러 가지 「특수」한 자본으로 실재할 뿐만 아니라 다수의 (혹은 셀 수 있는) 「개별」 자본으로 실재한다. 그러므로 자본 개념은 「보편」적인 것으로부터 「특수」한 것으로 나아갈 뿐만 아니라 「개별」적인 것으로 더 전개되어야 한다. 마르크스는 위 내용을 다음과 같이 표현한다.

"화폐의 제3형태(에서의 자본은) …… 자기 자신과 관계하는 가치라는 형태에서 상품이 되고 유통에 들어온다고 하는 자본이다(자본과 이자). 이 제3형태는 그 이전의 형태들로 있는 자본을 전제하며, 또 동시에 자본으로부터 특수한 자본들, 실재적인 자본들로의 이행을 이룬다. 왜냐하면 이제 이 최후의 형태에서 자본은 그 개념상 이미 자립적으로 존립하는 2개의 자본으로 나누어지기 때문이다. 양자가 주어지면, 다음에는 다수(die Mehrheit) 일반이 주어진다. 이와 같이 하여 전개는 진행되어 나간다(Such is the march of this development)."(같은 책, S. 359)

마찬가지로 "자본은 다수의 자본으로 존재하고, 또 다수의 자본으로만 존재할 뿐이다. 따라서 그것의 자기 규정[주: 개념 내지는 본성이라 읽는다.]은 다수의 자본들 사이의 상호작용으로 현상한다."(같은 책, S. 326) 그러나 이러한 "다수의 자본의 관계는 오히려 모든 자본이 공통적으로 갖고, 자본이라고 하는 것이 고찰된 다음에 밝혀져야 할 것이다."(같은 책, S. 418) 이것이 자본의 공통성(추상적 보편)을 밝히고 난 후에, 다음에 거기에서 불거져 나오는 개별적·구체적인 계기들을 전개한다는 의미는 아니다. "우리는 여기에서는 다수의 자본에는 상관하지 않는다."(같은 책, S. 419)라고 할지라도, "자본이 일반 개념에 따라 고찰될 때에는, 자본의 모든 계기들이 자본 속에 내포되어 나타나며, 자본이 실재적으로 다수의 자본으로 나타나게 되면, 모든 계기들은 자립적인 현실성을 획득하고 비로소 모습을 드러낸다."(같은 책, S. 421)

이와 같이 자본 일반의 개념에는 여러 가지 특수한 계기들, 더 나아가 개별적 계기들이 포함된다. 자본의 생산과 유통, 자본순환과 관련된 시간과 공간, 신용 등의 계기들은 자본의 일반 개념 속에 있는 구분들로서 그 범위 안에서 전개된다. 그러나 그러한 계기들은 그 자체로 실재하고 자립적으로 운동한다. 그 모습을 논하는 것은 자본 일반 다음에 예정된 특수 및 개별 개념으로서의 자본「론」에서이다. 이와 같이 보편·특수·개별은 서로 관련을 가지면서 전개된다.

넷째, 자본 개념은 하나의 순환을 이루는 자기 관계로 파악되고 총체성으로 전개된다. 말하자면 자본이 이윤이라는 형태로 잉여가치를 산출하고 잉여가치가 또 자본을 산출한다는 것이 밝혀지면, 자본 개념은 하나의 자기 관계로서, 전제가 결과가 되고 결과가 전제로 되는 논리적 순환을 이룬다. 이런 의미에서 자본 개념의 전개는 하나의 순환이다.

"자본이 자본으로 나타나는 것은 자기 자신의 과정의 매개에 의해 산출되고 생산되는 가치로서의 자신과 관련된, 전제된 가치로서이며, 그리고 이것에 의해서 산출되었던 가치를 이윤이라 부른다."(같은 책, S. 634) "이윤이 자본의 결과로 나타난다면, 다른 한편으로 그것은 자본 형성의 전제로 나타난다. 이리하여 결과가 전제로 나타나는 순환운동이 새롭게 정립된다."(같은 책, S. 631) "자본은 그러한 순환을 그리면서 순환의 주체로서의 자신을 확대하며, 확대해 나가는 순환, 즉 나선을 그린다."(같은 책, S. 620)[61]

이상과 같이 보편·특수·개별이라는 개념의 추론 형식에 근거한 전개는 헤겔이 개념론에서 서술하고 있듯이 하나의 총체성을 형성한다. 이

61 "가치 개념은 자본의 가장 추상적인 표현이기 때문에, 그 속에는 자본의 비밀이 스스로를 드러내고 있다."(S. 646)고 하는 것이 이러한 논리적 순환 관계를 표현한다고 해도, 가치 개념 자체를 분석하는 것만으로 모든 것이 밝혀진다는 의미는 아니다.

경우, 자본 일반의 내부가 보편(일반)-특수-개별로 구분되고, 이리하여 전개된 총체가 또한 자본 일반으로 파악된다. 그리고 거기서 더 나아가 자본의 특수 규정과 개별 규정으로 거슬러 올라가는 소위 나선 모양의, 상향으로의 전개가 예정되는 체계가 된다. 다만 마르크스의 경우에 그것이 헤겔과 같이 "관념 속에서 어떤 개념이 다른 개념으로 순식간에 바뀌지는 방식으로"(같은 책, S. 446) 이루어지는 것은 물론 아니다.

5.4.3 개념의 「추론」 형식을 이루는 자본-토지 소유-임노동

보편·특수·개별이라는 개념의 변증법적인 추론 형식은 마르크스에 의한 「자본」의 서술 플랜일 뿐만이 아니라, 자본-근대적 토지 소유-임노동으로 이루어진 「경제학 (비판)」 체계 전반부의 구상도 개념의 추론 형식에 근거하고 있다.

"자본 다음에, 토지 소유가 논해져야 할 것이다. 토지 소유 뒤에는 임노동. 이 세 가지가 모두 전제된 기초 위에서 이번에는 그 내적인 총체성에서 규정된 유통으로서 가격들의 운동. 다른 한편으로는 생산이 그 세 가지 기본 형태들과 유통의 전제들이라는 모습으로 정립된 것으로서의 세 가지 계급. 다음에는 국가(국가와 부르주아사회. 이하 생략)."(같은 책, S. 187)

"자본은 자기 자신을 생산하는 것 …… 으로만이 아니라 동시에 또 가치들을 창조하는 것으로도 자본과는 특별히 구별되는 가치 혹은 부의 형태를 정립해야 한다. 그것이 지대이다. 지대는 자본 그 자체로부터도, 자본에게 고유한 생산으로부터도 구별된 가치로서, 자본에 의한 유일한 가치 창조이다. 자본은 그것의 본성에서 보아도 또한 역사적으로도 근대적 토지 소유, 지대를 창조하는 것이다. 그런 까닭에 또 자본의 작용은 또한 낡은 형태의 토지 소유를 분해하는 것으로도 나타난다. 토지 소유의 새로운 형태는 낡은 형태에 대한 자본의 작용을 통해서 성립한다. 이와 같은 자본은—일면에서 보면—근대적 농업을 창조하는 것으로서의 자본이다. 따라서 지대-자본-임노동이라는 한 과정(《추론》의 형식은 다른 방식으로 즉 임노동-자본-지대로도 파악될 수 있다. 그러나 자본은 항상 활동적인 중간항(Mitte)으로서 나타나야 한다.)으로 나타나는 근대적 토지 소유의 경제적 관계들 위에 근대사회의 내적 구조가 정립되고 있다. 바꾸어 말하면, 자본이 그런 연관들의 총체에서 정립되고 있다…….”(같은 책, S. 199-200)

“자본 개념의 엄밀한 전개가 필요한 것은 자본 자체—그 추상적인 모사가 자본의 개념이다—가 부르주아사회의 기초이듯이, 자본 개념이 근대경제학의 기본 개념이기 때문이다. (중략) / {부 그 자체, 즉 부르주아적 부가 그 최고의 잠재력(Potenz)을 지닌 것으로 표현되는 것이 항상 부가 매개자, 즉 교환가치와 사용가치라는 양극 그 자체의 매개로 정립되고 있는 교환가치에서라는 점을 기술해 두는 것이 중요하다. 이 중간항(Mitte)은 그것이 대립물을 총괄하는 것이므로 항상 완성된 경제적 관계로 나타나고 또한 최종적으로는 항상 양극 그 자체와 비교해서 일방적으로 더 높은 차원의 잠재력으로 나타난다. 왜냐하면 운동 내지 관계는 최초에는 양극 사이를 매개하는 것으로 나타나지만, 급기야 변증법적으로 필연적으로 진전하여, 그 결과 이 관계가 자기 자신과의 매개로서, 즉 양극을 오로지 자기의 계기로 삼는 그러한 주체로서 나타나게 되고, 게다가 주체는 양극의 자립적인 전제를 지양하고 이같이 그 자신의 계기들을 지양함으로써 자기 자신을 유일한 자립적인 것으로 정립하게 되기 때문

이다…….}”(같은 책, S. 246-247)

이와 같이 자본-토지 소유-임노동의 관계는 하나의 추론 형식 속에 있다. 이때 능동적 주체는 하나인데, 바로 그것은 자본이다. 이런 주체로서의 자본은 다른 2개 사이에 서 있는 매개항 혹은 중간항이어야 한다. 자본은 추론에서 「보편」 개념이다. 그런 의미에서 경제학에서는 자본 자체가 최초로 밝혀져야 한다. 이리하여 『요강』에 있는 자본 그 자체의 고찰에서는 토지 소유가 논하지 않았지만, 대지, 광산, 물 등의 자연 요인과 이를 포괄하는 토지 소유에 대해서는 『요강』의 후반 부분 「고정자본」을 고찰하는 곳에서 다음과 같이 기술하고 있다.

이것들의 “자연 요인은 취득되어 있고, 따라서 교환가치를 지니고, 가치로서 생산비용의 계산에 들어간다. 이것은 한마디로 말하면, 토지 소유가 들어간다는 의미이다. 노동의 생산물이 아닌 생산수단의 가치는 여기에서 아직 논해질 것은 아니다. 왜냐하면 그것들의 생산수단은 자본 그 자체의 고찰로부터 나오는 것이 아니기 때문이다. 그것들은 자본에게는 당장 주어진 역사적 전제로 나타난다. 그리고 여기에서는 그것들을 그와 같은 것으로 방치해 둔다. 자본에 적합하도록 수정된 토지 소유의 형태가 되어서야 비로소 부르주아 경제 시스템의 고찰에 어울리게 된다.”(같은 책, S. 592)

이와 같이 개념의 전개가 추론 형식에 의거한다고 할지라도 자본의 개념으로부터 근대적 토지 소유의 개념이 논리적으로 짜내어진다는 것은 아니다. 근대적 토지 소유를 눈앞에 두고서 이것을 분석하고 자본 개념에 적합한 것으로서 자본과의 관련을 밝히고 토지 생산물의 가치 속에 들어가는 방법을 밝히는 일. 이것이 『요강』 집필 시점에서 마르크스가 생각했던 「전개」의 구상이었다. 또 지대의 고찰은 여기에서는 아직 충분히 이루어지지 않았다(→ 1861~63년 노트).

마르크스는 이와 같은 개념의 추론 형식에 의해서 연관들의 총체성이 더 분명하게 밝혀진다고 생각했다. 그리고 몇 가지 특수한 계기들 중의 하나이면서 다른 계기들과 나란히 있을 뿐만 아니라 다른 계기들을 자신의 계기로 종속시키고 전체를 하나로 유기적으로 통합시키는 것, 이것이 주체이자 변증법적 보편이다. 이것은 보편적 개념에 의해 사물의 총체성을 변증법적으로 파악하는 방식이다. 이것은 전적으로 마르크스가 헤겔로부터 배운 논리=방법이다. 「자본」은 바로 변증법적 「보편」 개념이라는 이름과 어울리게 된다.

5.4.4 유기적 시스템을 파악하는 논리와 역사

위의 근대적 토지 소유라는 예에서 보이듯이 마르크스는 "완성된 부르주아적 시스템에서는 어떤 경제적 관계도 부르주아 경제 형태를 취하는 다른 관계를 전제로 하고 있고, 이리하여 또 정립된 것이 어떤 것이라 하더라도 동시에 또한 전제이기도 하다(jedes Gesezte zugleich Voraussetzung ist)면, 그러한 것은 모든 유기적 시스템에 대해서 말할 수 있다."(같은 책, S. 201)고 쓰고 있다.

"전제된 것은 정립된 것이다."라는 말은 헤겔이 논리학, 특히 본질론에서 서술하고 있다. 그것은 일반적으로 사태의 반성 관계, 그중에서도 상호 매개 관계를 기술한 것으로, 완성된 일개(一個)의 총체에서 거기에 있는 것의 존재를 긍정하는 것은 실은 무엇인가를 전제하고 있음을 의미한다. 혹은 무엇인가를 전제한다고 하는 것은 그 무엇인가를 정립하고 있음을 의미할 뿐이다. 이와 같이 완성된 시스템에서 모든 계기는 동시에 존재하고 있다. 그러나 총체성으로서의 이와 같은 유기적 시스템은 시간적=역사적으로 일거에 생겨나지는 않는다.

"여기에서 생각해 두어야 할 점은 새로운 생산력들과 생산관계들이 무로부터 발전해 왔던 것도, 상상화(想像畵)나, 자기 자신을 정립하는 이념(Idee)의 태내로부터 발전해 왔던 것도 아니다."(같은 책, S. 201)라는 것이다. 여기에서 「자기 자신을 정립하는 이념」이라는 것은 「이념」이 자기 발전을 이루는 헤겔의 관념적인 서술을 비꼬아 표현한 것임에 틀림없다. 마르크스의 자본 개념이 대체로 헤겔의 이런 식의 「이념」과 같이 자기 전개하는 것이 아니라는 점은 급기야 지금까지의 검토를 통해 밝혀졌다.

제2부

『경제학 비판 요강』 연구

제1부에서 상세히 밝혔듯이 『경제학 비판 요강』(1857~58년의 초고, 이하 『요강』이라고 약술한다.)에서 마르크스는 헤겔 논리학의 「합리적 핵심」을 구사하여 자본의 일반적 개념을 전개했다.

자본의 일반적 개념은 자본의 일반적 이론의 핵심이 된다. 그러면 자본의 일반적 이론은 자본제 경제의 현상 분석과는 별개의 이론 체계이고 그것 자체로 자립적인 완결된 체계인가 아니면 현상 분석에까지 이르는 전개된 체계이어야 하는가? 또한 경제학의 체계에는 자본의 일반적 이론과 현상 분석, 이 양자를 매개하는 「독점자본주의론」 혹은 「중간적인 발전 단계론」이 필요한가 아닌가?

마르크스 『자본론』(1867~94), 힐퍼딩 『금융자본론』(1910), 레닌 『제국주의』(1917) 등을 선행하는 이론적 소재로 삼아 왔던 마르크스 경제학(Marxian economics) 학파에서 이러한 논점을 둘러싼 논의가 다시 활발하게 진행되고 있다.[1]

두 가지 입장 중 전자의 경우, 「일반」이라는 용어가 의미하는 것은 모든 시대나 지역, 따라서 각각의 특수성이나 개별성에도 불구하고 모든 것이 그 안에 공통으로 지니고 있는 자본제 경제의 성질들을 체계적으로 서술하는 것이고, 그것은 소위 현실의 배후에 고요하게 가로놓여 있는 체계이다. 이런 의미에서의 「보편성」은 논리적으로는 「추상적 보편」(헤겔)이라고 한다. 이에 반해 후자의 입장에 있는 「일반」은 모든 특수성이나 개별성을 산출하는 능동적이고 구체적인 자본의 기본적 개념을 의미

1 우선은 『經濟理論學會年報(경제이론학회연보) 제33집』(青木書店, 1996, 동 제34집, 1997, 간행) 등에 수록되었던 논고들을 참조하기 바란다.

한다. 이것은 「구체적 보편」(헤겔)이라고 일컬어져야 할 것이다.[2]

그리고 이런 논의에서 전자의 입장은 마르크스 『자본론』을 「일반」 이론으로 대개 완성된 것으로 간주한다. 혹은 이것을 수정하여 불변의 「원(原) 이론」(우노 코조)으로 삼는다. 이에 반해 후자의 입장은 『자본론』에서 밝혀진 자본 개념은 자본제 자체의 전개에 조응하여 이론적으로 더욱더 전개가 요구되는 것으로 생각한다. 필자의 이해로는 이 문제는 두드러지게 자본제 생산을 총체성으로 파악하는 방법의 이해와 연관된다.

이러한 문제의식에서 제6장과 제7장에서는 『자본론』의 원형이라 할 수 있는 『요강』을 전면적으로 검토하는 일을 통해서 자본제 생산의 총체를 파악하는 마르크스의 방법과 그것이 보여 주는 풍부한 인식 내용을 밝히고자 한다.[3]

---

2 "개념이라고 할 때, 사람들은 보통 추상적 보편만을 고려한다. (중략) 이것은 오성이 개념을 이해하는 방식이다. …… 그러나 개념의 보편은 이에 반해 독립해서 존재하는 특수에 상대해서 존재하는 그런 무엇인가 공통적인 것과는 다르다. 그것은 스스로 특수화하는 것이고 타자 속에 있으면서도 흐려지지 않는 모습으로 자기 자신 안에서 머무르는 것이다. …… 공통적인 것을 참된 보편과 혼동하지 않는 일이 중요하다."(『1부 논리학』 163절 보충 1)

3 오늘날 일반적으로 『요강』이라는 이름으로 일컬어지는 마르크스의 초고가 최초로 공간되었던 것은 1939년, 모스크바에서였다. (『요강』이라는 이름은 그때 편집자가 마르크스의 1857년 편지에 있던 표현을 채용한 것이다.) 초고는 1953년이 되어서야 겨우 독일어로 공간되었던 기구한 운명을 거쳐 구미나 일본에서 새로운 마르크스 연구를 대표하는 문헌이 되었다. 일본어 번역은 1959~65년에 나왔고(한국어 번역은 2000년에 나왔다.) 그 후 신MEGA판에 입각한 새로운 일본어 번역이 1993년에 완성되었다.

먼저 6.1에서 「총체성」의 의미를 밝힌다. 6.2에서는 『요강』에서 이용하는 경제학의 「방법」을 보편·특수·개별의 변증법, 개념의 발생적 전개, 논리와 역사 등으로 검토한다.

제7장에서는 「물상화」(생산관계의 물상화), 「모순」(자본제 생산의 모순들), 「인간 발달」(자본제 경제에서의 인간성의 발달 가능성)이라는 자본제 경제의 「삼위일체」적 파악에 조응하여 『요강』의 마르크스가 말하게 하는 방법으로 마르크스의 총체성 파악에 의해서 밝혀진 이론 내용을 정리한다.[4] 이에 기초해서 마르크스가 자본주의사회의 「변혁」 계기들을 어떻게 파악하고 있는가를 소개할 것이다.

여전히 제2부에서도 『요강』에 기술된 상품·화폐, 자본과 임노동, 자

『요강』 연구로는 로만 로스돌스키, 『자본론 성립사』 1973~1974(한국어판은 『마르크스의 '자본론'의 형성』, 양희석, 정성진 옮김, 백의, 2003), 山田鋭夫·森田桐郎 편 『コメンタ-ン「經濟學批判要綱」(코멘터리 「경제학 비판 요강」』 (상)(하), 1974, 우치다 히로시, 『「經濟學批判要綱」の硏究(경제학 비판 요강 연구)』 1982, 『中期マルクスの經濟學批判(중기 마르크스의 경제학 비판)』, 1985(한국어판은 『마르크스 「요강」과 헤겔 「논리학」』, 김종기 옮김, 문원, 1995) 등이 대표적이다. 또한 안토니오 네그리가 1978년에 파리 고등사범학교에서 했던 『요강』의 강의 노트가 소개되었다(한국어판은 『맑스를 넘어선 맑스』, 윤수종 옮김, 중원문화, 2012).

4 이것에 대해서는 졸저 『생활양식의 경제학』 제1장, 제4장에서 헤겔 철학과 초기 마르크스에게서 물상화·모순·인간 발달의 상호 관련과 마르크스의 자본주의 인식에서 세 가지의 불가분한 관계를 밝히고 있으므로 여기서는 재론하지 않겠다. 본서 제7장은 졸저의 제4장에 이어진다. 또한 마르크스의 자본주의 인식 가능성에 대해서는 본서 제3부 제9장을 참조하기 바란다.

본의 유통, 자본과 이윤(이자) 등, 개별 이론 내용을 검토할 수는 없었으며, 또한 하지도 않았다. 어디까지나 『요강』 전체에서 밝혀진 자본제 경제의 이론적 파악의 내용과 성격을 다루었다.

또한 특별한 표시가 없는 한, 글에서 원서로부터 인용한 쪽수는 신MEGA의 문헌에 의거한다.[5]

---

5 제6, 7장은 「『경제학 비판 요강』 연구회」(1996년 3월~2001년 1월)의 활동 성과를 정리하고 종합한 것이다. 여러 분야에서 교시해 준 中村哲, 牧野廣義, 野田公夫, 石川康宏에게 감사드린다. 동 연구회의 성과는 中村哲 편저 『「経済学批判要綱」における歴史と論理(『경제학 비판 요강』에서의 역사와 논리)』(2001)에 종합 정리되어 있다.

제6장
자본제 생산의 총체적 파악과 그 방법
—「1857~58년 초고」 연구 1—

6.1 총체성

6.1.1 총체성으로서의 유기적 체제

자본-토지 소유-임노동으로 이루어진 자본주의적 경제체제를 마르크스는 "총체성(Totalität)으로서의 유기적 체제(System)"(MEGA, II-1, S. 120)라고 일컫는다. 유기적 체제란 모든 관계들이 상호 전제하는 관계에 있다는 것을 말하는데, 유기적 체제는 "그 전제들을 지니고 있다. [즉] 그것의 총체성으로의 발전은 단적으로 말해서 사회의 모든 요소들을 자신에게 종속시키든지 혹은 아직 자신에게는 결여된 기관을 사회 속으로부터 만들어 내는 것에 불과하다." 이런 의미에서 "유기적 총체는 역사적으로 총체성이 된다. 이 총체성으로의 생성이 유기적 체제의 과정, 그 발전의

한 계기를 이룬다."(같은 곳) 여기에서 마르크스가 기술하는 자본제 경제의 총체성으로서의 역사적 생성은 현대 세계 여기저기에서 여전히 계속되고 있다고 보아도 되겠다.

이와 같이 유기적 체제인 자본제 경제를, 역사적으로 생성하고 발전하는 총체성으로서의 파악하는 것, 이것이 『요강』의 과제이자 기본적 관점이었다.

그러면 어떤 논리=방법에 의해서 이런 총체성이 파악되는가? 여기에서부터 이번 장을 시작한다.

6.1.2 1857년 「서설」에 있는 총체적 파악의 방법

마르크스는 「경제학 비판」(후의 자본)의 최초 초고에 해당하는 『요강』을 집필하기 직전에 짧은 「서설」을 썼다. 「서설」의 중심 테마는 「생산」이므로 생산에 관한 「서설」이라고 해도 좋을성 싶다. 이 「서설」을 쓴 이유는 당시의 경제학자들이 「생산, 분배, 교환, 소비」라는 항목을 선호하여 사용하였기 때문에, 마르크스가 이들 항목의 상호 관계를 명확히 해 둘 필요가 있었기 때문이라고 생각한다.

생산에 관한 「서설」은 전부 네 항목으로 이루어져 있다. 그중 제3항목이 「경제학의 방법」이다. 따라서 제3항목 「방법」 이외의 다른 항목들을 읽는 경우에도 이 「방법」에 따라서 이해해야 하는데, 우선 주목해야 할 특징은 다음 두 가지 점이다. 첫째로는 제1항목 「생산」이 「사회적 개인들로부터 출발한다.」고 되어 있는 점이다. 그리고 둘째로는 여기에서의 대상이 「물질적 생산」임을 명확히 하고 「생산, 분배, 교환, 소비」가 하나의 총체성을 이룬다는 것, 게다가 그것들은 그 속의 최초의 특수 항목인 「생산」에 의해서 포괄되는 「유기적 전체」라고 하는 점이다.

먼저 첫째 「사회적 개인들」과 관련해서 마르크스는 『요강』의 대상이 물질적 생산이라고 하면서, 출발점은 「사회 속에서 생산하는 개인들」 혹은 「사회적으로 규정된 개인들의 생산」이라고 말한다. 이것은 어떤 방법론적 의미를 지니는가?

스미스나 리카도가 단서로 삼았던 개별적인 생산자는 「18세기 로빈슨 크루소 이야기 같은 환상이 아니」었다. 16세기 이래 준비되었고, 18세기에 성숙으로의 큰 걸음을 내딛었던 「부르주아사회」는 「자유 경쟁 사회」이지만, 거기에서 "개개인은 이전 역사 시대에는 그들을 일정한 한정된 인간 집단의 부속물이게 했던 자연의 유대 등으로부터 해방된 것으로 나타난다." 18세기적 개인은 "봉건적 사회 형태의 해체와 16세기 이래 새로 발전했던 생산력의 산물"이다. 여기에서 마르크스는 "18세기가 되어 비로소 여러 가지 형태의 사회적 연관이 개개인의 사적 목적을 위한 단순한 수단으로서, 외적 필연성으로서 개개인에게 대립하게 된다."(같은 책, S. 22)고 기술한다.

이런 서술로부터 다음과 같이 말할 수 있다.

근대적 개인과 그들의 사회적 연관 사이의 관계는 소원하고 대립적이다. 나중에 보게 되듯이 사회적 연관의 특수 역사적 형태가 화폐이고 또 자본이 지배하는 객관 세계이다. 따라서 「자유」이기는 하나, 사회적 연관으로부터 분리해 있다는 의미에서 추상적인 근대적 개인은 자신과 대립하게 되는 사회적 관련, 즉 객관 세계를 다시 자기 것으로 되찾기를 바라게 된다. 인간 주체가 세계를 자신의 것으로 하는 방식에는 「예술 정신적, 종교 정신적, 실천 정신적인 양식」 등이 있으나, 그러한 것들은 근대지(知)의 「이론적 방법」이 "세계를 자기 것으로 하는 것과는 다른 양식"(같은 책, S. 37)이다.

개인은 자립하여 존재하는 그들 자신의 사회적 연관, 즉 객관 세계를 자신의 사적 목적을 달성하기 위한 도구적 수단으로 이용하려고 한다든지 혹은 또 개개인에게 대립하며 제어 불가능한 외적 필연성으로서의 이러한 연관, 즉 세계에게 휘둘리든지 할 것이다.

그러나 인식하고 실천하는 주관(주체)에게는 자신의 것으로 되찾아져야 할 객관(객체)은 원래 그들 자신의 사회적 연관일 뿐이다. 그런데 위와 같은 분열되어 있는 세계의 현실에 직면하여 「이론적 방법」에서도 두 가지 태도가 성립하게 된다. 그 하나는 '지=주관' 측의 확실성에만 입각하여 「이론」을 도구로 삼아 객관을 파악하는데, 그러면서도 세계를 참으로 파악할 수 없다고 하는 불가지론의 입장에 서는 것이다. 이것은 말하자면 "인식주의"적 태도이다. 또 하나는 어디까지나 객관 존재의 확실성에 조응하여 지가 이것을 파악한다고 하는 "존재주의"적 태도이다. 마르크스의 태도는 물론 후자이다.[6]

마르크스는 『요강』의 서술을 상당히 진척한 부분에서 사회 따라서 또

---

6 有井行夫·長島隆 편, 『現代認識とヘーゲル=マルクス(현대 인식과 헤겔=마르크스)』(青木書店, 1995) 7쪽 참조. 「지와 존재의 일치라는 존재주의」에 대해서는 같은 책 8쪽을 참조하라.

이 「존재주의」가 "인식 과정과 존재 과정의 동일시"라면, 방법론적 헤겔주의로 빠질 위험이 있다. 이 점은 미타 세키스케가 거듭 설명해 왔던 바이다. 『(헤겔 논리학과 사회과학)』(저작집 제1권, 1976)

개인들은 생산을 총체로서 고찰한 결과 나타난다고 기술한다.

「우리가 부르주아사회를 전체로 관찰할 때에는 사회적 생산과정[의 고찰]의 최후 결과로, 항상 그 사회 그 자체가, 즉 사회적 관련들 속에 있는 인간 그 자체가 나타난다. …… 이 과정의 주체로 나타나는 것은 단지 개인들만이지만, 다만 그것은 자신들이 재생산하고 또 새로 생산하는 상호적인 관련 위에 있는 개인들이다.」(같은 책, S. 589)[7]

분명 이론적 방법에 의한 인식의 출발점과 도달점은 같은 사회적 개인들이라고 되어 있다. 출발점으로서의 사회적 개인은 『요강』에서 이론적으로 고찰되는 자본의 생산과정이나 유통과정의 결과로서 이 과정의 조건들을 스스로의 계기로 삼는 그러한 사회적 피규정성을 지닌 근대적 개인들로서 다시 나타난다. 『요강』은 말하자면 그 사회적 개인에 의한 생산과정의 총체를 이론적으로 인식하는 것이다.

6.1.3 생산의 보편성과 총체성—「경제학의 방법」

이와 같이 문제는 언제나 "일정한 사회적 발전 단계에 있는 생산—사회적인 개인들의 생산"(같은 책, S. 22)이다. 그래서 두 번째 논점인 생산의

---

7 마르크스는 「사회」에 대해서도 다음과 같이 명확히 쓰고 있다. "사회는 개인들로 이루어져 있는 것이 아니라, 이들 개개인이 서로 맺고 있는 여러 가지 연관이나 관계의 총화(Summe)를 표현한다."(MEGA, II-1, S. 188)
다음의 서술도 흥미롭다. "소비 과정에서 이루어지는 개인들에 의한 최종적 취득은 …… 개인들의 사회적 현존재(Dasein)—사회—를 재생산한다. 사회는 이러한 총과정의 주체로도, 결과로도 나타난다."(같은 책, S. 593)

총체성을 검토하는 것으로 옮긴다.

근대 부르주아사회의 생산을 취급한다든지, 혹은 생산의 역사적 발전을 그 여러 가지 국면에서 추구한다고 해도 “생산상의 모든 시대에는 어떤 종의 표식이 공통으로 있고 공통의 규정이 있다.”(같은 책, S. 23) 이런 “생산 일반은 …… 하나의 합리적인 추상이다.” 이것을 헤겔에 따라서 마르크스는 “추상적 보편으로서의 생산”이라고 일컫는다.

“추상적 보편으로서의 생산”은 가장 발전한 생산과 미발전한 생산 사이의 공통성을 밝혀 준다. 그러므로 발전·미발전 어느 것이라고 해도 「발전」의 의미를 이루는 것은 “일반적인 것과 공통적인 것으로부터의 구별이다.” 여기에서 말하는 구별이란 보편성에 대한 “특수성”이며 구체적 사물 상호 간의 「본질적인 차이」 즉 “종차(differentia)”에 해당한다.

이와 같이 구체적 사물로부터 “추상적 보편”을 추려 내고, 그것에 조응하여 구체적 사물의 “특수성”이나 「차이」(“종차”)를 밝히는 일, 이것이 사고의 활동이고, 인식에서 「분석적」 방법(미타 세키스케)이 수행하는 조작이라고 하겠다.

「추상적인 규정」을 「분석적으로」 확정하는 방법 태도는 앞에서 기술했던 “인식주의”에 해당할까? 그렇지 않다. 존재를 있는 그대로 파악한다고 말하기는 쉽다. 그러나 존재를 있는 그대로 파악한다는 의미에서의 “존재주의”로는 존재가 총체로서 참되게 파악될 수 없다. 왜냐하면 객관적 존재는 있는 그대로의 모습으로 그 본질을 드러내지 않기 때문이다. 따라서 인식 과정에서 제일 먼저 주어지는 것은 “전체에 관한 혼돈된 표상”(같은 책, S. 26)에 지나지 않는다.

존재를 존재이게 하는 것은 「개념」이다. 어떤 것의 개념을 파악하려면 그 표상을 종횡으로 분석하여 여러 가지 특수성과 보편성으로 분해하고, 그 속에서 소위 핵심이 되는 규정을 찾아내야 한다. 이렇게 획득된 개념 규정을 "구체적 보편"이라고 말한다. 이것에 대해 "추상적 보편"으로는 "현실적 역사적인 생산 단계들이 이해될 수 없다."(같은 책, S. 26) 그것만으로도 현존하는 사회의 영원성과 조화성을 증명하는 수단이 되기는 한다. 그러나 현실 구체적인 생산 형태(예를 들면 자본제 생산)는 구체적인 총체로 존재한다. 그것을 "구체적 보편" 개념으로 파악하는 것이 이론적 사고이다. 구체적 총체는 개념적으로 파악하는 사고의 총괄적 산물이고 "직관과 표상을 개념으로 고양시켜 마무리해 나가는 행위의 산물이다."(같은 책, S. 37)

마르크스는 "사고하는 두뇌는 자신에게 유일 가능한 양식으로 세계를 자기 것으로 한다."(같은 책, S. 37)고 말한다. 「서설」에 의하면, 그런 양식에는 「분석적」 방법과 「개념적 파악」의 방법(즉 변증법)이 있다. 그러나 이런 양자 사이에 서로 동떨어진 관계가 있는 것이 아니다. 마르크스가 여기에서 강조하고 있는 바는 후자의 「개념적 파악」의 사고방식이 "직관과 표상의 외부에서 혹은 그것을 초월한 곳에서 사고하면서 자기 자신을 산출해 가는" 그런 것이 결코 아니고, 말하자면 항상 "직관과 표상을 개념으로 완성해 가는 행위"를 전제로 한다는 점이다. 마르크스는 다음과 같이 기술한다.

"구체적인 것은, 다수의 규정들을 총괄하는 것이고, 따라서 다양한 것의 통일이기 때문에, 바로 구체적이다. 그런 까닭에 구체적인 것은 그 자체로 현실의 출발점이고 따라서 또 직관과 표상의 출발점임에도 불구하고 사고에서는 총괄의 과정으로, 결과로서 나타나며, 출발점으로는 나타나지 않는다."(같은 책, S. 36)

「출발점」으로서의 「사회적 개인들」과 그 생산도 실은 다수의 규정을 총괄하는 것이므로 "구체적인 것을 정신적으로 재생산하는" 결과로 다시 나타난다고 하는 것은 당연하다. 따라서 「서설」의 출발점은 그대로 「경제학 비판」의 출발점이기는 하나, 『요강』의 서술이라는 「정신적 재생산」의 결과로 제시되어야 할 운명이라고 하겠다.

6.1.4 이론적 방법과 이데올로기 비판의 결합

『요강』의 「이론적 방법」에 의거한 생산과정 총체의 파악과 이를 위한 이론적 전개는 이데올로기 비판과 결합되어 있다.

이런 것은 『요강』에 앞서서 쓰여진 「바스티아 『경제적 조화』 1851년」(1857년 노트 제3책. 나중에 마르크스 자신의 「기록표」에서는 「바스티아와 캐리」라 제목을 붙이고 캐리에 대한 비판도 포함한다.)와 『요강』의 최초 부분인 화폐론 및 그 첫머리에 급기야 「다리몽 『은행개혁론』 1856년」이라는 소편을 썼다는 점에서 볼 수 있다.

「바스티아와 캐리」에서 마르크스는 다음과 같이 논한다.

고전파경제학이 (자본주의적) 생산관계의 적대성을 소박하게 기록하였던 데에 반해 바스티아와 캐리는 부르주아사회의 조화성을 증명하고 「경제학」에 대립하는 사회주의 및 공산주의와 그 이론적 전제가 되는 리카도 경제학에 대해 비판을 가한다.

미국의 경제학자 캐리는 북아메리카가 가진 높은 내재적 힘을 주장하고 영국에서는 "국가가 부르주아사회에 미치는 영향, 국가의 간섭과 침략"이 순수 부르주아적 관계를 혼란시키고 있다고 본다. 그런데 그는 영국이 세계시장을 지배하고 미국 부르주아사회의 조화를 파괴하는 자로 등장한다고 생각하고 그 영향으로부터 미국 사회를 지키기 위해서 국가의 간섭(보호관세)을 주장한다. "그는 세계시장적 부조화(Disharmonien)가 경제학의 범주들 속에 추상적 관계로서 고정되어 있는 부조화의 궁극적 표현"(같은 책, S. 8)이라는 점을 이해하지 못했다.

이와 달리 바스티아는 프랑스 부르주아사회의 낮은 내재적인 힘을 주장하고, 그 낮음을 이유로 들어 부르주아사회의 혁명을 지향하는 「사회주의」 세력을 반대한다. 바스티아는 관계들의 조화는 현재 프랑스에는 존재하지 않고 그런 조화는 국가로부터 자유롭게 된 사회에서 실현된다는 이유에서 자유무역을 주장한다.

정리해서 말하면, 바스티아와 캐리는 국가의 정책에서는 정반대의 것을 주장하면서도 ① 부르주아사회의 조화성의 증명과 반사회주의, ② 자국의 현행 질서를 옹호함, ③ 부르주아사회의 이론적 표현인 고전파경제학을 반대함, 이렇게 이 세 가지 점에서 일치한다. 따라서 마르크스의 이론적 및 이데올로기적 과제는 이러한 조화성 이론과 현상 옹호를 비판하고 고전파경제학을 비판적으로 계승하는 것이었다.

다음으로, 「다리몽 『은행개혁론』 1856년」에 대한 비판으로 시작한 화폐론이다. 독자에게 『요강』을 쓸 때 왜 다리몽의 저작을 비판하는 일부터 시작했는지는 당연한 의문일 것이다. 그 이유는 다리몽이 프루동주의자였고 화폐와 은행의 개혁에 대해서 특정한 환상을 지녔으며, 그것은 상품·화폐의 이론적 분석에 의해서 비판되어야 했기 때문이다.

다리몽의 환상이란 은행이 독점에 의해 현실에서 신용을 조정한다는 환상, 은행에 의한 금융시장과 신용의 무제한적 통제, 금과 은의 특권적 배타적 지위를 없애고, 모든 상품을 화폐의 지위로 끌어올린다는 것이다. 이에 대해서 마르크스가 제기했던 「참된 (이론) 문제」는 "교환가치와 화폐(생성)의 이론"이다. 말하자면 부르주아적 교환제도 자체가 모든 상품의 가치에 대한 하나의 특수한, 또 특수함에도 불구하고 왜 일반적이기도 한 등가물을 만들어 내는 일이 발생하는가 하는 문제이다.

또한 다리몽 및 프루동주의자의 주장인 시간 표권(은행) 에 대해서도 마르크스는 다음과 같이 말한다. "교환가치, 화폐의 기초 위에서 단결된 개인들에 의한 그들의 생산물 전체의 통제(Controlle)를 전제하는 것만큼, 잘못되고 어리석은 것은 없다. 시간 표권 은행의 경우가 그러하다."(같은 책, S. 91)

게다가 마르크스는 교환가치 및 화폐의 이론과 관련해서 당시의 경제학자들의 생각을 비판한다. 그것은 현대 주류경제학으로 이어지는 생각인데, 경제학자들은 다음과 같이 주장한다.

개개인은 자신의 사적 이해를 추구함으로써 "그것을 바라는 것도 아니고, 아는 바도 없는 그대로, 모든 사람들의 사적 이해, 즉 일반적 이해에 도움을 준다." 이 주장에 대해서 마르크스는 다음과 같이 말한다.

"이런 추상적인 말투로부터 추론할 수 있는 것은 개개인이 서로 타인의 이해 관철을 방해하고 그리고 일반적인 긍정 대신에 오히려 일반적 부정이, 이 만인에 대한 만인의 투쟁으로부터 생겨난 결과라고 할 수 있다는 점 뿐이지 않은가? 아주 중요한 점은 오히려 사적 이해 그 자체가 이미 사회적으로 규정된 이해이고 어떤 사회적인 조건과 수단으로만 달성되고 따라서 이것들의 조건 및 수단의 재생산과 결합해 있다는 점이다. 그것은 사적 이해이기는 하다. 그러나 그 내용은, 그것을 실현하는 형태와 수단과 마찬가지로 모든 사람으로부터 독립된 사회적 조건들에 의해서 주어지고 있다."(같은 책, S. 89)

여기에서 마르크스는 「사적 이해」 자체를 단순히 반대한다든지 그것을 부정한다든지 하지 않는다. 마르크스는 사적 이해의 사회적 조건, 사적 개개인으로부터 그 조건들의 독립성을 문제 삼고 있다. 사적 이해와 일반적 이해 간의 조화를 주장하는 이데올로기에 대해서 마르크스는 어디까지나 사적 개인들로부터 독립한 사회적 조건 혹은 연관을 경제학적으로 밝힘으로써 그 사적 이해의 사회적 성격을 이론적으로 파악하려고 했다.

또한 이와 관련해서 자유와 평등에 관한 마르크스의 견해는 대단히 흥미롭다.

마르크스에 따르면, "모든 평등과 자유의 생산적이고 실재적인 토대는 교환가치들의 교환이다. 이것들의 평등과 자유는 순수한 이념으로서는 이런 교환의 관념화된 표현에 지나지 않으며 법률적, 정치적, 사회적인 연관들에서 전개된 것으로서는 이 토대가 다른 위상에서 나타났던 것에 지나지 않는다."(같은 책, S. 168)

분명 상품, 화폐라는 단순한 규정이나 관계에서 개인들은 자유로운 의지로 교환하는 주체이고 서로 평등하다. 그러나 그것은 더 발전한 자본·임노동의 관계에서는 "표면적인 과정"이 되고 "심부에서는 전혀 다른 과정들이 진행되고 그곳에서 개인들의 이러한 외견상의 평등과 자유는 소멸하게 된다". 단순한 경제적 관계는 "오히려 지극히 심오한 대립에 의해 매개되며 그 대립의 표현이 소거되어 버린다는 일면만을 나타내고 있을 뿐이다."(같은 책, S. 171)

「자유, 평등, 소유」는 "사적 소유의 법칙들인 자기 노동에 대한 소유와 그것의 자유로운 처분"을 의미한다. 그러나 이 법칙은 자본주의적 생산에서는 "노동자의 소유 상실과 그 노동의 외화, 노동자가 자신의 노동에 대해서 타인의 소유에 대한 방식으로 관련하는 것으로, 또한 그 역으로 전회한다(schlagen um in Eigentumslosigkeit des Arbeiters und Entäußerung seiner Arbeit, sein Verhalten zu ihr als fremdem Eigentum und vice versa)."(같은 책, S. 556)

그런데 부르주아적 경제 질서의 옹호자들은 이런 표면의 과정으로 끊임없이 도피하려고 한다. 다른 한편, 특히 프랑스 사회주의자들은 교환에서의 평등과 자유가 자본에 의해서 침해당하고 있다고 주장하면서 이런 평등과 자유의 관철을 추구하고 교환가치가 자본으로 발전하지 못하기를 바란다. 마르크스에 따르면, 그들은 "이 체제가 안고 있는 모순들을 느끼고 있다." 그러나 "다른 한편으로는 부르주아사회의 실재적 자태와 관념적 자태 사이의 필연적인 구별을 개념적으로 파악하지 못한다." 그들은 "이런 관념적 표현 그것 자체를 새삼스럽게 실현하려고, 쓸데없는 일에 손을 더럽히려고 하는 유토피아주의자이다."(같은 책, S. 172)

경쟁은 중농주의자들에 의해서 자유방임주의(laissez-faire: 레세페르)로 특징 지워지면서 옹호되었으며, 자본제 이전의 생산에서 고유한 제한들의 부정으로 고찰되었는데, 다른 한편에서 "경쟁을 단지 자기 이익에 의해서만 규정된, 해방된 개개인의 충동—즉 자유로운 개개인의 상호 연관에서의 반발과 견인—으로 간주한다고 하는 터무니없는 이야기, 경쟁을 생산 및 교환 영역에 있는 자유로운 개인들의 절대적인 현존재 형태로 간주한다고 하는 터무니없는 이야기가 통하게 되었다."(같은 책, S. 532) 마르크스에 따르면, 이것만큼 잘못된 것은 없다. "자유 경쟁에서 자유로운 것으로 정립되어 있는 것은 개개인이 아니다. [실은] 자본이 자유인 것으로 정립되어 있다."(같은 책, S. 533)

"자유 경쟁을 인간적 자유의 궁극적 발전으로 간주하고 또한 자유 경쟁의 부정은 개인적 자유와 개인적 자유에 의거한 사회적 생산의 부정으로 연결된다고 간주하는 것"은 "어리석은 관념"(같은 책, S. 536)이다.

"경쟁을 자유로운 개성의 절대적 형태라고 찬양하는 그런 것에 대한 환상"(같은 책, S.537)이 있다. 게다가 "자유로운 경쟁을 생산력 발전, 따라서 또한 인간적 자유의 발전의 궁극적 형태라고 하는 주장이 의미하는 바는 중산계급의 지배가 세계사의 종극이라고 하는 것에 지나지 않는다."(같은 책, S. 537)

이상과 같이 이론적 방법이 이데올로기 비판과 항상 결부되어 있는 데에서, 다시 말하면 이데올로기 비판이 생산의 총체적 파악을 위한 이론적 전개 속에서 이루어지는 데에서 마르크스 「경제학 비판」의 총체성 파악이 지닌 커다란 특징이 있다.

이를 바탕으로 해서 다음으로 총체성을 파악하는 방법을 밝혀 보겠다.

6.2 방법

6.2.1 보편·특수·개별의 변증법

6.1에서 소개했듯이, 『요강』의 과제는 자본제 생산을 총체적으로 파악하는 것이다. 이를 위한 「학적」 서술을 마르크스는 어떤 「방법」에 의거

해서 어떤 순서로 진행시켜 나가고 있는가? 이 점에 대해서는 마르크스가 스스로 몇 번에 걸쳐서 『요강』 속에 써 두었다. 그것에 의하면, 경제학의 범주들은 "보편·특수·개별의 변증법"에 의거하여 추상적인 것으로부터 구체적인 것으로라는 순서로 전개된다.[8]

마르크스가 도달했던 서술의 순서에 관한 기본적인 생각은 『경제학 비판』(1859) 서언(같은 해 1월)에서 공개되었듯이 "부르주아 경제체제를 자본·토지 소유·임노동 순서로 고찰한다."는 것이다. 그리고 "제1부는 자본을 논하고 제1편은 다음의 장들로 구성된다. 1. 상품, 2. 화폐 혹은 단순 유통, 3. 자본 일반."[9]

---

8 『요강』을 집필할 때 마르크스는 헤겔 논리학을 참조했다. 이는 다음 편지에 의해서 밝혀진다.

"편집의 방법에서는 헤겔 논리학을 다시 한번 통독했던 것이 크게 도움이 되었다. 만약 또 한 번 이러한 일을 할 때가 오면, 헤겔이 발견은 했지만, 동시에 신비화시켜 버렸던 방법에 있는 합리적인 것을 인쇄 포켓 2, 3매 정도로 보통의 인간 머리로도 이해할 수 있도록 정리해 두고 싶다."(1858년 1월, 엥겔스에게 보낸 편지)

마르크스의 경제학 방법과 체계가 헤겔 논리학의 방법에서 합리적인 것을 계승했다는 것은 『자본론』에서도 변하지 않았다. 마르크스의 경제학을 이해하는 데 헤겔 논리학을 이해하는 것은 불수불가결하며 이를 자각하지 않으면, 마르크스 이론을 오성적이고 경험주의적인 방법으로 독단해 버리는 것으로 빠지게 된다.

9 『요강』 집필에 앞선 1857년 여름 시점에서는 「제1부 자본」 앞에 「(생산에 관한) 일반적 추상적 규정들」을 두려고 했다. 『요강』을 서술하던 도중에도 「생산 일반에 관한 제1장」이라는 표현이 보인다.(S. 273) 그러나 『비판』 서언에서는 이런 "서설을 공표하지 않는다."고 명기해 놓았다.

더 나아가 『요강』에 제시된 「자본」의 서술 플랜에서는 「자본」 부를 「자본의 보편성」, 「자본의 특수성」, 「자본의 개별성」 순서로 구성한다.

「자본」

Ⅰ. 보편성. —

(1) a 화폐로부터의 자본의 생성. b 자본과 노동 c 자본의 요소들…….

(2) 자본의 특수화. a 유동자본. 고정자본. 자본의 유통.

(3) 자본의 개별성. 자본과 이윤. 이자 및 이윤 그 자체로부터 구별된 가치로서 자본.

Ⅱ. 특수성. —

(1) 자본들의 축적.

(2) 자본들의 경쟁.

(3) 자본들의 집적 …….

Ⅲ. 개별성. —

(1) 신용으로서의 자본.

(2) 주식자본으로서의 자본.

(3) (금융시장으로서의) 자본…….(S. 199, 다시 S. 187도 참조)

『요강』은 「자본」 「Ⅰ. 보편성」 범위에 해당한다. 그리고 그 범위 안에 있는 (1) (2) (3)도 또한 "보편·특수·개별"의 관계에 놓여 있다. 자본을 총체로서 개념적으로 파악하는 것은 인식 속에서 최초로 획득된 자본의 보편적 개념을 가지고 그 특수한 개념으로 전개하고 더 나아가 개별로까지 전개해 간다는 것을 의미한다. 이것은 헤겔 논리학·개념론의 논리에 따른 것인데, 본서 제5장에서 자세히 다루었다.

「자본」「Ⅰ. 보편성」은 다음의 서술에서는 「자본 일반」으로 표현된다. “우리가 여기에서 고찰하는 한에서 자본은 가치와 화폐로부터 구별되어야 할 관계로서 자본 일반, 즉 자본으로서의 가치를 단순한 가치 또는 화폐로서의 자기로부터 구별하는 규정들의 총괄이다. (중략) [그리고] 우리는 아직 자본의 특수한 형태도 또 다른 개별적 자본들로부터 구별된 개별 자본도 다루지 못하고 있다.”(MEGA, Ⅱ-1, S. 229)

「자본의 특수한 형태」도 아니고 「개별적 자본」도 아닌 「자본 일반」은 사회 전체의 자본을 “하나의 자본”(같은 책, S. 545)으로 파악한 것이다.

“우리가 여기에서 문제 삼고 있는 것은 자본 그 자체, 즉 사회 전체의 자본이다. 자본들의 차이성 등과는 아직 관계가 없다.”(같은 책, S. 260)

“특수한 자본들로부터 구별되는 자본 일반은 분명 하나의 추상으로서만 나타나는데, 자의적인 추상이 아니라, …… 자본의 종차를 파악하는 그런 추상이다. (중략) 그러나 특수한 실재적 자본 그 자체로부터 구별되는 자본 일반은 하나의 실재적인 존재이다.”(같은 책, S. 359)

“우리가 고찰하고 있는 바는 자본이라는 것 그 자체이기 때문에 여기에서는 당연히 하나의 자본이 활동하고 있다고 하는 형태를 가정할 수 있다…….”(같은 책, S. 602)

이와 같이 「자본 일반」은 모든 자본에게 공통적인 성질을 밝히기 위해서 자본 전체를 「하나의 자본」으로 취급한 것이다. 이런 「자본 일반」 즉 하나의 자본은 공통성으로서 보편이기도 하지만, 예를 들면 「과일 일반」처럼 일체의 특이성이나 개별성을 사상하여 공중에 띄워 놓은 그런 추상적 보편이 아니라, 특수한 규정들을 내포하는 하나의 실재이다. 특수한 자본이나 개별적 자본의 성질은 자본 일반에 내재한다. 결국 자본의 일반성은 특수성이나 개별성의 계기들을 포함하므로 그 후의 서술 전개에 앞서서 있다고 생각된다.

"자본이 일반적 개념에 따라 고찰될 때에는 자본의 일체의 계기가 자본에 내포되어 나타난다."(같은 책, S. 421)

이와 같이 자본의 보편성이 「하나의 자본」이라고 한다면, 자본의 개별성은 다수의 자본이다. "다수의 자본의 관계는, 오히려 자본이라고 하는, 모든 자본에게 공통하는 것이 고찰된 뒤에 밝혀질 것이다."(같은 책, S. 418)

다수의 자본의 관계, 그것은 경쟁하는 자본 상호 간의 관계이다.

"자본이 실재적으로, 즉 다수의 자본으로 나타나게 되면, 그것들[=자본 일반에 내재하는 일체의 것]의 계기는 자립적인 실재성을 획득한다. 경쟁 속에서 경쟁을 통해서 이루어지는 내부의 생생한 편제(Organisation)는 뒤로 가서 비로소 상세히 전개된다."(같은 책, S. 421)

6.2.2 자본 개념의 생성—발생적 전개의 방법

『요강』에서 자본의 개념적 파악은 「화폐에 관한 장」(내용은 "화폐의 생성과 단순한 상품·화폐 유통")에서 시작되고, 「자본으로서의 화폐에 관한 장」(같은 책, S. 161)으로 진행되어 써내려간다. 여기에서 「상품」 내지 「교환가치에 관한 장」(같은 책, S. 132, 219)을 제일 먼저 쓰지 않았던 이유에 대해서는 언명되어 있지 않다. 이것에 대해서는 두 가지 점을 생각할 수 있다.

하나는 앞에서 썼던 「일반적 추상적 규정들」에서 「생산과정 일반」 혹은 「단순한 생산과정」(같은 책, S. 224)을 문제 삼아 고찰하였기 때문이고 그 다음은 그것에 "단순한 형태 규정"을 준다는 의미에서 「상품·화폐라는 유통 형태」를 거쳐 그 후에 「자본에 의한 생산과정」(새로운 형태 규정)으로 전개하고 다음은 「자본의 유통과정」(같은 곳)으로 전개해 간다고 하는 식으로 생산→유통→생산→유통의 모습으로 논술을 더 단순한 것에서 복잡한 것으로 「상향」시키려는 구상이 마르크스의 머릿속에 있지 않았나 생각된다.

예를 들면, 상품들과 교환가치, 화폐와 가치를 고찰하는 『요강』 「제1편」에서 상품에 표현되는 사회적 생산과 그 규정들은 전제되는 대로(즉 아직 논리적으로 취급되지 않은 채로) 직접 눈앞에 나타나는 상품들을 문제 삼는다. 따라서 "교환가치의 세계는 자기 자신을 통해서 자기를 뛰어넘어서 생산관계로 정립되고 있는 경제적 관계들을 가리킨다."고 하고 거기에서부터 「제2편」을 「생산의 내부적 편제」라고 한다.(같은 책, S. 151) 따라서 "유통의 직접적 존재는 완전히 가상이다. 유통은 그 배후에서 진행하고 있는 과정의 현상이다. (중략) 급기야 유통 그 자체가 교환가치를 정립하는 활동으로, 즉 교환가치를 생산하는 활동으로 되돌아간다. 유통이 거기로 되돌아간다는 것은 스스로의 근거로 되돌아간다는 것을 의미한다."(같은 책, S. 177)

마르크스는 자본의 유통, 즉 순환을 고찰하기 시작하고, 그때까지의 서술을 고려하여 다음과 같이 기술한다. "당초, 생산은 유통의 피안에, 유통은 생산의 피안에 있는 듯이 보였다. 자본의 순환은 이런 두 가지 계기를 포괄한다."(같은 책, S. 416)[10]

---

10 "유통의 전제란 노동에 의한 상품들의 생산이면서 동시에 교환가치들로서의 상품의 생산이기도 하다."(MEGA, II-1, S. 177) "유통은 부르주아사회의 표층에서 직접적으로 현존하는 것으로 나타나는데, 유통의 존재는 그것이 끊임없이 매개되는 한에서이다."(같은 책, S. 175)

또 하나 생각할 것은 『요강』이 "개념으로서의 자본의 생성"을 논한다는 점이다. 마르크스는 "자본은 먼저 유통으로부터, 게다가 자본의 출발점인 화폐로부터 생긴다. 이런 화폐는 자본의 최초 개념이기도 하고 그 최초의 현상 형태이기도 하다."(같은 책, S. 175)라고 쓴다. 또 「자본에 관한 장」의 서술로 들어가는 곳에서 다음과 같은 말을 써넣는다. "[서술 도중에] 우리는 지금 자본의 발생 과정과 맞서게 된다. 이런 변증법적 발생 과정은 자본이 생산하는 현실적 운동의 개념적 표현에 지나지 않는다. 그것으로부터 나중의 관련들은 이 맹아로부터의 전개로 간주되어야 할 것이다."(같은 책, S. 229)

이와 같이 명기된 곳으로부터 간단하게 마르크스가 따르는 방법이 "발생적 전개의 방법"임을 알 수 있다. 「변증법적 발생 과정」의 서술은 제1부와 6.1에서도 주의했듯이 끊임없이 「분석적 방법」에 의해서 표상을 개념으로 바꾸는 과정을 매개하지 않는다면, 마치 개념이 자기 전개하는 것처럼 여기는 외관이나 오해(방법론적 "헤겔주의")를 낳는다. 이는 마르크스가 스스로 주의했던 바이다. 화폐 생성론에서는 다음과 같이 쓰여 있다.

"이 문제로부터 벗어나기 전에 한마디 해 두면, 오로지 개념 규정들 및 이 개념들의 변증법만을 문제로 삼고 있는 것 같은 가상을 산출하는 관념론적인 서술 양식을 정정하는 일이 뒤에서 필요하게 될 것이다. 특히 생산물이 상품이 되고 상품이 교환가치가 되며 교환가치가 화폐가 된다고 하는 식의 말투[를 정정하는 것].)"(같은 책, S. 85)[11]

이런 경우 「유통」이나 「화폐」 그 자체가 하나의 「총체성」이라는 점에

11 이러한 주의는 「화폐의 자본으로의 전화」에도 필요하다. 예를 들면 "[화폐의 제3의] 규정 속에 자본으로서의 화폐의 규정이 잠재적으로 이미 포함되어 있다."(MEGA, II-1, S. 143)는 서술법이 그것이다.

유의해야 한다. “경제학적 범주 중에 최초의 총체성으로서의 유통”(같은 책, S. 126), 혹은 “생산을 그 총체성에서 고찰하는 경우에는 화폐 관계 그 자체는 하나의 생산관계이다.”(같은 책, S. 142)라고 한 서술이 이를 표현하고 있다. 보편·특수·개별의 개념 전개는 하나의 총체성에서 다른 총체성으로 이행하는 것이기도 하다. 따라서 각각의 총체가 또한 보편·특수·개별의 총체를 이루고 있다고 보아야 할 것이다.

또한 마르크스는 자본으로서 자기 증식하려고 하는 화폐가 상품으로서의 노동(력)을 찾아내는 곳에서 다음과 같이 기술한다.

“우리는 우선 최초로 자본과 노동의 관계 속에 포함되어 있는 단순한 규정들을 분석하는데, 그것은 이들 규정들이나 그 한층 더 나가는 전개가 이전의 규정들에 대해서 지니고 있는 내적 연관을 찾아내기 위해서이다.”(같은 책, S. 189)

결국 “화폐가 자본이 되는” 과정을 파악한 뒤에, 자본으로서의 화폐와 상품으로서의 노동 사이의 교환이 지닌 규정들을 우선 분석하고 그렇게 하면서 이전의 규정들과의 내적 관련을 발견해 간다고 하는 모습으로 서술을 진행해 나간다고 말하고 있다. 이것은 인식의 전진 과정이 이전의 규정들을 더 풍부하게 하기 위해서 돌이켜보는 후퇴 과정이기도 하다는 것을 보여 준다.

이와 같은 발생적 전개의 방법에 의거하는 자본 개념의 생성은 다음의 세 가지 모멘트를 통해서 이루어지고 있다. 제1의 모멘트는 자본이 되기 위해 예정되어 있는 화폐이다. 이것이 「자본의 단순한 개념」이다. 제2의 모멘트는 “생산의 전제이기도 하고 결과이기도 한 자본”으로부터 출발한다. 이것은 자본에 의한 잉여가치의 생산과정을 다루는 곳이다. 제3

의 모멘트는 "생산과 유통의 통일로서 정립된 자본"으로부터 출발하는 「자본 축적」 즉 잉여가치의 자본으로의 전화이다(이것을 여기에서는 「최초의 (본원적) 축적」(같은 책, S. 236)이라고 부르고 있다). 이런 세 가지 모멘트를 전개하여 자본 개념은 생성을 마치고, 앞에서도 언급했던 「자본의 유통=순환」 과정을 고찰하는 데로 옮겨 간다.

6.2.3 자본으로서의 자본. 생성된 자본

『요강』의 이론 전개는 「자본으로서의 화폐」로부터 「가치 증식 과정」의 「잉여가치의 본성」에 관한 설명을 거쳐서 그 결과로서 「자본 그 자체(더 높은 가치 혹은 더 큰 화폐 또는 생산물)」에 도달한다. 여기에 있는 것은 여전히 「자본으로서의 상품」이다. 따라서 화폐로서는 여전히 관념적인 것이고 아직은 가치로 실현되지 않았다. 그래서 다시 단순한 유통과정으로 들어간다. 이것을 "자본이 자본으로서 정립되는 과정의 제3측면"(같은 책, S. 315)이라고 한다. 자본의 상품이 화폐로 전화한 결과, 자본으로서의 화폐는 이제야 「실현된 자본」으로 나타난다. 「실현된 자본」(같은 책, S. 345)은 화폐가 자본으로서의 새로운 규정을 획득한 것이다.(같은 책, S. 357)

자본의 결과로서의 새로운 가치는 다시 자본으로 정립된다. 이리하여 "두 번째로 등장하는 자본"(같은 책, S. 360)은 불변자본(노동의 객관적 조건들)과 가변자본(노동의 주체적 조건을 위한 조건들, 즉 생활수단)으로 전화한다. 이제 자본 개념의 생성에서는 [논리적으로 봤을 때] 밖으로부터 주어져 있던 전제가 자본 그 자체의 운동의 계기들로 나타난다. 잉여가치가 객관적 및 주관적 노동조건이라는 두 가지 형태로, 잉여생산물이 「잉여자본」으로 나타난다. 소원하고 외적인 위력으로서 살아 있는 노동능력과 대립하고 있던 모든 계기가 급기야 살아 있는 노동능력 그 자체의 생산물 또는 성과로서 정립된다.(같은 곳) 소유와 노동의 분리도 또한 노동 그 자체의 생산물로서 나타나고 타인의 부와 노동능력 자체의 빈곤, 양자의 관계성(즉 지배 관계)의 재생산이 밝혀진다.(같은 책, S. 362)

「잉여자본」과 「본원적 자본」(필요노동 부분은 재생산되고 불변자본 부분은 유지되었다.) 간의 관계 다음에 「잉여자본 Ⅰ」에서 「잉여자본 Ⅱ」로의 이행이 고찰된다. 후자의 전제는 등가 없이 취득하는 「잉여가치 Ⅰ」이기 때문에, 과거에 획득한 타인의 노동이 급기야 새로운 타인 노동의 취득을 위한 조건으로서 나타난다. 이것이 마르크스가 말하는 「소유권의 변증법적인 전회(轉回)」(같은 책, S. 366)이다. 즉 자본가 측에서는 “타인 노동의 등가 없는 취득권”, 노동자 측에서는 “자신의 노동이나 생산물에 대해서 타인의 소유를 대하도록 관계해야 하는 의무(the duty to relate itself towards its own labour or its own product as alien property)”로의 전회이다. 여기에서 등가교환은 다만 외관으로 선회하고, 본원적으로 “자기 노동에 기인하는 것”은 자기 생산물을 획득할 수 없음으로, 소유와 노동의 동일성은 양자의 완전한 분리로 각각 귀결된다.

“등가물 교환은 자기 노동의 생산물을 소유하는 것을 전제하는 듯이 보이고, 따라서 또 노동에 의한 취득과 객체화된 노동의 소유를 동일한 것으로 정립하는 것처럼 보이지만, 이런 등가물의 교환은 전회하여 필연적인 변증법에 의해 그것이 노동과 소유 사이의 절대적 분리이고 또한 교환 없이, 등가 없이 이루어지는 타인 노동의 취득이라는 것이 밝혀진다. 교환가치에 의거하는 생산의 표층에서는 저 등가물의 자유롭고 평등한 교환이 이루어지지만, 이 생산은 그 토대에서는 대상화된 노동과 사용가치로서의 살아 있는 노동과의 교환이고 ……노동의 외재화이다."(같은 책, S. 416)

최후에 나타난 결과는 자본(가)와 노동(자)의 관계 그 자체의 재생산 및 새로운 생산이다. 각각은 자기의 타자, 부정물을 재생산하는 것으로 자기 자신을 재생산한다.(같은 책, S. 367) 이렇게 해서 자본은 개념으로 「생성되었다.」 이 "생성된 자본"(같은 책, S. 237)은 자기 자신의 전제 조건을 스스로의 결과로 만들어 내는 것(같은 책, S. 368)으로 파악된 자본이다.

"자본이 유통하는 국면들, 자본의 제1순환을 이루는 국면들은 개념적으로는 화폐의 생산조건들로의 전화로부터 시작한다. 그러나 우리는 급기야 생성해 가는 자본으로부터가 아니라 생성된 자본으로부터 출발하고, 이 생성된 자본이 유통하는 것은 다음의 국면들이다. (1) 직접적 생산과정, (2) 생산물의 상품으로의 전화, (3) α. 상품의 유통, β. 화폐의 생산조건들로의 재전화, (4) 생산과정의 갱신……."(같은 책, S. 506)[12]

여기에서 총체성의 파악이 어떤 것이며, 어떤 순서로 이루어져야 하는가가 단적으로 볼 수 있다. 그것은 개념의 생성과 그 개념으로부터의 전개이다. 생산과정은 그 자체로 고찰된다는 의미에서 「직접적인」 생산과정으로부터 이제 총생산과정으로, 유통과정 또한 생산과정과는 구별되는 과정으로부터 급기야 생산과정에 매개된 과정으로 파악된다.[13]

---

12 자본 개념의 생성과 관련된 네 가지 모멘트를 최초로 언급하고 있는 곳은 『요강』(MEGA, II-1, S. 421)에서다. 또한 S. 440도 참조하기 바란다.

13 "최초로 자본에 의거한 생산은 유통으로부터 출발한다. 지금 우리는 이 생산이 유통을 자기 자신의 조건으로서 정립해 가는 순서를, 또한 이 생산이 직접성으로서의 생산과정을 유통과정의 계기로 정립하며 동시에 유통과정을 총체성에서 생산과정의 한

"자본의 총생산과정은 본래적 유통과정도, 본래적 생산과정도 포함한다. …… 운동 전체는 …… 생산과 유통 간의 통일로서 나타난다. 이 통일 그 자체가 운동이고 과정이다. 자본은 생산과 유통의 이러한 과정을 진행하는 통일로서 나타나며, 이 통일은 자본의 생산과정 전체로도 간주할 수 있고, 자본의 한 회전, 자기 자신 속으로 복귀하는 한 운동의 규정된 경과로도 간주할 수 있다."(같은 책, S. 506 이하)

자본의 회전에서는 자본의 새로운 특수한 형태 규정성으로서 「유동자본과 고정자본」이라는 규정이 세 가지 구별로 전개된다.

첫째로는 똑같은 자본(자본 일반)의 각기 다른 형태상의 규정들에 지나지 않는 것(같은 책, S. 507)으로 「유동자본」은 어떤 종류의 원환 운동을 그리면서 진행하는 주체로서 자본이 유동자본이라고(그런 의미에서 어떤 자본도 유동자본이다.) 하는 규정으로 등장한다. 또한 「고정자본」은 어떤 국면 내지는 규정에 머물고 있고, 고정되어 있는 자본이라는 규정으로 등장한다.

둘째로는 「소유통」(자본과 임노동 사이의 유통)과 「대유통」(생산과정 외부에서의 자본의 운동, 자본의 시간은 유통시간으로 나타난다.)이며, 여기에서는 「유동자본」은 노동자의 필수품으로서 「가치로서 생산과정에 들어갈 뿐」이지만, 「고정자본」은 생산과정에 고정되어 있고 생산과정 그 자체 속에서 소비되는 자본이며 "가치로서만 유통과정에 들어간다."(같은 책, S. 559)

세 번째 구별에서 「유동자본」은 생산과정으로부터 유통 속에 생산물(임금재, 원료 등)의 형태로 들어가므로 「고정자본」은 생산과정에서 사용가

국면으로 정립해 가는 순서를 보고 있다."(MEGA, II-1, S. 440)

"자본의 유통에서 유통의 자립성은 생산의 피안성과 완전히 마찬가지로 단순한 외관으로까지 끌어내려진다."(같은 책, S. 418)

치로서 소모되는 만큼 가치로서 유통한다.(같은 책, S. 597)

마지막으로 자본의 개별성을 표현하는 "이윤, 이자라는 항목에서 자본에 관한 제1장은 끝난다."(같은 책, S. 485)고 말한다.

이 "셋째 항목, 과실을 낳는 것으로서의 자본. 이자. 이윤(생산비용 등등)."(같은 책, S. 619)에서 자본은 스스로를 근거와 전제로 삼고, 새로운 가치(잉여가치)를 근거 매겨지는 것 혹은 전제에 대한 결과로 삼고, 이것과 관계한다. 즉 새로운 잉여가치를 자기 자신을 기준으로 삼아 측정한다. 이것이 이윤이다. "자본의 생산물은 이윤이다." 그리고 자본은 더 큰 규모로 운동한다. 확대해 가는 순환 혹은 「나선」을 그린다. 그중에서 살아 있는 노동과 교환되는 자본 부분이 적게 되면 될수록 이윤율은 저하한다.(같은 책, S. 621)

이윤율 저하는 "가장 중요한 법칙, 가장 곤란한 관계들을 이해하기 위한 가장 본질적인 법칙, 역사적 견지에서 볼 때 가장 중요한 법칙, 그 단순함에도 불구하고 오늘날까지 결코 이해되었던 적도 없고 더구나 의식적으로 표현되었던 적도 없는 법칙"(같은 책, S. 622)이다.

이상, 「자본 일반」의 세 가지 항목에 관한 개략을 보았다.

방법적으로 보면, 「자본 일반」 그 자체가 총체성을 이루고 보편성은 특수성을 스스로의 계기로서 포함하며, 특수성은 보편성으로부터 전개된다. 그리고 개별성은 보편성과 특수성을 안에 포함하면서 타자와 대립하고 자립적으로 운동하는 다수자 속의 일자라고 말할 수 있다. 자본의 개념은 운동하는 보편이고 한 곳에 머물러 있는 것이 아니라 스스로를 생생하게 전개하는 주체라는 것, 이런 점이 위에서 밝혀졌다.

6.2.4 자본들의 경쟁과 신용

지금까지가 『요강』에서 제시되었던 「자본 일반」의 범위의 방법이다. 여기에서는 아울러 「자본 일반」의 범위 밖이라고 여겨졌던 「자본들의 경쟁」과 「신용」이 방법론상 어떻게 취급되는지에 대해 다루고자 한다.

자본의 개별성은 다수의 자본을 의미하므로, 다수의 개별 자본 사이의 상호작용으로서의 경쟁을 자본 일반에서 자본의 개별성 다음으로 취급하는 것이 논리적으로 봤을 때 필연이다. "자본이 실재적 자본으로서, 많은 자본 상호의 교호 작용으로서 고찰되는 항목."(같은 책, S. 532) 그것이 경쟁이다. 여기에서 논할 예정인 내용은 「자본의 일반적 개념」을 논하는 내용과는 구별된다.

마르크스에 따르면, (자유) 경쟁은 자본에 의거한 생산 전체의 기초인데, 단지 독점이나 법적 규제 등의 부정으로서 이해될 뿐이고, 경제학자에 의해서 본격적으로 전개된 적은 없다. 그러나 "개념적으로 경쟁은 다수의 자본 사이의 상호작용으로서 나타나고 실현되는 자본의 내적 본성은 자본의 본질적 규정에 불과하며, 외적 필연성으로서의 내적 경향에 지나지 않는다."(같은 책, S. 326)

"자본의 본성 속에 있는 것이 외적 필연성으로서 실재적으로 표출, 정립되는 것은 단지 경쟁에 의해서 만이다. 이런 경쟁은 다수의 자본이 자본의 내적 규정들을 상호 강제하고 또한 자기 자신에 강제한다는 것 이외에 어떤 것도 아니다."(같은 책, S. 326)

"경쟁 일반, 즉 부르주아 경제의 이러한 불가결한 견인자는 부르주아 경제의 법칙들을 세우는 것이 아니라, 법칙들의 집행자이다. 그런 까닭에 무제한의 경쟁은 경제적 법칙들이라는 진실에게도 전제가 아니라 결과이며, 이런 법칙들의 필연성이 실현될 때의 현상 형태이다."(같은 책, S. 448)

마르크스가 단편적으로 쓰고 있는 바에 따르면, 경쟁에서 취급될 예정인 내용은 다음과 같다.

"생산과정을 통한 자본의 가치 상실, 이런 가치 상실의 지양 및 자본의 가치 증식을 위한 조건들의 창출 …… 실제로 진행해 나갈 때의 운동."(같은 책, S. 357) "잉여가치를 자본들 사이에 어떻게 분배하는가라는 문제."(같은 책, S. 444) "자본가들이 총이윤을 나눌 때의 비율."(같은 책, S. 453) "이윤율이 감소하지만, 동시에 자본이 증대하므로 총이윤은 결국 증가한다고 하는 것이 어느 정도까지 가능한가에 관한 고찰."(같은 책, S. 461) "자본의 재생산비의 등락에 의해서 혹은 이윤의 저하 등등의 결과, 자본의 가치 자체가 어떻게 변화하는가? ……."(같은 책, S. 532) "여러 가지 자본들 사이의 잉여가치 분배."(같은 책, S. 632) "자본의 생산물의 시장가격을 자본의 요소들의 가격과 비교하는 것이 자본에게 결정적으로 되는 것."(같은 책, S. 634) "시장의 정복을 위한 가격의 인하."(같은 책, S. 637) "기계 장치의 출현을 경쟁과, 그것에 의해서 불러일으켜지는 생산비용의 삭감 법칙으로부터 전개하는 것."(같은 책, S. 647) 등이다.

또한 마르크스는 「경쟁의 기본 법칙」이라는 것도 기술하고 있다. 즉 "경쟁에는 가치와 잉여가치에 대해 세웠던 기본 법칙과는 구별하여 전개되는 기본 법칙이 있다. 그 법칙은, 가치가 그것에 포함되어 있는 노동 또는 그것이 생산되고 있는 노동시간에 의해서가 아니라, 그것이 생산될 수 있는 노동시간, 즉 재생산에 필요한 노동시간에 의해서 규정되고 있다고 하는 법칙이다. …… 실은 이런 것에 의해서 비로소 개개의 자본이 자본 일반의 조건들 속에 자리 잡는다. 그러나 자본 그 자체의 운동에 의해서 규정되는 필요노동시간은 이리하여 비로소 정립된다. 이것이 경쟁의 기본 법칙이다. 수요, 공급, 가격(생산비용)이 그것에 이어지는 형태 규정이다. 시장가격으로서의 가격, 혹은 일반적 가격. 그것으로부터 하나의 일반적 이윤율의 정립. 시장가격에 의한 여러 가지 부문으로 자본들의 배분. 생산비용의 인하 등등. 요컨대 여기에서는 일체의 규정이 자본 일반과는 역으로 나타난다. 전에는 가격이 노동에 의해서 규정되었지만, 여기에서는 노동이 가격에 의해서 규정된다, 등등. 바로 개별 자본들의 상호작용이야말로 개별 자본들을 자본으로서 행동하지 않으면 안 되도록 만든다. 외견적으로는 독립한 개별 자본들의 작용과 개별 자본들의 무질서한 충돌이야말로 그것들의 일반적 법칙의 정립이다."(같은 책, S. 541)[14]

어떻든 "자유 경쟁은 자본이 자기 자신에 대해서 다른 한 자본에 대한 양식으로 관련하는 것(Free competition is the relation of capital to itself as another capital)"(같은 책, S. 533)이고 방법론적으로는 보편으로부터 개별로의 전개이다.

"자유 경쟁은 자본에 의거한 생산양식의 자유로운 발전이자, 자본의 조건들과, 이러한 조건들로서 조건들을 끊임없이 재생산하는 자본의 과정 간의 자유로운 발전이다. (중략) 자본에 입각한 생산이 사회적 생산력의 발전

---

14 "자본은 가격을 규정하는 것으로 나타난다. 우리는 후에 이것과는 역으로 가격이 이윤을 규정하는 것으로 나타나는 것을 볼 것이다. 또한 여기에서는 현실의 생산비용 전체가 가격을 규정하는 것으로 나타나는 데 반해 후에는 가격이 생산비용을 규정하는 것으로 나타난다. 경쟁은 자본의 내재적 법칙들을 외적 필연성으로서 자본에 강제하기 때문에 이것들의 법칙 모두를 외견상 뒤집어 놓는다. 그것들을 전도시킨다."(MEGA, II-1, S. 633)

에서 필연적인 형태, 그러므로 아주 잘 어울리는 형태인 경우에는 자본의 순수한 조건들 내부에서의 개인들의 운동은 그들의 자유로 나타나는데, 그때 이런 자유가 교의로서, 그와 같은 것으로서 보증되는 것은 자유 경쟁에 의해서 철거되는 제한들로의 부단한 반성에 의해서이다."(같은 책, S. 533-534)

여기에서부터 자본제 생산의 발전과 자유 경쟁 간의 관계에 대한 다음과 같은 역사적 견해가 가능하게 된다. 즉 자유 경쟁이 자본제 이전의 생산에 적합했던 동직조합적 규제나 정부의 관여, 관세, 보호무역이나 수출입의 금지책 등등을 걷어치워 버린다고 해도 "자본이 약한 경우에는 자본 자체가 겨우 과거의 것으로 되었던, 혹은 자본의 출현과 함께 과거의 것으로 되어 가고 있는 생산양식이라는 기둥을 탐구한다. [다음에] 자본이 자신을 강력한 것이라 느끼게 되면, 이것들의 기둥은 내버리고 그것 자신의 법칙들에 따라서 운동하게 된다. [게다가] 자본은 자기 자신을 발전의 제한으로 느끼고 그와 같이 의식하기 시작하면, 자유 경쟁을 억제함으로써 자본의 지배를 완성하는 것처럼 보이는 형태들에서 탈출구를 찾아낸다. 동시에 그런 것에 의해서 이것들의 형태는 자본의 해체, 또는 자본에 입각하는 생산양식의 해체를 알리는 고지자이기도 하다."(같은 책, S. 534)

이와 같이 마르크스는 낡은 생산양식에 의한 기둥→자유 경쟁의 전개→자유 경쟁의 억제라는 식으로 자본제 생산의 단계적 발전을 생동감 있게 파악해 왔다.

다음은 「신용」에 대해서다. 『요강』에서 「신용」은 자본 일반에 내재하는 계기로서 자본의 순환 과정에서 본 신용이다. 자본의 전 과정의 연속성은 실제로는 우연적인 것으로 나타나는데, "자본 그 자체에 의한 이런 우연성의 지양이 신용이다."(같은 책, S. 434) 또한 "노동시간과 유통시간

간의 대립은 특별히 통화의 문제 등이 거기에 개입하고 있는 한에서는, 신용론(Lehre von Credit)을 전적으로 포함하고 있다."(같은 책, S. 543)고도 할 수 있다.

더구나 개별 자본들의 경쟁이라는 면에서 본「신용」이 있다.

"개별 자본으로서의 자본들의 상호작용은 바로 자본들의 일반적 자본으로 정립이 되고 또한 개별 자본들의 외견상의 독립성과 자립적 존속의 지양이 된다. 이런 지양이 더욱이 현저하게 생기는 것은 신용에서이다. 이런 지양이 다다르는, 그러나 동시에 자본에게 적합한 형태로 있는 자본의 종극적인 정립이기도 한 궁극의 형태는 주식회사이다."(같은 책, S. 541)

"자본의 필연적 경향은 유통시간 없는 유통이며 이런 경향은 신용과 자본의 여러 가지 신용 고안품(Credit contrivances)의 기초 규정이다. 다른 한편으로 더욱이 신용은, 자본이 자신을 개별 자본들로부터 구별하여 정립하려고 할 때에 취하는 형태이기도 하다. 그러나 자본이 이런 방향에서 성취할 수 있는 최고의 결과는 한편으로는 가공 자본(fictitious Capital)이다. 다른 한편으로는 신용은 단지 집중(Concentration)의 새로운 요소로서만, 즉 집중해 가는 개별 자본들에 의해서 자본들을 절멸시켜 나가는 것의 새로운 요소로서만 나타난다(On the other hand credit merely appears as a new element of concentration, of the swallowing-up of capitals by individual centralising capitals)."(같은 책, S. 543)

이와 같이『요강』에서의「신용」규정도 역시 자본의 일반적 규정과 개별적 규정에 따라서 구별됨을 알 수 있다. 그런 의미에서 "자본이 어떻게 해서 신용의 모습으로 유통의 새로운 산물들을 창조하는가는 후에 밝혀지게 된다."(같은 곳)

6.2.5 이론적 방법과 역사

소위 「논리와 역사」의 일치 혹은 불일치의 문제도 마르크스의 이론적 방법 즉 개념적 파악의 방법, 그리고 발생적 전개의 방법에 조응해서 이해되어야 한다.

마르크스는 자신이 논리의 전개 과정에서 역사를 어떻게 취급하는지를 「서설」을 통해 명확히 밝히고 있다. 마르크스는 서설에 대략 다음과 같이 써 놓았다.

단순한 경제적 범주(예를 들면, 화폐)가 구체적인 범주(예를 들면, 자본)보다도 역사적으로 선행하는가 아닌가는 "때와 경우에 따른다." 단순한 범주가 역사적으로는 선행하여 실재하는 경우에도 "그것이 더 발달하지 않은 하나의 전체의 종속적인 관계를 표현하는 것도 있다." 그런 한에서는 "훨씬 단순한 것으로부터 복잡한 것으로 상향해 가는 추상적 사고의 진행은 현실적 역사적 과정과 조응한다."(같은 책, S. 38) 또한 단순한 범주가 역사적으로 선행해서 실재하고 있었다고 해도, 그 완전한 모습은 발전한 사회에서밖에 실재하지 않았던 경우도 있고, 반대로 더 구체적인 범주가 미발전한 사회에서 완전한 모습으로 전개한 경우도 있다. 더구나 또한 노동 일반이라는 추상적인 범주는, 그것이 모든 사회와 역사에 공통적으로 있기는 하지만, 노동의 종류가 아주 발달해 있는 부르주아사회의 이론적·현실적 운동이다. 부르주아사회는 훨씬 발달해 있는 다양한 역사적인 생산 조직이므로 그것에 대한 이해는 그 이전의 모든 사회에 관한 이해를 가능하게 한다.

경제적 범주들은 주어진 근대 부르주아사회의 개개의 측면만을 표현한다. 그러나 그 속의 지배적 모멘트가 다른 요소들을 규정하고 그것들의 위치를 결정하므로 근대사회 그 자체가 시작하는 곳으로부터 역사적으로 범주들을 나열하면 되는 것은 아니다. 이런 사회에서는 "자본이 모두를 지배하는 경제적 권력"이므로 자본이 출발점이자 종결점이기도 해야 한다.

"그러므로 경제적 범주들을 역사적으로 규정적이었던 순서대로 나열하는 것은 실행할 수 없는 일이고, 또한 잘못이다. 그 서열은 근대 부르주아사회 속에서 서로 지니고 있는 관련에 의해서 규정된다."(같은 책, S. 42)

다음으로, 본문의 구체적인 서술에 있는 예를 살펴보려고 한다.

먼저 화폐 생성론에서는 가치 척도로서의 규정, 유통수단으로서의 규정, 부의 물질적 대표로서의 규정이라는 세 가지 규정을 순서 매겨 논하고 있지만, "역사적으로 화폐가 교환수단으로서 나타나기 전에 척도로서 규정되는 일도 있을 수 있고, 척도로서 규정되기 전에 척도로 규정되는 일도 있을 수 있으며 척도로 규정되기 전에 교환수단으로 나타나는 일도 있을 수 있다. …… 또한 화폐가 앞의 양 규정에서 정립되기 전에 역사적으로 제3규정에서 나타나는 일도 있을 수 있다."(같은 책, S. 143)고 말한다.

또한 가치와 자본 간의 관계를 보면, 가치 규정의 순수한 전개는 자본제 생산을 전제로 함에도 불구하고 "이론에서 가치 개념은 자본 개념에 선행한다."(같은 책, S. 174)고 명확하게 쓰고 있다. "역사에서는 더 불완전한 가치 전개의 물질적 기초를 이루고 있는 다른 체제들이 [자본제에] 선행한다."(같은 책, S. 175), 즉 "토지 소유 관계가 교환가치의 현실적 토대로 나타난다."

그러나 "여기에서 우리가 문제로 삼는 것은 이미 생성되어 그 자신의

기초 위에서 운동하고 있는 부르주아사회인 것이다."(같은 곳)

더구나 자본 생성에서도 실제 자본의 「형성사」를 이론화하는 형식을 취하지 않고 있다.

서술 속에서 자본 개념의 발생적 전개의 결과, 자본은 스스로 자본을 낳고 서로 대립하는 자본과 임노동은 상호 산출한다는 재생산과 축적의 과정을 밝히는 곳에서, 자본은 말하자면 자신의 발로 서는 것으로서, 「생성된 자본」으로 파악된다. 거기까지의 서술에는 실제 역사는 반영되지 않고 있다. "자본이 자기 자신의 전제들을 자기 자신의 생성 과정에 의해서 만든다."(같은 책, S. 368)는 것이 밝혀지고 나서 비로소 자본의 역사적인 생성의 현실적 과정을 다룰 지점에 도달한다. 『요강』의 「자본에 선행하는 생산 형태들」에 관한 고찰은 바로 그 지점에서 이루어졌고 그 고찰에 들어가기 직전에서 다음과 같이 명기해 놓았다.

"우리의 방법은 역사적 고찰이 비집고 들어가야 할 지점들을, 바꾸어 말하면 부르주아 경제가 …… 그것 이전의 역사적인 생산양식들을 지시하기에 이르는 지점들을 보여 준다. 따라서 부르주아 경제의 법칙들을 전개하기 위해 생산관계들의 현실 역사를 기술할 필요는 없다."(같은 책, S. 369)

그러나 현실의 관계들을 정확하게 파악하는 일로, 그것의 과거를 지시하는 그러한 「방정식」 혹은 "과거를 이해하기 위한 열쇠"(같은 곳)에 도달하는 일도 또한 확실하다. 그리고 "선행하는 형태들"에 관한 서술(같은 책, S. 367-415)에서 취급하는 "역사적 전제조건"의 기본은 자본과 임노동 간의 관계에서 "일면에서는 살아 있는 노동의, 이런 관계[자본-임노동 관계] 보다도 낮은 차원의 형태의 해체, 다른 면에서는 살아 있는 노동의, 이런 관계보다도 혜택 받은 관계들의 해체"라는 "양면적 성격"(같은 책, S. 372)

을 보여 주는 데 두고 있다.[15]

가치와 자본 간의 논리적 및 역사적 관계에 대해서는 『요강』의 최종 항목에서 다음과 같이 쓰고 있는 점을 주목해야 할 것이다.

"서술이 진행되는 와중에 밝혀지게 되었던 점은 하나의 추상으로 나타나는 가치는, 화폐가 정립되고 있는 경우에만, 그와 같은 추상으로서 있을 수 있다는 점이다. 다른 한편으로 화폐 유통은 자본에 다다르고, 그렇기에 그것은 자본의 기초 위에서만 완전히 전개될 수 있는데, 이는 원래 자본의 기초 위에서만 유통이 생산의 모든 계기를 파악할 수 있기 때문이다. 따라서 바로 [서술의] 전개 속에서 자본과 같은 형태들의 …… 역사적 성격이 밝혀질 뿐만 아니라, 가치와 같이 순수하게 추상적인 것으로 나타나는 규정들이 자기의 역사적 기초, 즉 거기서부터 이것들의 규정들이 추상되고 따라서 이를 바탕으로 해서만 이것들의 규정들이 이와 같은 추상의 모습으로 나타날 수 있다는 역사적 기초를 보여 준다……. (중략) 가치라는 개념이 완전히 최근대의 경제학에 속하는 것은 이 개념이 자본 그 자체와 자본에 입각하는 생산의 가장 추상적인 표현이기 때문이다. 가치 개념에서 자본의 비밀이 누설되고 있다."(같은 책, S. 646)

15 「자본주의적 생산에 선행하는 형태들」(中村哲), 『マルクス·カテゴリー 事典(마르크스 카테고리 사전)』(1998)을 참조할 것. 거기에서는 「형태들」에서 「본원적 소유」가 「자본 일반」의 논리 차원에 대응하는 추상적 개념이라는 것을 강조한다.

제7장
물상화·모순·인간 발달
—「1857~58년 초고」 연구 2—

자본의 일반적 개념에 의거한 생산의 총체성을 파악하는 것은 「생산관계의 물상화」 「생산의 모순들」 및 「인간 발달의 가능성」이라는 세 가지 이론 내용의 통일적 전개를 가능하게 한다. 제7장에서는 이런 점을 『경제학 비판 요강』의 서술에 맞추어 밝히고자 한다.

7.1 물상화

7.1.1 경제적 형태 규정과 소재적 규정

『요강』은 자본 일반에 고유한 형태 규정들의 총체를 자본 개념으로부터 발생적으로 전개한 것이다. 여기에서 「형태」 규정이란 예를 들면 자본을 자본이게 하는 그런 규정이라는 의미이고, 이것과 「대(對)」를 이루는 용어는 「소재」「실체」「내용」 등이다.

예를 들면, "자본을 자본이게 하는 형태 규정—따라서 대자적으로 존재하는 사회관계—"(같은 책, S. 222)라고 할 때, "자본은 새로운 노동이나 생산을 위해서 이용되는 축적된 노동이다."(같은 책, S. 179)라고 하는 고전파 경제학의 정의에서는 자본의 단순한 물질적 기체(基體) 내지 소재만이 고찰되고 자본에게 고유한 형태 규정이 시야에서 벗어나 있다.

똑같이 자본과 교환된 노동이 노동 용구나 재료와 결합하고 생산물을 산출한다고 하는 면을 파악하는 한에서 자본은 "단순한 생산과정"(같은 책, S. 222)으로 파악되고 그것은 자본의 여러 가지 「실체」를 추려 내기는 하지만, 「자본의 자본으로서의 규정[=자기의 가치를 재생산하고 증가시키는 것으로서의 자본]이 소멸해 간다.」(같은 책, S. 222)

『요강』에서 「자본 일반」의 소재적 측면은 「단순한 생산과정」이고 그것의 형태 규정성이라는 측면에서는 「자기 증식 과정」이다. 자본의 생산과정은 이런 소재면과 형태면 양면의 통일이다.

"자본은 소재적 조건들로 보면, 즉 그것의 물질적 현존재에서 보면 이 과정의 조건들의 총체로서 나타나고 또한 그 과정에 조응하여 노동 재료, 노동수단, 및 살아 있는 노동이라는, 질적으로 다른 특정한 부분들로 구분된다. (중략) 이런 노동과정을 자본은 자기 것으로 삼는다. 그렇지만 이러한 소재적 측면—즉 사용가치 및 물질적(real) 과정으로서의 자본 규정—은 자본의 형태 규정과는 전혀 동떨어진 것이었다."(같은 책, S. 570)

자본의 소재적 규정에 관한 고찰은 분명 「추상의 소산」이며, 이런 한에서는 "어떤 사회 상태에서도 동등하게 진실이다." 그러나 "자본을 인간 산물의 특수하게 발전한 역사적 단계의 계기이게 하는 특수한 규정들을 사상"해 버려서는 안 된다. 자본이 새로운 생산의 수단으로서 쓸모 있는 대상화된 노동이라는 소재적 규정(측면)을 지닌다고 해도 대상화된 노동의 모두가 자본이 아니기 때문에 중요한 것은 자본을 자본이게 하는 특유한 규정을 파악하는 일이다.

그러나 곧 뒤에서 보겠지만, 경제적 형태 규정의 전개와 함께 그 소재적 규정 또한 더 구체적인 것으로 전개해 간다. "단순한 소재적 측면으로부터 자본을 구별짓는 것은 자본의 형태 그 자체 속에 받아들여지고 자본을 분화시키는 것으로서 나타나게 된다."(같은 책, S. 579)고 말하는 까닭이다. 형태 규정들과 소재 규정들은 서로 관련하면서 전개되는데, 이런 경우에도 양자를 혼동해서는 안 된다.[16]

예를 들면, 노동수단은 고정자본이라는 형태 규정을 받아들이는 것에 의해서 기계 장치, 더 나아가 그것의 가장 완성된, 가장 타당한 형태로서의 자동화 체계로 전화한다. 이런 자동화 체계가 고정자본(이라는 경제적 형태)에 적합한 존재가 된다. 살아 있는 노동은 이런 기계 체계의 부속물이 되어 포섭되어 갈 것이다. 노동의 통일성이나 지식이나 숙련도 고정자본의 속성으로 나타난다. 자본의 소재적 측면과 형태적 측면의 양면성 및 양자의 관계가 여기에 전형적으로 나타나고 있다고 말할 수 있다.

"고정자본에서는 노동의 사회적 생산력—과학력도, 생산과정의 내부

---

16 마르크스의 「경제적 형태 규정(성)」에 대해서는 구루마 사메조(久留間鮫造) 편, 『マルクス經濟學レキシコン 3 方法 II(마르크스 경제학 렉시콘 3 방법 II)』(1969)가 유익하다. 필자는 이것에 입각해서 「소재-물상-관계의 3항 관계: 소재와 경제적 형태 규정에 관한 마르크스의 여섯 가지 명제」를 정립했다(제9장 참고).

에서 사회적인 힘들의 결합도, 최후에 직접적 노동으로부터 기계 결국 죽은 생산력으로 옮겨진 숙련도—이 자본에 내속하는 속성으로서 정립된다. 이것에 대해 유동자본에서는 노동들의 교환, 여러 가지 노동 부문의 교환, 그것들의 서로 뒤얽힘과 체계 형성, 생산적 노동의 공존이 자본의 속성으로서 나타난다."(같은 책, S. 592)

그러므로 "자본이 일면 생산력들—이 속에는 과학도 포함된다—의 일정한 주어진 역사적 발전을 전제하지만, 다른 면에서는 생산력들의 발전을 추진하고 강제한다는 것을 볼 수 있다." 그 "기계 장치가 자본임을 그만두었더라도, 그것의 사용가치를 잃었다는 것을 의미하지는 않는다. 기계 장치가 고정자본의 사용가치의 가장 타당한 형태라고 하는 것으로부터 자본이라는 사회 관계 속으로의 포섭이 기계 장치의 충용을 위한 가장 적당한 또한 최량의 사회적 생산관계라는 결론은 결코 나오지 않는다."(같은 책, S. 574)

그런데 마르크스는 앞서 서술했던 바와 같이 형태 규정을 사상해 버려서는 안 된다고 기술한 직후에 고전파경제학의 이러한 과학의 정의는 "자본이 물상(Sache)으로 파악되고 관계로서 파악되고 있지 않다."(같은 책, S. 180)는 흥미진진한 비판을 써넣고 있다.

자본이라는 물상에 사로잡히게 된 견해는 자본의 소재적 측면에만 눈을 돌리고 그 고유한 형태 규정을 사상해 버리지만 그것은 어떤 것(경제적 사실)의 고유한 형태 규정을 사상할 뿐만 아니라 동시에 그 배후에 있는 생산관계도 파악하지 못한다.

7.1.2 생산관계의 물상화와 물신성

자본은 단순한 사물이 아니다. “자본이 대출된다.”거나 “축적된다.”거나 하는 표현을 하면 분명, “자본은 단순한 물상인 것처럼 보일 수 있고, 자본이 숙영하고 있는 물질[화폐?]과 완전히 합치하고 있는 것처럼 보일 수 있다.” 그러나 자본은 “분명히 하나의 관계이고, 게다가 하나의 생산관계일 수밖에 없다.”(같은 책, S. 415) “자본은 관계이고 게다가 살아 있는 노동에 대한 관계이다.”(같은 책, S. 558) 가치도 화폐도 또한 물상인데, 자본은 이것들의 물상과도 구별되는 사회관계이다.

여기에서 말하는 관계란 개인들의 특정한 사회관계를 말한다. “사회는 개인들로 이루어져 있는 것이 아니라, 이들 개인들이 서로 맺고 있는 연관들, 관계들의 총화를 표현하고 있다.”(같은 책, S. 188) 결국 이런 부르주아사회에서 개인들의 특유한 사회관계인 생산관계가 화폐나 자본이라는 물상으로 표현된다. 이것을 물상화(die Versachlichung)라고 한다. 물상(Sache)을 강조하는 것이 물상화론은 아니다. 중요한 것은 무엇이 물상화하는지를 이해하는 일이다.

물상화의 의미를 정확하게 이해하기 위해서 『요강』의 화폐 생성론을 다시 새롭게 다루어 보겠다.

상품의 가치는 상품들의 교환 비율, 상품의 사회적 관계, 상품의 경제적 질이고, 양적으로 규정된 교환 가능성이며, 그 상품에 실현 또 물질화되어 있는 노동시간(량)과 같다. 그러나 “상품은 가치로서는 화폐이다.”(같은 책, S.76) 특수한 상품들과 나란히 가치로서의 교환가치 혹은 두 가지 상품에게는 제3자로서 화폐가 있다. 이 제3의 사물은 “상품으로서의 상품의 상징, 상품의 교환가치 그 자체의 상징이다." 그것은 "노동시간 그 자체를 대표한다." 화폐라는 상징은 "일반적 승인을 상정했던 하나의 사회적 상징일 수밖에 없다. 그것은 하나의 사회적 관계만을 표현한다."(같은 책, S. 79)

근대사회의 "상호 무관심한 개인들의 상호적이고 전면적인 의존성이 그들의 사회적 관계를 형성한다. 이런 사회적 연관이 교환가치라는 형태로 표현되고 있다." 따라서 "각각의 개인에게 그 자신의 활동 또는 그 생산물은 교환가치라는 모습으로 처음으로 각 개인을 위한 활동 또는 생산물이 된다."(같은 책, S. 90)

물상 및 물상「화」란 무엇인가? 무엇이 무엇으로 전화하고 있는가? 상당히 명확하다. 다음의 문장에는 그것이 집약적으로 표현되어 있다. "활동의 사회적 성격은 …… 개인들과 대립하여 소원한 것, 물상적인 것으로서 나타난다. (중략) 교환가치에서는 인격과 인격 간의 사회적 관련이 물상과 물상 간의 하나의 사회적 관계 행위로 전화되며, 인격적인 역능은 물상적인 역능으로 전화되고 있다." "개인들은 사회적인 힘을 하나의 물상이라는 형태로 지니고 있다."(같은 책, S. 90)

"화폐는 …… 직접적으로 실재적인 협동체(das reale Gemeinwesen)이면서 동시에 모든 사람의 사회적인 생산물(das gemeinschaftliche Product)이기도 하다. 그러나 화폐의 경우에 협동체는 개개인에게는 단순한 추상, 단순한 외적인, 우연적인 물상에 불과하고, 그와 동시에 협동체는 고립된 한 명의 개인으로서의 그의 만족을 위한, 단순한 수단에 지나지 않는다(at the same-time only a means for his satisfaction as an isolated individual)."(같은 책, S. 150)

"화폐를 화폐로서의 그 완전한 규정성에서 파악하는 것을 특히 곤란하게 하는 것은, 하나의 사회적 관계, 결국 개인들 상호 간의 하나의 규정된 관련이, 여기에서는 …… 그들의 외부에 있는 순수하게 물체적인 물상으로서 나타나고 있다는 데에 있다."(같은 책, S. 161)

이와 같이 물상은 교환가치, 그리고 화폐 그 자체이다. "물상이란 분명히 인격들 상호 관계가 물상화한 것으로서의 물상에 지나지 않으며, 교환가치란 인격들의 생산적 활동의 상호 연관에 지나지 않는다."(같은 책, S. 93) 「사회적 연관의 물상화」(같은 곳)나 「인격으로부터 물상의 사회적 성격이 지닌 독립성」(같은 곳)이라는 요점을 떠나서 물상화를 논해서는 안 된다.

물상(화)와 소외의 관련에 대해서는 "개인들은 그들 자신의 사회적 연관을 대상으로 자기로부터 소외해 버리고 있으므로 화폐가 사회적 성질을 지닐 수 있다."(같은 책, S. 93)고 말한다. 결국 근대적 개인으로부터 자신의 사회적 연관이 소외되고, 이 소외된 사회적 연관이 물상적 관계로 전화한다. 개인들 상호 간의 사회적 연관은 개인들 속에 있는 개인들로부터 자립한 힘으로 나타난다. 이를 마르크스는 "출발점이 자유로운 사회적 개인이 아니라고 하는, 그런 사실의 필연적 결과(a necessary result of the fact that the starting point is not a the free social individual)이다."(같은 책, S. 126)라고 기술한다.

『요강』이 자본제 생산의 총체를 개념적으로 파악하기 위해서 근대적 「자유로운」 사회적 개인을 출발점으로 삼았던 것에서 본다면, 물상화는 완전히 역전된 사태를 의미한다. 즉 자본의 지배라는 기초 위에서의 "개인적 자유는 일체의 개인적 자유의 아주 완전한 지양이다." 그것은 "물상적 여러 힘의 형태, 압도적인 힘을 지닌 물상들—서로 연관해 있는 개인들 자신으로부터 독립한 물상들—이라는 형태를 취하는 사회적 조건들 아래로 개인이 완전하게 굴종하는 것이다."(같은 책, S. 537)

여기에서 확인해 두겠다. 『요강』의 출발점이었던 사회적 개인은 상품·화폐 관계, 게다가 자본·임노동 관계에서 그 개인적 자유가 부정된다. "근대 세계에서 인격적 관계들은 생산 및 교환관계들의 순수한 귀결로 나타난다."(같은 책, S. 97)

그러면 물상화와 물신성은 어떤 관계가 되는가?

마르크스는 「고정자본과 유동자본」을 취급한 곳에서 다음과 같이 기술해 놓았다.

"경제학자들의 조잡한 유물론은 인간의 사회적 생산관계들과 이 관계들 아래에 포섭된 것으로서의 물상들이 받아들이는 규정들을 사물들의 자연적인 속성들로 간주하는 데에 있다. 이러한 유물론은 똑같은 정도로 조잡한 관념론, 혹은 그래 봤자 물신숭배이며, 이것은 사회적 관계들을 사물들에 내재하는 규정들로서 사물들에게 귀속시키고 그렇게 해서 그것들을 신비화한다."(같은 책, S. 567)

이와 같이 경제적 형태 규정들을 「사물(Ding)」의 있는 그대로의 속성과 혼돈하는 것이 물신성인 데에 반해, 「물상(Sache)」은 경제적 관계들에 의해서 규정되는 사회적 성질을 이미 지니고 있는 사물을 가리킨다. 따라서 물상(화)에서 주체는 인간의 사회적 관계들이며, 인간의 사회관계가 물상의 관계로 전화하는 것을 물상화라고 한 데 반해, 그런 물상을 단순한 사물과 혼돈하고 있는 사람들의 의식 속에서 「물신성」이 성립한다. 따라서 과학적 인식은 물상화라는 사태의 해명을 통해 물신성(이라는 착오 인식)을 타파한다.

7.1.3 물상과 인격의 관련에서 본 사회 발전의 세 단계

물상과 인격의 관련으로 보는 경우, 사회 발전은 세 단계로 구분된다. 이것이 소위 마르크스의 사회 「진화」론이다.(같은 책, S. 90)

마르크스에 의하면, 「인격적 의존관계」는 인류 최초의 사회 형태(제1형태)이고, 가부장적 관계, 고대공동체, 봉건제도, 길드제도라는 공동체(Gemeinwesen)을 의미한다. 공동체는 생산성이라는 점에서는 좁은 범위에 그치며, 「인격 위에 서는 인격」 결국 인격적 지배 예속 관계, "개인들 상호 간의 상위 하위의 위계적 질서"(같은 책, S. 91)를 포함한다.[17]

제2의 사회형태는 물상적 의존성 위에 구축된 인격적 독립성이다. 여기에 일반적 사회적 물질대사, 보편적 관련, 전면적 욕구들, 보편적 능력 등의 체계가 성립하는데, 다른 한편 생산자 상호 간의 전면적 의존성과 사적 이해의 완전한 고립성(Isol(e)rung), 사회적 관련이 개인들로부터 독립한 자연 관계로서 존재한다는 소외가 전개된다. 그래도 제2단계는 제3단계의 조건을 만들어 낸다. 소외의 전개가 개인 발달을 위한 조건인 것이다.(같은 책, S. 94)

이 개인들의 보편적 발달 위에 세워지고, 공동적, 사회적 생산성을 개인들의 사회적 능력으로서 예속하는 일 위에 세워진 자유로운 개체성, 이것이 제3단계이다. 여기에는 "생산수단의 공동적인 영유와 통제의 기초 위

---

17 물상적 관계와 인격적 관계 사이의 관계에 대해서 "봉건시대에는 순수하게 인격적 관계가 있었다."고 말하는 것은 「환상」이라고도 썼다. 그것은 어떤 범위에서는 물상적 관계(토지 소유 등)를 취했고, 물상적 관계 자체가 좁은, 자연적으로 규정된 성격에서 인격적인 것으로서 현상했다. 이에 반해 근대 세계에서는 인격적 관계는 물상적 관계(생산 및 교환관계)의 순수한 귀결로 나타난다.(MEGA, II-1, S. 97)

에 협동 결합하고 있는 개인들의 자유로운 교환”(같은 책, S. 92)이 있다. 그 요점은 개인들이 제2단계에서는 소원하고 자립해 있었던 그들의 사회적 연관을 자신들의 통제 아래에 두게 되었다는 데에 있다[이것은 후에 『자본론』 제1부에서 「자유로운 개인들의 연합체」라고 일컬어지게 된다].

이어서 제2의 물상적 의존관계 위에 있는 개인의 자립성과 이와 관련된 이념의 지배에 대해서 마르크스는 다음과 같이 기술한다.

발전한 화폐 관계에서는 인격적 의존의 유대(핏줄이나 교양 혹은 다른 개인에 의한 개인의 제한성, 군주와 가신, 영주와 농노 등)는 찢어진다. 그러나 물상적 의존관계에서 「독립된 개인들」이란 본래 하나의 환상에 불과하고, 정확히는 무관심성(상호 무심하다는 뜻)이고, 이런 독립된 개인들이 자유로이 서로 만나고 교환하고 있는 듯이 보인다. 그 실제는 물상적 의존관계가 개인과 대립하고, 자립화된 연관으로 개인을 제한한다. 그런 의미에서 제2단계에서 개인은 제한된 개인이다. 제한된 개인 위에 서는 주인인 물질적 관계의 이론적 표현은 여러 가지 추상 혹은 이념에 지나지 않는다. 그런데 “철학자들은 이념에 의해 개인들이 지배당하는 상태를 근대의 독자성으로서 파악하고, 이러한 이념 지배의 붕괴를 가지고 자유로운 개체성의 창조와 동일시하여 왔다.”(같은 책, S. 96) 마르크스는 그것이 이념, 즉 물상적 관계의 영원성에 대한 신앙이 지배계급들에 의해서 모든 방법으로 고착되고 육성되며, 철저히 주입하여 가르치기 때문이라고 말한다.

7.2 모순

『요강』에서 자본 개념의 전개를 축으로 했던 경제적 규정들의 전개는 자본제 생산관계에 내재하는 모순들의 이론적 전개를 동시에 가능하게 했다. 7.1에서 살펴보았던 생산관계의 물상화론을 모순론과 분리해서 이해하는 것은 마르크스의 물상화론과는 다른 것이다.

『요강』에서 전개되었던 자본제 생산 총체의 모순들은 (1) 상품·화폐 관계의 모순, (2) 필요노동과 잉여노동의 모순, (3) 가치 증식과 가치 실현의 모순, (4) 자본 아래에서 결합노동의 모순, (5) 자본의 자기 해체적 모순으로 정리할 수 있다. 이번에는 이것을 순서대로 다루고자 한다.

7.2.1 상품·화폐 관계의 모순

상품과 나란히 화폐가 존재하는 관계 자체는 일정한 모순들을 내포하고 있다.

첫째로 "이중의 다른 존재는 구별로, 구별은 대립과 모순으로 진행될 수밖에 없다. …… 상품의 특수 자연적 성질들[사용가치]과, 그 일반적 사회적 성질들[가치] 사이의 이 모순은 이 상품들이 두 가지 별개의 것으로 되어버린 존재 형태[상품과 화폐]가 서로 전환할 수 없다는 가능성을 처음부터 내포한다."(같은 책, S. 81) 이리하여 상품의 화폐와의 교환 필연성은 외적인 조건에 의존한다. 따라서 그것은 우연적이다.

둘째로 교환 행위는 구매와 판매로 분열된다. 양자는 공간·시간적으로 분리된 무관심한 존재이기 때문에 양자의 조응과 부조응, 일치와 불일치,

균등과 불균등, 부단한 균등화와 불균등화를 피할 수 없다. "협화음은 다만 극단적인 불협화음이 울려퍼지는 것을 통하지 않고는 입수될 수 없다."(같은 책, S. 82) 본질적으로 일체를 이루고 있는 것의 폭력적인 분리와 일체화의 실증은 공황의 가능성을 의미한다. 이것은 세의 법칙에 대한 마르크스의 비판이기도 하다.[18]

셋째로 더욱이 또 하나의 새로운 관계가 나타난다. 교환의 전 운동이 교환자나 생산자들로부터도 분리되고, 소비를 위한 교환으로부터 「교환을 위한 교환」이 분리되는 것이다. 자립한 상인(업)의 운동과 기능이 그것이다. 이것은 교환가치 취득을 목적으로 하는 운동인데, 이것에 의해 "새로운 불균형이 생긴다." 상인들 내부에서의 교환과 최종 소비자와 상인 사이의 교환이 분리됨에 따른 "상업 공황의 가능성"이 그것이다. 상품의 생산과 소비 사이에 상업이 끼어들면서 "수급 관계는 완전히 전도된다."(같은 책, S. 83)

넷째, 화폐는 그 자체로 특수한 상품으로서 다른 상품과 교환되어야 하는데, 그것은 자기 자신의 부정이 된다. 「부의 대표로서의 화폐」라는 제3의 「완성된 규정에서 화폐」는 "자기 자신을 해소하는, 결국 화폐 그 자신을 해소시키는 하나의 모순으로서 나타난다."(같은 책, S. 157) 즉 화폐는 부의 대표적 형태로서는 유통으로부터 자립해서 있어야 하지만, 다른 한편으로 유통 속으로 던져 들어가서야 비로소 실증된다.

"화폐제도와 화폐제도 아래에 일어나는 생산물 교환 간의 모든 모순은

---

18 "이미 매개자로서의 화폐의 규정 속에, 교환의 두 가지 행위로의 분열 속에 공황의 맹아가, 적어도 그 가능성이 존재한다."(MEGA, II-1, S. 127)
"구매와 판매가 본질적으로 다른 행위로 자기를 주장하는 순간에 모든 상품의 일반적 감가가 생긴다."(같은 책, S. 129)

교환가치로서 생산물의 관계들의 발전이고, 교환가치 혹은 가치 그 자체로서의 생산물 규정의 발전이다."(같은 책, S. 86)

7.2.2 필요노동과 잉여노동 간의 모순

상품·화폐 관계의 모순이 지닌 성질은 총체적으로 보면, "서로 합하여 일체를 이룬 것의 내적 필연성과도 관계없이 그것이 상호 무관심한 자립적 존재가 되어 있다."는 것이다. "이것이 모순들의 기초이다."(같은 책, S. 326)

이에 대해 자본제 생산에서는 "노동과 자본의 적대적 본성", "이윤과 임금의 대립적인 성격"(같은 책, S. 486)이 지적된다. "두 계급의 투쟁"은 "노동자계급이 발전해 나가면서 함께 필연적으로 도래한다." 그 투쟁에서는 임금과 이윤, 따라서 필요노동과 잉여노동 사이의 "비율로서 표현되는 상호 간의 격차를 측정하는 일이 결정적으로 중요하게 된다."(같은 책, S. 487) 그러나 이것은 자본의 모순 그 자체는 아니다. 왜냐하면 단순한 대립과 모순은 다르기 때문이다. 임금과 이윤은 대립하고 있다 해도 서로를 부정하는 관계에 있지는 않다. 서로 부정하고 서로 용납할 수 없는 것들이 서로서로 양립하지 않을 수 없는 데에 모순이 있다("비양립의 양립"). 따라서 "생산과 가치 증식 사이의 모순은 과정의 개개의 계기들의 자립성이나 무관심성 이상으로 훨씬 내재적으로 파악되어야 한다."(같은 책, S. 326)

그래서 마르크스는 자본에 고유한 모순을 파악하는 것을 다음과 같이 말한다. "무엇보다도 먼저 자본에 의거한 생산에 고유한 제한이 있다. …… 자본이 생산을 특수한 제한을 포함한다는 것을 증명하기만 하면, 과잉생산의 기초를, 발전한 자본의 근본 모순을 폭로하기에 충분하고, 자본이

대체로 생산력들의 발전을 위한 절대적 형태가 아니라는 것을 폭로하기에 충분하다."(같은 책, S. 327)

또한 자본의 제한과 이러한 부정이라는 모순을「생생한 모순」이라고도 표현한다. 즉 자본은 잉여가치를 실현하는 한에서 필요노동을 정립한다. 자본은 노동과 가치 창조에 대한 제한을 정립하지만, 이 제한은 제한 없는 노동과 가치 창조의 확대라는 자본의 경향과 모순된다. "자본은 자신에게 특유한 제한을 정립하면서 동시에 다른 한편으로 어떠한 제한도 뛰어넘어 돌진하기 때문에, 살아 있는 모순이다."(같은 책, S. 334)

이와 같이 자본에게 고유한 모순은 자본의 본성에 있는「보편적 경향」과「특수한 제한」사이의 살아 있는 모순으로 파악되고 있다. 여기에서 다루어지는 자본에 고유한 내재적 한계는 자본의 본성과 본질적인 개념 규정과 일치하는 것이다. 그것은 다음 네 가지 점이다.(같은 책, S. 327)

(1) 살아 있는 노동능력의 교환가치, 즉 산업인구 임금의 한계로서의 필요노동.

(2) 잉여노동시간의 한계, 생산력 발달의 한계로서의 잉여가치.

(3) 화폐로의 전화, 생산의 한계로서 교환가치 일반.

(4) 교환가치에 의한 사용가치 생산의 제한.

여기에서는 (1)과 (2)를 다루겠다.

자본에게는 생산력 증대를 통해 필요노동을 가능한 한 제한하고, 축소시키는 경향이 있다. 이런 점은 "필요노동의 정립과 함께 비정립", "필요노동이 존재함과 동시에 존재하지 않는다."는 논리 모순의 형식으로도 표현된다.(같은 책, S. 308) 필요노동의 감소는 고용 기회의 감소이므로 이것은 과잉인구 형성으로 이어진다.[19]

원래 필요노동의 감소는 인간에게는 노동으로부터 해방된 「자유시간」의 창조이다. 그러나 자본은 그것을 잉여노동으로 전화하고, "개인의 전 시간을 노동시간으로 정립한다."(같은 책, S. 584) 직접적 생산과정에서 잉여노동의 "질적 한계는 노동일과, 동시적 노동일의 수 등을 표시하는 인구"(같은 책, S. 285)이므로 생산력이 어떤 주어진 단계에 있을 때에는 일(日)노동시간을 증대시키고 노동인구를 증가시키는 경향이 작동한다. 이리하여 잉여[=과잉] 인구 창출과 노동인구의 증가라는 상반되는 두 가지 경향(같은 책, S. 305)이 작용하고 그 결과 현역 집단의 과잉 노동과 실업자의 증대가 동시에 나타난다. "잉여노동의 발전과 잉여인구의 발전이 대응한다."(같은 책, S. 492) "근대 인구 이론을 이해할 필요까지도 없이 표명했던 모든 모순이 여기에 있다."(같은 책, S. 308) 생산력 증대 과정은 "상대적인 노동인구의 감소"이기는 하지만, 생산력의 일정한 과정은 "노동인구의 증가이다. 어떠한 경향도 자본의 필연적인 경향이다. 이것들의 모순하는 경향의 통일, 그런 까닭에 살아 있는 모순"(같은 책, S. 645)이라고 마르크스는 기술한다.[20]

---

19 졸고 「항쟁적 교환과 가변자본 절약의 논리」(『立命館經濟』 제43권 제1호, 1994년 4월)에서는 이것을 「가변자본 절약의 법칙」이라고 불렀다.

20 "자본의 경향은 절대적 잉여가치를 상대적 잉여가치와 결합하는 것이다. 즉 노동일의 최대 연장을 동시적 노동일의 최대 수와 결합함과 동시에, 한편으로는 필요노동시간을 최소한으로 축소시키는 일, 다른 한편으로는 필요 노동자 수를 최소한으로 감소시키는 일과 결합하는 것이다. 이런 모순되는 요구는, 그것이 전개됨에 따라 과잉생산, 과잉인구 등과 같은 여러 가지 형태로 모습을 표현하게 되지만, 그것은 또한 모순되는 규정들이 시간적으로 서

"자본은 그 자신이, 다음과 같은 모순이다. 즉 그것은 필요노동시간을 끊임없이 지양하려고 노력 …… 하지만, 그러나 잉여노동시간은 대립적으로밖에, 결국 필요노동시간과 대립하는 형태로밖에 존재하지 않으며, 따라서 자본은 필요노동시간을 자기의 재생산·가치 증식의 조건에서 필요불가결한 것으로서 정립한다는 모순이다. 물질적 생산력들의 발전—이것은 동시에 노동자계급의 힘들의 발전이다—은 그것이 어느 지점까지 발달하면, 자본 그 자체를 지양한다."(같은 책, S. 441)

7.2.3 가치 증식과 가치 실현 간의 모순

다음, 앞의 (3)과 (4)의 자본의 한계 및 거기에서 생기는 모순을 다루겠다. 이 모순은 가치 증식 과정이 동시에 「가치 상실(Entwertung) 과정」이라는 것, 즉 "생산력 증가에 의해서 생산비용이 부단히 감소한다."(같은 책, S. 315 이하)고 하는 것과 결합해 있다.

자본의 생산물로서의 상품이 화폐로 전화해야 하는 제3의 과정에서 가치를 상실할 가능성은 "가치 실현되어야 할 것"이 생산물이라는 "가치가 아닌" 것으로 이행했다고 하는 데에 있다. 자본은 생산자로서 소비자(다른 교환자)를 상대하고 유통에 의존할 수밖에 없다. 상품으로서의 자본의 특질은 ① 사용가치로서 욕구 혹은 소비의 대상이 되는 것과 ② 자신의 등가물과의 교환의 필연성에 있다.(같은 책, S. 316) 따라서 자본에게 제한은 ① 소비 그 자체 혹은 소비 능력(특정한 소비자 수와 지불 능력이 있는 욕구)의 크기와 ② 등가물(화폐)의 존재에서 찾을 수 있다.

로 어울려 들어가는 과정이라는 형태로 느낄 수 있다."(MEGA, II-1, S. 641)

"이상은 소박하고 객관적이며 치우침이 없는 견해에서 스스로 드러나는 모순들이다. (중략) 중요한 것은 우선 이 모순들의 존재를 확인하는 일이다. 유통의 모든 모순이 [여기에서] 새로운 형태로 부활하고 있다."(같은 책, S. 319)

즉 마르크스에 의하면, 사용가치와 가치의 모순은 총욕구(소비)에 의한 사용가치의 제한으로 나타난다. 또 화폐의 모순은 대상화된 노동의 분량, 타인의 생산에서 가치의 한도를 찾아낸다고 하는 식으로 "훨씬 더 확대되어 나타나고 있다."(같은 책, S. 319)[21]

다음으로, 자본은 잉여노동을 필요노동의 조건으로 삼는 한편, 노동자의 소비를 노동능력의 재생산에 필요한 것으로 제한하고, 잉여노동에 대한 이러한 필요노동의 비율을 최소한으로 축소하려고 한다. 이것도 자본에게는 본질적인 것이다. 이것은 교환 권역의 새로운 제한이고 무제한의 가치 증식과 가치 실현이 지닌 제한 사이의 모순이다.(같은 책, S. 334)

또한 "교환의 물리적 조건"이라고 할 교통수단과 운송수단이 생산에서 중요하지만, "자본은 그 본성상 어떠한 공간적 제한도 뛰어넘어 돌진한다. …… 시간에 의한 공간의 부정이 필요하게 된다."(같은 책, S. 424)

더구나 유통과정을 통과하는 시간도 또한 자본의 제한이다. "유통시간 그 자체는 자본의 생산력에서는 하나의 제한이며, 이 제한은 교환가치라고 하는 자본의 본성으로부터 생긴다. 여기에서는 유통의 여러 가지 국면을 통과하는 일이 생산의 제한으로, 자본 그 자체의 특유한 본성에 의해서 정립되는 제한으로 나타난다. 유통시간의—유통과정의—가속이나 단축에 의해서 생겨날 수 있는 일체의 것이 자본의 본성에 의해서 정립되는 이 제

21 수급과 가격 간의 관계를 본격적으로 전개하는 데에는 자본을 전제한다.(MEGA, II-1, S. 320)

한을 약하게 한다."(같은 책, S. 442)

"유통시간을 제로라고 가정하자. 자기 자신을 지양하려고 노력하는 것은 자본의 필연적인 경향이다."(같은 책, S. 515) "유통시간의 지양이 가치 증식의 최대한이고 유통시간의 부정이 자본 생산성의 최고 상태이다."(같은 곳)

이와 같은 자본의 모순으로부터 자본에 의한 유통 권역의 부단한 확대와 모든 것을 자본에 의한 생산으로 변형하는 경향이 생긴다. 말하자면 절대적 잉여가치의 창조는 그것과 교환되어야 할 잉여가치의 창조를 필요로 한다. 그러므로 유통은 주어진 크기가 아니라 생산에 의해서 확대해 가는 크기로 나타난다. 잉여노동은 자본에 의거한 생산 혹은 자본에 조응하는 생산양식을 보급시키는 경향을 지닌다. 세계시장을 만들어 내려고 하는 경향은 자본 그 자체의 개념 속에 주어져 있다.(같은 책, S. 320)

또한 상대적 잉여가치 생산을 위해서 생산력을 극한까지 높이는 경향과 필요노동시간, 즉 노동자의 교환(소비) 능력의 감소 사이의 모순이 있다. 생산물의 양은 증대하지만, 이러한 가치 실현의 곤란도 증대한다.

신용제도도 유통의 제한과 교환가치의 제한을 넓혀 나가고 뛰어넘으려는 필연성에 의거한다고 되어 있다. 또한 외국 무역도 교환 권역의 제한을 넓혀 가고 자본가가 더 많은 잉여노동을 소비할 수 있는 것으로 파악된다.

자본에게는 모든 곳에서의 "균형화의 필연성 자체가 불균등, 부조화, 따라서 모순을 전제한다." "자본은 잉여노동, 과잉 생산성, 과잉소비를 찾아 나서므로 균형을 뛰어넘는 것도 필연적인 경향"(같은 책, S. 325)이다.

이와 같이 "자본은 부의 생산 그 자체를, 따라서 또한 생산력들의 보편적 발전을, 자기 현존의 전제들의 끊임없는 변혁을, 자기 재생산의 전제로서 정립한다. …… 마찬가지로 자본에게는 사회적 생산력들, 교역, 지식 등등의 어떤 발전 정도도 단지 제한으로만 나타나며, 자본은 그것을 극복하는 데 힘을 쏟는다."(같은 책, S. 439)

그리고 이러한 사태들로부터 밝혀지는 "자본의 제한이란 [생산력 등등의] 발전 전체가 대립적으로 이루어지고 있다는 점, 그리고 생산력들, 일반적 부 등등, 지식 등등을 만들어 내는 것이 노동하는 개인이 스스로 자신을 외재화시키는 모습으로, 말하자면 그가 자신 속에서 만들어 낸 [생산력 등등]에 대해서 자기 자신의 부의 조건들에 대한 양태로써가 아니라 타인의 부의 조건들, 자기 자신의 빈곤의 조건들에 대한 양태로 관계한다는 식(in such a way that the working individual aliennates himself; that he relates to the conditions brought out of him by his labour, not as to the conditions of his own, but of alien wealth, and of his property)으로 나타난다는 점이다. 게다가 이런 대립적 형태는 그 자체로 소멸적이어서, 자기 자신의 지양을 위한 실재적인 조건들을 만들어 낸다."(같은 책, S. 439)

7.2.4 자본 아래에 있는 결합노동의 모순

자본의 생산과정에서 노동은 노동의 결합(Combination)으로서 하나의 총체를 이룬다. 그러나 노동의 "개개의 구성 부분은 서로 소원하므로 총체로서의 총노동은 개개의 노동자의 작업(Werk)은 아니다." "또한 그것은 그들이 결합하는 자로서 서로 관계하는 것이 아니라 결합되어 있다는 한에서만, 여러 노동자들의 공동에 의한 작업이다. 여러 노동의 결합으로서 이 노동은 개인의 의지와 타인의 지능에 봉사하고 그것에 의해서 이끌어지는 것으로서 나타난다."(같은 책, S. 377)

"자본은 …… 자신에게 걸맞는 생산양식을, 토대로서의 자신을 위해서 만들어 낸다. 자본은 생산 속에서 이루어진 노동자의 일체화를 정립하지만, 이런 일체화란 당장은 단지 공통의 장소에서 감독자들 밑에서 일원적 지배, 규율의 강화, 항상성, 생산 그 자체에서 정립된 자본으로의 종속에 지나지 않을 것이다. 그때, 어떤 종류의 생산상의 공비(faux frais de production)가 처음부터 절약된다."(같은 책, S. 478)

그러므로 "자본은 자본으로서의 타인 노동의 총괄적 주체이자 소유자로 나타나며, 자본 관계 그 자체는 임노동 관계와 마찬가지로 완전한 모순을 지닌 관계이다."(같은 책, S. 378) 이와 같이 그 자체로 결합된 노동이면서도 임금노동자 자신은 서로서로 고립되어 있으며 그 집단력은 자본 그 자체로만 나타난다.

"처음부터 자본은 집합력, 사회적인 힘으로서 또 분산성의 지양으로서, 말하자면 먼저 노동자와의 교환의 분산성의 지양, 다음에는 노동자 그 자체의 분산성의 지양으로 나타난다."(같은 책, S. 480)

이 자본도 또한 결합노동의 결과이고 또 그것을 끊임없이 더 크게 하는 규모로 창조하면서 그 사회성의 부정으로, 자본가의 사적인 힘으로, 이 사회적인 힘을 영유한다. 여기에 모순관계가 있다.[22]

7.2.5 자본의 자기 해체적 모순

자본의 모순은 결국 최후에는 자본 자신이 제한으로 되는 그러한 자기

---

22 이것은 엥겔스가 말하는 「자본주의의 기본 모순」에 해당한다. 이 점에 대해서는 졸저 『생활양식의 경제학』 제5장을 참조하기 바란다.

해체적 모순이 된다.

“자본 그 자체는 본성으로부터 국한된 것이지만 생산력들의 보편적인 발전에 이바지한다……. 이런 경향은—이것은 자본이 지닌 경향이기는 하지만, 동시에 하나의 국한된 생산 형태로서의 자본 자신과 모순하고 따라서 또 스스로를 해체하며 자본을 구축해 가는 경향이어서—자본을 그것에 선행하는 일체의 생산양식으로부터 구별함과 동시에 자본이 단순한 통과점으로 정립되고 있다는 것을 그 안에 함축하고 있다. 이제까지의 사회형태는 모두 부의 발전이다—혹은 똑같지만 사회적 생산력들의 발전이 근원이 되어 몰락했다.”(같은 책, S. 438)

그 하나는 가치 법칙이 지탱하고 서 있는 기반의 축소이다.

말할 것도 없이 자본제 생산은 교환가치에 의거한 생산의 제1형태이고 자본의 가치를 산출하는 것은 직접적 노동이다. 그런데 생산과정이 단순한 노동과정으로부터 과학적인 과정으로 전화하고, 그것이 고정자본의 속성으로서 살아 있는 노동과 대립하여 나타나고, 개개의 노동이 공동적인 결합노동으로서만 생산적이며, 이 공동성이 자본에서 대표되고 집중된다. 이에 수반하여 “노동시간이 자본에 의해서 유일한 가치 규정적 요소로서 정립되면 될수록, 생산의 규정적 원리로서의 직접적 노동과 그것의 양이 그만큼 소실되고 양적으로도 그만큼 적은 비율로 끌어내려지고 동시에, 질적으로도 불가결하기는 하나 하위의 계기로서, 즉 일면에서 보면 일반 과학적 노동, 자연과학들의 기술학적 응용에 비하여 하위의, 또한 총생산의 사회적 편제에서 생기는 일반적 생산력에 비해서 하위의 계기로서 끌어내려진다. 자본은 이와 같이 생산을 지배하는 형태로서의 자기 자신의 해체에 종사한다.”(같은 책, S. 577)

이와 같은 내용이 다음과 같이도 표현되고 있다.

"대공업이 발전해 나감에 따라서 현실적 부의 창조는 노동시간과 충용된 노동량에 의존하는 것이 점점 더 적어지게 되고, 오히려 노동시간 사이에 운동하는 작용인(作用因)들의 힘에 더 의존하게 된다. 그리고 이들 작용인 자체가 그것들의 생산에 요구되는 직접적 노동시간에는 비례하지 않고 오히려 과학의 일반적 상태와 기술학의 진보에, 혹은 이 과학을 생산으로 응용하는 데 의존하고 있다."(같은 책, S. 581)

"자본은, 그 자체로 과정을 진행하고 있는 모순이다. 즉 그것은 한편으로는 노동시간을 최소한으로 감축하려고 노력하면서도 다른 한편으로는 노동시간을 부의 유일한 척도 또 원천으로서 정립한다고 하는 모순이다. …… 따라서 일면에서 보면, 자본은 부의 창조가 그것에 충용된 노동시간으로부터 독립한 것이게 하기 위해서 과학과 자연 사이의, 또 사회적 결합과 사회적 교통 사이의, 일체의 힘을 불러일으킨다. …… 생산력들과 사회적 관련들은—어떤 것도 사회적 개인의 발달의 다른 측면이지만—자본에게는 단순한 수단으로서 나타날 뿐이고, 또한 자본에게는—단지 그 국한된 기초로부터 나와서 생산을 진행하기 위한 수단에 불과하다. 그런데 실은 그것들은 이 국한된 기초를 폭발하기 위한 물질적인 조건들이다."(같은 책, S. 582)

더구나 자본의 목적이자 동기인 잉여가치가 이윤으로 전화하고 자본과 이윤의 비율인 이윤율의 저하 경향이 밝혀지게 된다.(같은 책, S. 622) 이것은 결국 자본의 자기모순이다.

거기로부터 "다음과 같은 일이 밝혀진다. 이미 현존하는 물질적인, 이미 만들어지고 있는 고정자본의 형태로 존재하는 생산력, 예를 들면 과학력, 인구 등등. 요컨대 부를 위한 일체의 조건, 또한 부의 재생산을 위한 최대의 조건들, 즉 사회적인 개인의 풍부한 발달—이런 것들은 자본 그 자체에 의해서 자본의 역사적 발달 속에서 초래하게 된 생산력들의 발전이 어느 일정한 지점에까지 도달하면, 자본의 자기 증식을 정립하는 것이 아니라, 그것을 지양한다. 생산력들의 발전이 어느 일정한 점을 뛰어넘으면, 자본에게는 제한이 된다. 이 점에 도달하면, 자본, 즉 임노동은 [이전의 제도들과 똑같이] 질곡으로서 필연적으로 벗어던져진다. 그것과 함께 한편의 측면에서는 임노동, 다른 측면에서는 자본이라는 인간의 활동이 취하는 최후의 예속 상태가 벗어던져지며, 이런 탈피 그 자체가 자본에게 조응하는 생산양식의 결과이다. …… 여러 가지 첨예한 모순, 공황, 경련(Krämpfen)에서 사회의 생산적인 발전이 사회의 종래의 생산관계들과는 점점 더 적합하지 않게 되고 있는 것이 표현된다. …… 자본의 자기 유지를 위한 조건인 자본의 강력한 파괴는 사회적 생산력의 더 높은 단계에 자리를 양도해야 한다는 충고가 자본에게 내려졌을 때의 가장 통렬한 형태이다."(같은 책, S. 623)

7.3 인간 발달

7.3.1 인간의 개별화(Vereinzelung)과 유적 존재(Gattungswesen)

『요강』에서 최초로 체계적으로 제시되었던 마르크스 경제학의 세 번째 이론적 특징으로 인간 발달론을 들 수 있다. 그것은 자본제 생산에서 일어나는 생산관계의 물상화와 생산의 모순들에 관한 고찰을 기초로 해서 세워졌던 인간 본성의 발달 및 그 장애(「소외」) 극복의 전망에 관한 이론이다. 자본제 경제가 물상화된 경제적 모순들로 가득 찬 세계라고만 말한다면, 그것을 극복하는 주체나 그 조건은 적어도 이론적으로는 찾을 수 없을 것이다. 그것이 방법적인 "객관주의" 혹은 "주관주의"를 산출한다.

그러나 마르크스는 『요강』 속에서도 반복해서 그 인간관을 피력하고 자본제에서 인간 발달의 가능성을 이론적으로 밝히고 있다.

마르크스는 무엇보다도 먼저 인간은 일반적으로 생산자로서 "변화하며, 그들 자신 속에서 새로운 자질을 개화하고 생산함으로써 스스로를 발달시키고 개조하고 새로운 힘들과 새로운 관념들을 만들어 내며 새로운 교통양식들, 새로운 욕구들, 새로운 언어를 산출한다."(같은 책, S. 398)고 본다.

그것뿐만이 아니다. 자본제에서 "노동이 …… 자본의 임노동에 대한 관계로서 나타나는 [그런] 소외의 극도의 형태가 [실은] 하나의 필연적인 통과점이라는 점, 따라서 또 그것은 …… 개인의 생산력들이 총체적, 보편적으로 발달하기 위한 충분한 물질적 조건들을 낳고, 만들어 낸다는 것."(같은 책, S. 417) 이것이 자본제 생산을 총체로서 파악할 때 마르크스가 기본적인 가지는 생각이다.

이와 관련해서 여기까지 인간의 자유와 평등에 관한 견해는 「총체성」이라는 절(6.2)에서, "물상과 인격의 관련으로부터 본 세계사의 3단계" 파악은 「물상화」라는 절(7.1)에서 소개했다. 또 『요강』의 출발점은 간단히 말하면 「사회적 개인들」이었지만, 상품·화폐 및 자본제의 관계들은 그 개인들로부터 소외되고 자립한 여러 가지 물상으로서 나타나는 것이며, 개인의 자립성은 제한되고 개인의 자유는 부정되고 있는 것도 언급한다.

마르크스는 사회의 진화와 발전을 「인격적 의존관계」 「물상적 의존성 위에 구축된 인격적 독립성」 「개인들의 보편적인 발달 위에 구축된 자유로운 개체성」 이렇게 3단계로 파악하였는데, 그것은 사회적 개인들의 발달단계이기도 하다. 게다가 중요한 것은 "제2단계가 제3단계의 조건을 만들어 낸다."(같은 책, S. 91)는 것, "보편적으로 발달한 개인들은 역사의 산물이고 …… 교환가치의 기초 위에 있는 생산을 전제하고 있다."(같은 책, S. 94)는 의미에서 소외의 발전이 개인의 발달 조건이라는 것이다.

인간의 발달 과정에서의 개성 및 공동체와 관련해서, 자본제 생산이 어떠한 역사적 조건을 그 내부에서 준비하고 있는가를 밝히는 일, 이것은 경제학의 중요한 구성 요소이다.

"인간은 역사적 과정을 거치면서 비로소 개별화된다. 인간은 최초에는 하나의 유적 존재, 부족적 존재, 군서(群棲) 동물로 나타난다. …… 교환 그것 자체는 개별화의 주요한 수단들 중의 하나다. …… 부르주아사회에서 노동자는 객체성을 완전히 상실한 상태로 주체적으로 존재하고 있지만, 급기야 그와 대립하고 있는 물상이 진정한 공동 본질(Gemeinwesen)이 되었다."(같은 책, S. 399-400)

7.3.2 임노동 관계에서 자유와 풍부한 개성의 조건

형식적 자유는 자본제 사회의 주요한 획득물이다. "살아 있는 노동능력은 그 자체에 속하고 교환을 통해서 자기 자신의 힘의 발현을 자유로이 처분한다." 자본가 측과 임노동자 측 쌍방이 함께 서로에 대해 자유로운 인격으로서 상대하고 있다. 자유로운 노동자는 개개인으로서는 독립해서 자본가와 상대한다. 형식적으로 양자의 관계는 교환자끼리의 평등하고 자유로운 관계이다. "이것이 자본으로서의 자본의 존재, 자본가계급에 대해서 지닌 관계가 아님은 분명하지만, 개개의 현실적인 인격을 말하자면, 그에게는 그와 같이 선택, 자의恣意를, 따라서 또 형식적인 자유를 작동시킬 수 있는 광범위한 장이 남겨져 있다."(같은 책, S. 372)

더구나 자본제는 만족할 줄 모르고 부의 일반적 형태인 화폐를 추구하는 것을 통해 생산과 소비 쌍방에서 풍부한 개성을 발달시킨다. 자본은 "그 자연적 필요성의 한계 이상으로 노동을 강제로 하게 하고, 이리하여 풍부한 개성을 발전시키기 위한 물질적 요소들을 만들어 낸다. 풍부한 개체성은 소비에서도 생산에서도 한결같이 전면적이며, 따라서 또 그것이 행하는 노동이 어느새 노동으로서 나타나는 일 없이, 활동 그 자체의 충분한 전개로 나타난다. …… 따라서 바로 자본은 생산적이다. 즉 사회적 생산력들의 발전을 위한 본질적인 관계이다."(같은 책, S. 241)

이와 같이 마르크스는 "자본은 생산적이다."라고 쓰고 있다. 또 협의(狹義)의 생산뿐만 아니라 자본이 항상 새로운 소비를 창조한다는 점에도 주목하고 있다.

말하자면, 상대적 잉여가치 생산은 새로운 소비의 생산을 필요로 한다. 그것은 ① 기존 소비의 증대 ② 현존 욕구의 광범위한 확대에 의한 새로운 욕구의 창출 ③ 새로운 욕구, 사용가치의 창출, 잉여노동의 질적 차이의 확대에 대응하는 다양한 욕구, 새로운 생산부문, 따라서 유용성의 발견, 교환의 보편화, 새로운 가공, 원료 등의 새로운 속성의 발견, 전 지구의 탐색, 자연과학의 발전 ④ 사회적 인간에게 있는 모든 속성들의 개발, 풍부한 연관이나 욕구를 지닌 「사회적 인간의 생산」, 다면적인 향유 능력과 높은 교양 등으로 정리할 수 있다. 노동·생산 종류의 발전에는 끊임없이 확대하고 풍부해져 가는 욕구들의 체계가 대응한다.(같은 책, S. 321 이하)

여기에서 이른바 자본의 문명화 작용(civilising influence)이 생긴다. 이것은 자본의 단순한 개념 속에 포함되어 있다.(같은 책, S. 326)

결국 한편에서의 잉여노동=가치의 창조는 다른 편에서 자연과 인간 속성의 전반적인 개발과 이용의 체계, 전반적인 유용성의 체계를 만들어 낸다. 그것의 담당자로서의 과학, 사회 성원에 의한 자연과 사회적 연관의 보편적 취득, 자연의 대상화와 그 위력의 상실, 민족적 제한을 뛰어넘고 낡은 생활양식을 파괴하는 일, 일체의 제한을 극복하고 끊임없이 정립하는 사이의 모순 속에서 진행하는 운동이다. 이것에 비하면, 자본 이전의 사회 단계는 인류의 국지적 발달과 자연 숭배였다.(같은 책, S. 322)

마르크스는 자본제에서 생산력의 발전, 교역, 지식 등등의 발전이 「토대」가 되며 "개인의 보편적 발달을 위한 가능성으로서, 그리고 이런 토대로부터 생겨나는, 개인들의 현실적 발달이 자신들의 제한의 부단한 지양이라는"(같은 책, S. 440) 점을 지적하고 있다.

7.3.3 대공업의 발전과 사회적 개인의 발달

자본제 생산의 독자적인 생산양식인 기계제대공업은 결합노동과 과학적 노동을 주요한 계기로 삼는 새로운 노동 양식을 만들어 낸다. 그것은 또한 사회적 개인의 발달을 위한 조건이다.

자본제 아래에서 "지식의 축적과 숙련의 축적, 결국 사회적 두뇌의 일반적 생산력들의 축적" "생산과정의 단순한 노동과정으로부터 과학적 과정으로의 전화" 그리고 더 나아가 "개개의 노동 그 자체가 무릇 생산적인 것으로서 나타나는 것을 멈추고, 오히려 자연의 맹위를 자신에게 종속시키는 공동적인 노동들의 형태로만 생산적이고, 그리고 이와 같이 직접적 노동을 사회적 노동으로 높이는 것" 등이 진행된다. 그러나 그것들은 임노동과 대립하는 자본 속으로 흡수되고, 자본의 속성으로, 더 정확하게는 "본래적인 생산수단으로서 생산과정에 들어가는 한에서의 고정자본의 속성으로 나타난다."(같은 책, S. 573) "개개의 노동은 자본으로 대표되고 집중되어 있는 공동성에 대한 무력함으로까지 끌어내려"(같은 책, S. 577)져서 나타난다. 이것들은 "자본의 개념에 속하는 것이다."(같은 책, S. 579)

대공업의 발전에 의해서 인간은 "생산과정 그 자체에 대해서 감시자 및 규제자로서 관계하게 된다(기계장치에 타당한 것은 마찬가지로 인간적 활동의 결합[Combination]과 인간적 교통의 발달에게도 타당하다). (중략) 이런 변환 속에서 생산과 부의 주춧돌로 나타나는 것은 직접적 노동도 노동시간도 아니며 인간 자신의 일반적 생산력의 취득, 자연에 대한 그의 이해, 그리고 사회체로서의 그의 현존재를 통한 자연의 지배, 한마디로 말하면 사회적 개인의 발달이다."(같은 책, S. 581)

"개인들의 자유로운 발달"에는 "애초에 사회의 필요노동이 최소한도로 감축되는 것"이 필요한데, 그 경우 "이런 감축에는 모든 개인을 위해서 자유롭게 된 시간과 창조된 수단에 의한, 개인들의 예술적, 과학적 등등의 발달 개화(開花)가 대응한다."(같은 책, S. 582)

또한 기계, 철도, 운하, 전신, 수도, 등등에 대해서도, 이것들은 "자연을 지배하는 인간 의지의 기관, 혹은 자연에 대한 인간 의지의 실증 기관, 인간의 손으로 창조된 인간 두뇌의 기관이며, 대상화된 지력(知力)이다. 고정자본의 발전은 일반적 사회적 지능, 지식이 어느 정도까지 직접적인 생산력이 되고 있는가, 따라서 또 사회적 생활과정의 조건들 그 자체가 어느 정도까지 일반적 지성의 제어 아래로 들어오고, 이런 지성에 의거하여 개조되고 있는가를 보여 준다."(같은 책, S. 582)[23]

7.3.4 자유로이 처분할 수 있는 시간과 인간 발달

마르크스가 디르크(C. Dirk)의 "부란 자유로이 처분할 수 있는 시간이다(Wealth is disposable time and nothing more)."(같은 책, S. 305, 582)라는 말을 반복해서 인용하면서 인간 발달에 관한 자신의 설명을 보강한 점은 잘 알려져 있다.[24]

마르크스에 따르면, 자본에 의한 잉여노동의 창조는 "사회 일반과 사회의 모든 구성원에게 필요노동시간 이외의 많은, 자유로이 처분할 수 있는 시간(즉 개개인의 생상력들을, 그것 때문에 또한 사회의 생산력들을 충분히 발전시키기 위한 여지)의 창조, 이러한 비노동 시간의 창조"인데, 그것이 "자본의 입장에서는 소수자에게서의 비노동 시간, 자유시간으로 나타난다." 그리고 "자본이 보태 주는 것은, 그것이 대중의 잉여노동시간을 기능과 과학의 모든 수단에 의해서 증가시킨다는 것이다."(같은 책, S. 584)

잉여노동시간을 둘러싼 생산관계는 이와 같은 물상화와 모순 속에서

---

23 대공업에서 결합노동의 전개는 7.2 「모순」에서 보았듯이 자본과는 모순 관계에 있지만, 다른 한편으로는 개별적 노동을 지양하여 사회적 노동을 자본 아래에서 만들어 내고, 더구나 "감독과 제어 활동으로의 전화"에 의해서 "자연력들을 사회적 이성에 따르게 하는 것"과 결부하면서 이 생산양식의 토대를 없앤다고 마르크스는 말하고 있다.(MEGA, II-1, S.585)

24 졸저 『생활양식의 경제학』 제3장 참조.

"뜻밖에도 사회에서 자유로이 처분할 수 있는 시간이라는 수단을 창조하는 일, …… 만인의 시간을 그들 자신의 발달을 위해서 해방하기 위한 수단을 창조하는 일에 도움이 된다."(같은 책, S. 584)

마르크스에게 "진실한 부는 모든 개인의 발달된 생산력이다."(같은 책, S. 584) 따라서 「진실한 경제」도 또한 노동시간의 절약과 새로운 노동=생활 주체의 발달이어야 했다. 바로 자본제는 그것이 의도할 수 없었던 결과로서 발달을 위한 조건을 만들어 낸다. 그러므로 그 테두리 안에서 적어도 인간 발달의 조건을 현실화하는 가능성을 마르크스가 인식하고 있었다고 이해해야 한다. 물론 그것은/그 이해는 자본제와의 엄중한 투쟁과 격렬한 모순 속에서이다. 그리고 그것은 다음의 「변혁」으로 연결된다.

"진실한 경제—절약—는 노동시간의 절약이다. 그러나 이런 절약은 생산력의 발전과 일치한다. 따라서 그것은 생산을 위한 힘, 능력을 발전시키는 것, 따라서 또한 향유의 능력과 그를 위한 수단도 발전시키는 것이다. 향유의 능력은 향유를 위한 조건, 따라서 향유의 첫째 수단이며, 또 이 능력은 개인 소질의 발달이며 생산력이다. 노동시간의 절약은 자유로운 시간의 증대, 결국 개인의 완전한 발달을 위한 시간의 증대와 같으며, 또 이런 발달은 그 자체로 이것 역시 최대의 생산력으로서 노동의 생산력에 반작용한다. 노동시간 절약은 직접적 생산과정 시점에서는 고정자본의 생산으로 간주할 수 있다. 그리고 인간 자신이 이 고정자본이다. …… 노동은 푸리에가 바라고 있는 바와는 달리 즐거움이 될 수는 없지만 …… 여가시간이기도 하다면, 고도의 활동을 위한 시간이기도 하다. 물론 자유로운 시간은 그것을 지닌 자를 이제까지와는 다른 주체로 바꾸어 놓는다. 그때부터 그는 직접적 생산과정에도 이와 같은 새로운 주체로서 들어간다. 이 직접적 생산과정이야말로 성장 중에 있는 인간에 대한 훈육이면서 동시에, 성장한 인간에 대해서는 단련이며, 실험과학이고 물질적으로는 창조적이고 또 자기를 대상화하는 과학이며, 이렇게 성장한 인간의 두뇌 속에 사회의 축적된 지식이 존재한다."(같은 책, S. 589)

7.4 변혁

7.4.1 변혁의 계기들과 공동사회

자본제 생산양식의 총체적 파악을 토대로 마르크스는 자본제 사회의 변혁의 계기들을 여러 가지 모습으로 밝히고 있다. 그 내용은 기본적으로 "물상화"된 생산관계들의 변혁이며 자본제 생산의 "모순"을 해결하는 것이자 "인간 발달"의 현실화이다.

먼저 현재 있는 부르주아적 생산관계를 정확하게 파악하는 것은 과거를 이해하기 위한 열쇠를 제공하는 한편, "생산관계들의 현재 자태를 지양하는 것—그 때문에 미래를 예시, 생성해 가는 운동—이 시사되기에 이르는 지점들에 도달하는" 것이고, "오늘날의 생산 조건들이 자기 자신을 지양하는 조건들로, 그러기 때문에 또 새로운 사회 상태를 위한 역사적인 전제들을 정립하는 조건들로 나타난다."(같은 책, S. 369)

그런 전제 조건은 자본이 만들어 내는 것이면서 동시에 자본 자체가 그것을 현실화하는 가운데 제한으로 된다. 자본의 역사적인 존재 근거와 사명이 여기에 있다는 것은 분명하다.

"자본의 위대한 역사적 측면은 잉여노동을 …… 만들어 내는 것이다. 그리고 한편에서는 욕구가 발달하여 필요한 몫을 넘어서는 잉여노동 자체가 일반적 욕구가 되고, 개인의 욕구들 그 자체로부터 생겨나게 되면, 다른 한편으로는 일반적인 근면이 …… 새로운 세대의 일반적 재산으로 발전하면 …… 한편으로는 일반적 부를 소유하고 유지하기 위해서 사회 전체에 종래보다도 더 적은 노동시간밖에 필요하지 않게 되고, 또 노동하는 사회가 …… 점점 더 충실해져 가는 재생산 과정에 대해서 과학적으로 대응하게 되는 데에까지 진전해 나아가게 되면 …… 자본의 역사적 사명은 다한 것이라 하겠다."(같은 책, S. 241)

"자본은 …… 사회적 생산력들의 발전을 위한 본질적 관계이다. 자본은 이런 생산력들의 발전 그 자체가 자본 그것 자신 속에 하나의 제한을 찾아낼 때 비로소 그러한 것[본질적인 관계]임을 그만 두게 된다."(같은 책, S.241)

이런 것은 「자본 일반」의 서술 범위에서는 이윤율의 저하에서 단적으로 표현되고 있다.

자본은 이윤율의 저하에 대해 잉여노동을 가일층 확대해서 대응하려고 한다. "그런 까닭에 생산력의 최고 발전은 현존하는 부의 최대 증대와 더불어 자본의 감가, 노동자의 퇴폐, 그리고 그들의 생명력의 더욱 노골적인 소모와 동시에 생겨나게 될 것이다. 이것들의 모순은 여러 가지 폭발, 격변, 공황을 초래하지만, 그때 자본은 노동의 일시적인 정지나 자본의 커다란 부분의 파괴에 의해서 자해하는 일 없이 그 생산력을 계속해서 충분히 충용할 수 있는 그런 지점까지 강력하게 힘껏 회복하게 된다. 그럼에도 불구하고 규칙적으로 생기는 이것들의 파국은 더더욱 높은 규모에서 그것들이 반복하고, 그리고 최후에는 자본이 강력하게 전복되는 데까지 이르게 된

다."(같은 책, S. 624)

이 속에서 생산자에 의한 잉여노동 취득의 필연성이 부각된다.

"점점 분명하게 밝혀지는 것은 생산력의 증대가 결국 타인의 잉여노동 취득에 매달아진 채로 있을 수 없다는 점, 노동자 대중 자신이 자신들의 잉여노동을 취득해야 한다는 점이다."(같은 책, S. 584)

그것을 실현하기 위한 하나의 조건은 노동자의 자각이다. 살아 있는 노동이 생성된 자본에 대해서, 바꾸어 말하면 자신에게는 소원한, 그리고 타인의 인격의 것인 객체적인 조건들에 대해서 스스로의 「궁핍」과 「빈약함」을 자각하는 일이다.

"노동능력이 생산물을 자기 자신의 것이라고 깨달아 알아차리는 것, 그리고 자기의 실현 조건들로부터의 분리를 문란하게 강제된 분리로 판단하는 것, 이것은 거대한 의식(an enormous consciousness)이며 그 자체로 자본에 의거한 생산양식의 산물이다. 그리고 이것이 이러한 생산양식의 멸망의 전조이다."(같은 책, S. 371)

7.4.2 공동사회 내지는 새로운 생산양식

이런 때에, 대공업의 발전과 그 두 가지 토대인 직접적 노동으로부터 감시·제어 노동으로의 발전과 개인적 노동의 사회적 노동으로의 전화가 의미를 지닌다.(같은 책, S. 585) 또한 부로서의 자유 시간의 실현이 의미를 지니게 된다. 즉 필요노동은 가변자본이나 임금이라는 대립적 형태를 잃고 사회적 개인들의 발달 욕구에 따르는 것으로 전화하게 되고, 잉여노동도 또한 대립적인 모습을 잃고 그 모두는 아니지만, 만인의 자유시간으로 전화하기 때문이다.

"그들이 그것[=잉여노동의 취득]을 달성해낸다면, 그리고 그것과 함께 자유로이 처분할 수 있는 시간이 대립적인 존재를 지니는 것을 멈추게 한다면, 한편으로는 필요노동시간이 사회적 개인의 욕구들을 그 척도로 삼게 될 것이고 다른 한편으로는 사회적 생산력의 발전은 아주 급속도로 증대하고 그 결과로서 생산은 급기야 만인의 부를 고려한 것임에도 불구하고 만인이 자유로이 처분할 수 있는 시간이 증대할 것이다. 왜냐하면 현실의 부란 모든 개인의 발달된 생산력이기 때문이다. 그렇게 되면, 부의 척도는 결국 노동시간이 아니게 되고 자유롭게 처분할 수 있는 시간이 된다."(같은 책, S. 584)

"교환가치가 이제 물질적 생산의 제한을 이루지 못하고, 개인의 전면적 발달에 대한 물질적 생산의 관계에 의해서 물질적 생산의 제한이 정립되어지면, 물질적 생산에서 경련이나 고통을 수반하는 사건 일체가 없어지게 된다."(같은 책, S. 510)

이것을 마르크스는 「새로운 생산양식」 혹은 「공동사회적 생산」이라고 일컬어 부른다.

"새로운 생산양식의 기초를 이루는 생산력들의 발전은 일정한 상태를 재생산하는 일을, 힘껏 노력하여 그것을 확장하는 일을 목적으로 삼는 그러한 것이 아니다. 이 생산양식에서는 생산력의 발전—자유롭고, 방해받는 일이 없는 누진적, 보편적인 발전 그 자체가, 사회 따라서 그것의 재생산의 전제를 이루고, 거기에서는 출발점을 뛰어넘어 전진하는 일이 유일한 전제이다."(같은 책, S. 438)

그리고 이 공동사회적 생산에서의 노동과 노동시간에 대해서는 일반적으로 다음과 같이 기술한다. 공동사회적 생산에서는 개개인의 노동은 처음부터 사회적 노동으로서 정립되어 있으므로 사적인 교환에 의해서 처음으로 노동이 일반적 성격을 부여받지는 않는다. 생산물 및 그 소비로의 참가는 교환에 의해서는 매개되지 않고 개인의 직접 참가에 의해서 결정된다. (같은 책, S. 102)

그런 경우에서도, "물론 시간 규정은 여전히 계속 본질적인 것이다." 말하자면 "물질적, 정신적 생산을 위해서" 소비되는 시간, 혹은 부문들로의 노동시간의 합목적적·계획적 배분은 중요한 경제 법칙이다. 그리고 "개개인의 경우와 똑같이 사회 발전, 사회 향유, 그리고 사회 활동의 전면성은 시간의 절약과 관련된다. 시간의 경제, 모든 경제는 결국 거기에 귀착된다."(같은 책, S. 103)

재차 「사회 진화의 3단계 파악」을 인용하면, 자본제에서 이루어진 「물상적 의존성 위에 구축된 인격적 독립성」이 일반적 사회적 물질대사, 보편적 관련, 전면적 욕구들, 보편적 역능 등의 체계를 발전시켰다고 한다면, 이 제3단계에서는 "개인들의 보편적인 발달 위에 구축된, 개인들의 공동체적, 사회적 생산성을 개인들의 사회적 역능으로 종속시키는 것 위에 구축된 자유로운 개체성"(같은 책, S. 91)이 "생산수단의 공동적인 영유와 통제의 기초 위에 협동 결합하고" "자유로운 교환"(같은 책, S. 92)을 벌이게 된다.

7.4.3 변혁의 방식

마르크스는 『요강』을 통해서 유토피아 사회주의 사상과 그들의 경제이론을 비판했다. 그렇게 함으로써 자본제 생산의 변혁 방식에 대해서도 어느 정도의 주의를 기울였다고 생각한다.

제6장 「총체성」 절에서 기술하였듯 당시의 푸르동주의자나 생시몽주의자들은 "화폐의 형태를 변경함으로써 화폐의 존재로부터 생기는 분규와 모순을 지양"하려고 했다. 그러나 이것이 불가능한 일인 것과 마찬가지로, "교환가치가 생산물의 사회적 형태로서 남아 있는 한, 화폐 그 자체를 지양하는 일은 불가능하다. 이런 것을 명확하게 통찰하는 일은 불가능한 과제를 스스로 부과하지 않기 위해서도, 또 화폐개혁이나 유통 변혁이 생산관계와 이를 기초로 한 사회적 관계들을 개조할 수 있는 한계들을 알기 위해서도 필요한 일이다."(같은 책, S. 80)

또한 시간표권(은행)에 대해서도 대체로 다음과 같이 비판한다. 시간표권의 존재는 공공 신용이나 은행 등을 전제로 하고 있다. 은행이 일정한 노동시간을 표시하는 화폐를 발행하고 이것으로 상품을 구입한다는 것은 모든 상품에 대한 지도증(指圖証)을 주는 것과 같다. 여기에서는 교환가치는 상징적으로만 존재할 뿐이다. 과연 이런 화폐를 은행 밖에서 유통할 수 있는가? 그 태환성은 무엇에 의해서 보증하는가? 이 은행은 상품을 생산하는 노동시간이나 노동시간의 여러 가지 분양을 규정해야 하기 때문에, 은행은 일반적 생산자이기도 하고 "사실상 전제적인 생산의 정부이고 분배의 관리자이든가, 그렇지 않으면 실제상 공동적으로 노동하는 사회를 위해서 기장하고 계산을 하는 하나의 부처에 지나지 않을 것이다. 생산수단의 공유가 전제된다, 등등. 생시몽주의자들은 그들의 은행을 생산의 교황 제도로 만들어 내세우고 있다."(같은 책, S. 89)

분명 "사회적 통일의 다수의 대립적 형태들[이 존재한다]. 그러나 그 대립적 성격은 결코 고요하고 평온한 변태에 의해서는 폭발되어야 할 것도 아니다. 다른 한편 만약 우리가 오늘날 있는 그대로의 사회 속에 하나의 무계급사회를 위한 물질적인 생산조건과 그것에 조응하는 교역 관계들이 숨어 있다는 것을 찾아내지 못한다면, 일체의 폭발의 시도는 돈키호테적 어리석은 행위가 될 것이다."(같은 책, S. 92)

따라서 정보 획득이나 통계의 발달이라는 시장 소외 상황을 지양하려는 인간의 여러 가지 시도가 동시에 새로운 생산을 위한 조건이 되는 것을 마르크스는 지적한다.

"[개인들에게서 생산관계의] 소외가 발달함과 동시에 소외를 지양하려고 하는 시도가 이루어진다. 가격표, 거래 시세, 전신 …… 교통수단, 이것들에 의해서 각 개인들은 다른 모든 사람들의 활동에 대한 정보를 입수하고, 그것에 따라서 그들 자신의 활동을 정립하려고 노력한다. (중략) 이 모든 것은 현존의 입장에서는 소원성을 지양하는 것이 아니지만, 낡은 입장을 지양할 수 있는 가능성을 그 안에 포함하는 그런 관계와 결합 들을 초래한다(일반 통계의 가능성 등) [시장에서는] 비교가 현실적인 공동성 및 일반성을 대신[하게 된다]."(같은 책, S. 93)

* * *

본서 제2부에서는 『경제학 비판 요강』(1857~58년 초고)을 철저히 내재적으로 접근하여 마르크스가 행한 자본제 생산의 총체적 파악 방법 및 그 내용을 될 수 있는 한 전면적으로 검토했다. 『요강』 자체는 「자본 일반」의 범위 안에서 서술되었으나, 여기에서 밝히고 있는 바와 같이 마르크스가 획득했던 자본 개념은 자본의 모든 특수한 형태나 개별 자본의 운동 형태를 스스로 안에 포함하고, 그것들을 산출하고(외재화하고) 그것들을 관철하여 그 자체의 일반 원리를 전개해 나가는, 이른바 「운동하는 보편」이었다. 자본 개념은 생산관계들의 물상화, 자본제 생산의 모순들의 전개, 인간 발달을 둘러싼 조건들의 발전이라는 모습으로 구체화되고 전개되었다.

여기에서 획득한 자본의 보편적 개념들을 이후의 『자본론』은 물론 마르크스 이후 20세기 자본주의에서 경제사회의 발전, 소위 시장 형태나 제도 들의 발전, 생산 특히 노동양식의 발전, 자본 사이의 경쟁 관계의 질적 변화, 신용 형태들, 임노동 관계, 토지 소유 관계 등의 발전과 그것들의 제도적 변화에 이르기까지 전개하고, 거기에서 그것 자체의 진실성을 실증해야만 한다. 이것이 앞선 1, 2부에서 내린 결론이다.

제3부

마르크스를 현대 경제학으로 재생하기

본서 제1, 2부에서는 마르크스의 『경재학 비판 요강』을 소재로 해서, 방법에서는 헤겔 논리학을 적극적 비판적으로 채용하고, 자본 개념을 파악하고 전개했으며, 이론 내용에서 「생산의 총체성 파악」과 물상화·모순·인간 발달의 통일적 파악을 밝혀 보았다. 그러나 오늘날 이러한 마르크스의 방법과 내용에 담긴 풍부한 유산이 정당하게 평가하지 못하고 거기에다가 마르크스 경제학으로부터도 철퇴하여, 실증주의적 입장으로 후퇴하거나 혹은 방법론적·이념주의적 헤겔로 후퇴하는 두 가지 경향이 있다.

제3부는 이러한 두 가지 경향에 반대하는 입장에서, 제8장에서는 제1, 2부를 통해 밝혔던 헤겔=마르크스 관계에 관한 명확한 해명이 마르크스 경제학을 포함한 현대 경제학 및 사회과학의 방법에서 불가피한 전제임을 밝히고, 제9장에서는 이런 관점에서 보았을 때 「현대 경제학으로서 마르크스의 이론적 가능성」을 제시하겠다.

이를 전체로 해서 21세기의 경제학 연구의 방식에 대해서 하나의 방향성을 제시해 보고자 한다.

제8장
경제학 비판의 방법에서 헤겔주의와 실증주의

8.1 경제학 비판의 방법에서 헤겔=마르크스 관계의 의의

본서 제1부에서는 헤겔=마르크스 관계의 중심 문제를 이루는 헤겔 논리학과 마르크스『경제학 비판 요강』의 방법 간의 관계에 관심을 집중했다. 특히『요강』의 논리를 공들여서 추적했고, 그 방법을 헤겔 논리학의 내용과 대조하는 작업을 통해서 마르크스가 얼마나 많은 것을 헤겔로부터 배웠는가를 밝혔다. 동시에 경험과학인 경제학의 방법에서 사고로부터 독립해서 실재하는 대상인 자본제 경제를 표상으로 나타내면서, 사고의 독자적인 방법인 분석과 종합의 방법에 의해 대상을 철저히 분석하고 추상으로부터 구체로 상승하는 종합적 방법을 가지고 대상을 개념적으로 파악하고 재구성하는 방법을 명확히 했다. 제1부의 결론은 헤겔 철학 비판과 경제학 비판에 의거한 마르크스의 방법이「분석적 방법을 기초로 하는 개념적 파악의 방법」이라는 점이었다.

우리는 다음과 같은 문제에 봉착한다. 헤겔에게는 철학이야말로 세계를 개념적으로 파악하는 것이었고 그 방법이 변증법이었다. 경험과학의 성과는 철학의 전제이기는 하나, 경험과학의 방법인 분석이나 종합은 변증법에 비하여 낮은 차원의 것이다. 이것이 헤겔의 태도이다. 이에 반해서 마르크스는 경험과학 혹은 실증과학인 경제학에 헤겔의 개념 파악 방법을 적용하였다. 이것을 어떻게 평가해야 할 것인가?

마르크스는 한편으로 경험과학의 분석적 방법을 구사하고, 개념 파악에 의거한 서술 속에서도 그것을 적극적으로 활용한다. 『요강』 및 『자본론』은 헤겔과 같이 사변적인 「이념」의 현실화 과정을 「개념의 자기 전개」(엥겔스, 『포이에르바흐론』, 1888)로 서술하지 않았다. 또한 어떠한 「이념」이나 그 실현을 자본제 생산에서 찾아내지 않는다. 마르크스는 어디까지나 자본제 생산의 중층적이고 발전적인 과정을 자본 「이념」의 전개로 파악하고 —이렇게 말해도 된다면, 연역적으로 서술하고—설명했다.

미타 세키스케는 마르크스의 방법을 「분석적 방법을 기초로 하는 변증법」이라 특징짓고, 분석적 방법을 빠트린 변증법을 헤겔주의라고 이름 붙였으며, 다른 한편으로는 실증주의적 이해를 비판하였다.(『미타 세키스케 저작집』 제1권 및 제3권, 135쪽, 초판 1961) 이런 비판은 우리에게 다음과 같은 커다란 과제를 제기했다고 생각한다.

미타가 말하는 분석적 방법이 경험과학에서 보통 사용되는 방법이라고 한다면, 마르크스 이후 20세기에 경제학이 경험과학으로서 얼마간 성과를 거두었음을 부정할 수는 없다. 현대의 마르크스 경제학자는 경험과학의 방법을 이해하고, 그것에 의거한 이론적 및 실증적인 성과를 비판적으로 흡수하고 총괄해야 한다. 그것은 마르크스가 19세기 후반까지의 경제학에서 이룩했던 「경제학 비판」과 똑같은 과제이며, 경제과학의 방법에 의해 얻은 일정한 「이론」과 실증적 성과의 내용을 비판하고 자본 「개념」으로부터 총합적으로 전개하는 일이다. 분석적 방법이 변증법적 방법의 기초를 이루고 양자가 어떤 식으로든 접촉 내지 결합되는 것이라면, 20세기 경제학의 「이론」과 실증적 성과를 어떠한 개념 전개로 총괄하고 체계화해야 할 것인가? 그것은 『자본론』의 논리와 어떤 관계에 있고, 어떻게 접촉되고 결합되어야 할 것인가? 이것은 20세기 마르크스 경제학의 근본 문제였고, 21세기에 마르크스의 경제학을 계승하는 경우의 문제이기도 할 것이다.

이런 점에서 상기할 수 있는 것은 『자본론』의 서술이 상품으로부터 시작해서 계급들의 「수입과 그 원천」으로 끝난다는 것이다. 되풀이해서 주의를 요하듯이 『자본론』에는 「경쟁」이나 「신용」, 더구나 「임노동」과 「토지 소유」의 「특수」 이론이 포함되어 있지 않다. 그러나 자본 「일반(=보편)」이라고 할 때의, 「보편」이 지닌 「특수」와의 변증법적 관계(마르크스가 헤겔로부터 배웠던 것)에 의거하고, 자본 「일반(=보편)」의 내용은 「특수」 이론의 「맹아」적 내용을 당초 플랜보다도 더욱더 풍부하게 포함하는 「보편」이 되었다. 마르크스가 자본 「일반(=보편)」의 내용을 풍부화하기를 「좋아」했으리라고는 추측되지만, 자본 「일반」의 보다 더 풍부한 내용은 완성고(完成稿)에 이르지 못했고 주요 원고의 작성 후에도 마르크스는 그런 일과 역사적 소재의 연구에 온 힘을 쏟아부었다.

『자본론』의 마지막 부분, 계급들의 「수입과 그 원천」의 서술에서, 마르크스는 「자본=이윤·이자」 「노동=노임」 「토지=지대」라는 삼위일체 정식이 자본제 생산관계의 물상화된 모습을 지각한 것을 반영한다고 보았고, 이러한 정식을 총괄적으로 비판했다. 마르크스에 의한 비판에도 불구하고 그리고 정확히 말하면, 그 과학적 성과와 무관하게도 이 정식은 고전파 경제학부터 신고전파경제학에게 상속되어 왔다(영국의 마셜, 미국의 나이트를 보라). 따라서 20세기의 비마르크스 경제학은 케인스도 포함해서 이 삼위일체 정식의 세계 속에서 경험과학으로서 실증주의적 방법에 의거해서 일정한 이론적·실증적 성과를 거두어 왔다. 그렇지만, 우리가 삼위일체 정식(도그마라고 해도 좋다.) 속에 축적해 온 성과를 그대로 『자본론』에 접속해 보거나, 또한 반대로 『자본론』의 내용에 비추어 이것들을 거부해 보아도 거의 의미는 없다. 왜냐하면 『자본론』과 그 후의 실증주의적 경제학은 대체로 이론의 차원이나 방법을 달리하기 때문이다.

특히 신고전파경제학은 시장 경쟁이라는 현상의 세계를 대상으로 삼고, 대체로 인간관에서 경제학관(經濟學觀)에 이르기까지 시장 경쟁으로부터 온 관념을 채용한다. 이것이 물상적 자태(物象的 姿態)에 사로잡혀 있는 관념이라는 비판은 정확하다. 그러나 그런 비판뿐이라면, 그것은 이론적으로는 마르크스로부터 한 걸음도 더 나아가지 못한 역행적 확인이다. 마르크스가 말한 「경제학 비판」의 정신에 따르면, 거기로부터 한 걸음이라도 전진하고, 신고전파경제학이 실증주의적 방법을 통해 시장경제의 무엇인가를 밝혀냈는지 또한 무엇인가를 밝혀내지 못하였는지를 명확히 밝혀야 한다. 삼위일체 정식의 세계 속에서 개별 자본 사이, 노동자들 사이 및 자본가와 노동자 사이의 적대적 혹은 항쟁적 성격을 지닌 경쟁이 어떻게 전개되는가 하는 「경쟁의 현실 운동」(마르크스)을 이론화할 필요가 있을 것이다. 또한 이를 기초로 해서 재생산이나 축적, 투자나 소비, 대부자본의 운동이라는 이른바 미시적 경제 현상이 어떻게 추이하는지를 이론화해야 할 것이다. 그것이 소위 비판적 시장 분석이고, 자본제 「생산관계의 현상학」이며, 생산관계들이 물상화하고 자립화하는 모습을 더욱더 이론적으로 추구하는 것이다. 어쩌면 그 내용은 계급 주체들로부터 이루어진 집합 행위와 가치=가격의 비용화 및 생산관계 제도화의 논리를 수반한다고 생각된다. 그것은 여러 가지 「비」시장경제의 분석과 상보적 관계에 있게 될 것이다.

신고전파경제학이 방법론적으로 실증주의 입장에 서 있다는 것을 상기할 때, 우리는 20세기 사회과학이 방법론적으로 실증주의와 헤겔주의 이렇게 두 갈래로 갈라진다는 사실을 맞닥뜨린다. 또한 그런 사실로부터 레닌의 『제국주의』를 예외로 하고, 20세기 마르크스 경제학의 방법 또한 실증주의와 헤겔주의라는 두 가지 경향(편향)에 영향을 받지 않았는가 하는 의문에 봉착하게 된다.

그래서 제8장에서는 실증주의의 원류인 영국 경험론과 칸트 비판철학에 대한 헤겔의 비판을 학습하고 그 기초 위에서 20세기 과학철학의 대표자 포퍼에 의한 헤겔=마르크스 관계 이해를 비판한다. 그리고 포퍼의 실증주의적 제도 분석과 대치하는 모습으로 전개되었던 독일 사회학 논쟁에서 아도르노의 헤겔주의를 다룰 것이다. 여기에서 더 나아가 현대 사회과학에서 실증주의와 이념주의의 대립을 밝히면서 마지막으로 우리의 경제학 비판의 방법과 과제를 다루고자 한다.

8.2 실증주의의 원류인 경험론과 비판철학에 대한 헤겔의 비판

20세기 실증주의의 원류는 영국 경험론(로크, 버클리, 흄 등)과 칸트의 비판철학이다. 이 두 조류를 모두 비판했던 사람은 헤겔이었다. 경험주의 및 칸트주의에 대한 헤겔의 비판 중에는 현대 사회과학의 방법과 통하는 것이 있다. 그 내용을 확인하는 일부터 시작할 것이다.

경험론 내지 경험주의는 구체적인 사물에 관한 지각만을 진리의 확실한 근거로 삼는 철학적인 입장이다. 경험론은 현재 존재하는 인간이나 자연 등, 자신의 눈으로 볼 수 있는 것만을 내용으로 하고 본질이나 원인의 분석을 「공허한 추상 속을 떠돌아다니는」 형이상학으로 거부하고, 많은 요소로 이루어지는 구체적인 것을 여러 요소로 분해하는 일에 머무르고 만다(「분석」). 개개의 지각은 개별적이고 우연적이므로 경험론도 거기에서 무엇인가 보편적인 것(명제 혹은 원리 등)을 추출해 내지만, 그때 "현상 속에서 볼 수 있는 이외의 연관은 옳지 않다고 생각한다."(『1부 논리학』 38절) 따라서 인식 속에서 주어진 것은 어디까지나 그대로이고, 그것 이상의 사태의 「필연성」이나 「개념」, 더구나 「이념」으로는 전개되지 못한다. 지각으로는 파악할 수 없는 보편성이나 필연성 등은 "부당한 것, 주관적인 우연, 내용이 어떻게 되든 간에 변할 수 있는 것"(『1부 논리학』 39절)이라고 생각한다.

이에 대해 칸트는 경험적 인식은 현상의 인식에 그치고 마는 유한한 것이라고 보았다. 칸트에게 인간이 세계를 인식하는 것은 경험으로 파악한 「소재」에, 보편성이나 필연성이라는 「형식」 규정을 부여하는 것이다. 그것들의 규정은 자아에 의한 선천적인 사고 활동의 규정들이고 그것에 의해서 주관성이나 우연성으로부터 구별되는 객관성이 구성된다. 그러나 칸트의 사고 규정들은 결국 주관적인 것, 우리의 사상(思想)에 지나지 않으며, 그 때문에 「물자체」라는 인식 불가능한 본질이 있다고 여기게 된다.

이와 같이 경험론이나 비판철학에서 구체적인 현실은 개별적인 것의 집합체에 지나지 않게 되며, 그것들의 총괄(유기적 연관)이나 보편성(개념 등)은 주관적인 구성물이라고 생각하게 된다. 이러한 견해는 객관적 존재의 유기적 총체를 개념적으로 파악하는 일을 거부한다.

20세기 실증주의는 콩트의 실증주의, J. S. 밀의 실증주의, E. 마흐(경험비판론)의 현상주의와 함수주의(역자 주: 정신과 물질을 실체로 간주하는 견해가 오류라고 하면서, 정신과 물질이 직접 경험되는 감각을 요소로 하는 함수적인 복합체에 불과하다고 하는 요소일원론을 가리킨다.)를 거쳐 신실증주의로 이어진다. 신실증주의는 논리실증주의로부터 논리적 경험주의, 더 나아가 분석철학이라고 불리는 조류로 성장해 왔으며, 신고전파경제학 방법론의 주류는 아직도 여전히 논리실증주의에 머무르고 있다. 경험론이나 비판철학에 대한 헤겔의 비판은 이러한 광의의 실증주의에 대해서도 타당하고 그 비판적 내용은 현재에도 계승되어야 한다고 생각한다.

8.3 헤겔=마르크스에 대한 포퍼의 비판

넓은 의미에서는 실증주의에 속하면서도 논리실증주의를 비판하고 독자적인 과학 방법론을 제창한, 제2차 세계대전 후에 큰 영향을 끼쳤던 과학철학자로 칼 포퍼(Karl Popper, 1902~94)가 있다.

자서전에 따르면, 포퍼는 빈에서 태어났고, 제1차 세계대전기였던 열

여섯 살 때 한때는 마르크스주의자였으며, "마르크스나 엥겔스를 제법 읽었"으나, 경찰의 엄중한 탄압에 공포를 느끼고 마르크스주의에 의문을 품게 되었다. 그리고 아인슈타인의 이론을 학습하는 와중에, 과학 방법론과 관련해서 「비판적 합리주의」라고 일컬어지는 입장으로 이행하게 되었다.[1] 포퍼는 또한 헤겔=마르크스에 대해서 상세한 비판을 전개했던 일로도 알려져 있다. 포퍼에 의한 헤겔=마르크스 비판은 광범위한 영향을 미쳤고, 현대 헤겔=마르크스 비판은 대략 포퍼의 의론에 의거한다고 해도 과언이 아니다.

포퍼의 과학 방법론에 의하면, 이론은 가설로부터 성립한다. 통상 가설을 귀납적으로 도출된 것이고 경험에 의해서 실증되어야 할 것이라고 생각하지만, 그러한 생각은 잘못이다. "과학은 관찰과 함께 시작하며, 보편화 내지 귀납이라는 절차를 통해서 이론이 도출된다고 하는 견해를 나는 믿지 않는다."[2] 가설을 실증하지 않아도 좋다고 하는 것은 독단적이지만, 실증할 수 있다고 하는 것도 독단적이다. 끊임없이 반증이나 테스트에 도전받으면서 그 「생존 경쟁」 속에서 살아남는 것이 진짜 이론=가설이다. 그런 점에서 "자본주의는 붕괴한다."라는 명제는 반증의 도리가 없으므로 과학적으로는 의사명제(pseudo proposition)이다. 이론은 언제나 추측 혹은 가설에 그치는 것이며, 포퍼는 이론과 실재 사이의 관계에서 현상의 배후에 있는 본질을 파악하려는 입장을 「본질주의」라고 부르며 비판하고 인

---

1 칼 포퍼, 『끝없는 탐구—내 삶의 지적 연대기』, 박중서 옮김, 갈라파고스, 2008.

2 칼 포퍼, 『역사법칙주의의 빈곤』, 이한구·정연교·이창환 옮김, 철학과현실사, 2016. 152~153쪽.

정하지 않는다.

포퍼에 의하면, 헤겔은 세계(현실)가 정신(이성) 그 자체라고 하는 관념론적인 합리론 내지 동일철학의 입장에서 논리학 속에 변증법을 편입하고 그 변증법을 전 세계에 적용했다. 그때, 이성과 현실의 대립을 해소하기 위해서 모순을 끌어들이고 사고가 테제(정립), 안티테제(반정립), 진테제(종합)라는 트리아데(Triade, 삼분법) 형식으로 발전한다고 했다. 이 같은 내용이 기술된 헤겔의 『논리학』은 "단지 시대에 뒤쳐질 뿐만 아니라 전과학적이고 전논리적이기조차 한 사고 양식의 전형이다."[3] 게다가 헤겔 철학은 무엇보다도 프로이센 국가의 호교 철학이다.

포퍼는 흄이나 버클리, 마흐에 반대하며 실재론적 인식론의 입장에서 유물론 자체는 비판받아야 할 것이 아니라고 말한다. 그러나 포퍼에 따르면, 변증법과 유물론의 결합은 헤겔의 변증법적 관념론보다도 더 악질이다. 포퍼 철학에 의거해서 보면 마르크스의 이론은 인간성의 물질적 욕구 등등의 면이 지닌 의의를 강조하는 일에는 건전하고 의의가 있으나, 관념의 영향력을 이해하지 못하고 헤겔의 역사적 방법(포퍼가 말하는 「역사법칙주의(historicism)」)을 받아들여 계승하고 역사의 발전을 법칙적으로 이해하며 미래를 예측하려고 한다는 점에서 잘못을 범하고 있다. 포퍼는 마르크스의 변증법 자체는 반도그마적인 것이라고 인정하면서도, 마르크스주의자는 마르크스주의를 최종적이고 최후의 체계로 파악했으며 변증법을 주로 변호를 위해 사용하려고 도그마주의에 빠지게 되었다고 비판한다.

이상이 포퍼에 의한 헤겔 및 마르크스, 더 나아가 마르크스주의 비판의 요점이다.

---

3 칼 포퍼, 『변증법이란 무엇인가?』(1940), 『추측과 논박』(1963) 제15장.

포퍼가 헤겔=마르크스 비판의 초안을 집필했던 것은 1935년부터 1945년에 걸친 두 번의 세계대전기이다. 그 초안은 적어도 당시에 입수 가능한 것이 극히 한정되었던 마르크스의 저작들을 상당히 파고들어 읽어낸 바탕 위에서 쓰여졌다. 또한 마르크스에 대한 몇 가지 긍정적인 평가가 비판을 위한 전제로 되고 있다. 이런 점에서 헤겔에 대한 비판이나, 포퍼 자신이 「속류 마르크스주의」라고 부른 자들에 의한 잘못된 마르크스 해석에 대한 비판에서 엄격함을 보여 주기도 한다. 그리고 포퍼는 행론(行論)에서 마르크스와 마르크스주의를 주의 깊게 구별하여 읽고 있는 듯하다.

그러나 첫째로 포퍼가 헤겔 철학을 이념과 현실의 동일철학이라고 특징짓는 것까지는 옳지만, 변증법에 대한 포퍼의 이해는 조잡하고 천박하기까지 하다고 할 수 있다. 포퍼는 헤겔 변증법을 「정-반-합」의 트리아데나 「부정의 부정」 도식으로만 이해하고 있으나, 헤겔 변증법은 아주 풍부한 내용을 지니고 있다. 『논리학』으로 말하자면, 생성·소멸과 이행, 한계와 제한, 사물의 자립성, 질과 양, 현상과 본질, 사물의 여러 가지 상관관계, 보편과 특수의 관련으로 이루어진 총체성 등은 헤겔 철학의 「합리적인 핵심」(마르크스)을 이루는 논리적 범주로 평가할 수 있다. 그런데 포퍼는 헤겔의 논리학적 범주를 성실히 검토하지도 않았다. 또한 헤겔이 프로이센 국가의 호교 철학자가 되었다는 것은 엥겔스(『포이에르바흐론』)도 말했듯이 타당한 비판이겠지만, 포퍼는 헤겔 철학의 비판적·혁명적 성격(마르크스가 받아들여 계승한 것)을 무시한다. 그것은 포퍼의 변증법 이해의 조잡함, 천박함에서 비롯된 것이다.[4]

---

4 鰺坂真, 「K. ポパーと辨證法の問題(포퍼와 변증법의 문제)」, 「新實證主義の基調(신실증주의의 기초)」(『現代思想の潮流(현대 사상의 조류)』 1985) 수록.

둘째로 포퍼는 마르크스를 이해할 때 「필연의 영역(내지 왕국)」을 물질, 「자유의 영역(내지 왕국)」을 정신으로 해석한다든지, 생산력을 「본질」, 생산관계와 이데올로기를 「현상」이라고 하는 등, 단순한 이원론에 의거해서 재단하고 있다.[5]

셋째로 포퍼는 마르크스의 방법을 「본질주의」라고 하면서 비판하고, 예를 들어 「자본주의」나 「국가」의 본질적 개념을 인정하지 않는다. 일반적으로 사물의 본질적 개념을 밝히는 일과 그 현상 형태라든지 기능을 이해하는 일은 서로 상반되지 않는다. 중요한 것은 현상이라든지 기능을 그 개념으로부터 설명(전개)하는 것이다. 포퍼는 「구속 없는 자본주의」(이는 포퍼의 용어로 일반적으로 자유방임형 자본주의라고 한다.)를 반대하고 국가권력에 의한 경제의 간섭과 이를 위한 민주주의적 제도를 중시하고 유명한 「점진적 사회공학(piecemeal social-engineering)」을 제창한다. 바로 그것을 개량주의라고 비난하지 않는다 해도 적어도 마르크스는 자본주의의 본질적 개념으로부터 국가에 의한 간섭의 필연성을 전개하지 않았는가?

넷째로 포퍼는 마르크스를 결정론자로 단정한다. 그러나 마르크스 이론은 경제적 결정론도 아니고, 역사적 예언을 과학의 임무로 삼지도 않는다. 마르크스가 말하는 불가피한 법칙은 어디까지나 경향 법칙이며 그것의 실현은 반대로 작용하는 경향 법칙에 의해서 끊임없이 방해받는다. 포퍼에게 "일체는 우리 하기 나름이다."(주3, 171쪽) 인간이 모순을 너그럽게 봐주면 진보는 없게 되고, 모순이 진보를 생기게 하는지 어떤지는 인간 자의에 달려 있다는(같은 곳) 비결정론적 사고가 농후하게 보인다. 이렇게 보면 모든 일이 주관적인 선택 범위에 있는 우연이 되지 않겠는가?

---

5 칼 포퍼, 『열린 사회와 그 적들』(1950), 이명현 옮김, 민음사, 1998.

포퍼의 과학 방법론은 대체로 과학자의 지식=이론이 자유 경쟁적으로 도태되어야 한다고 주장한 것이다. 이런 입장은 자본제 경제의 현상적 세계라고 할 수 있는 시장 경쟁의 장과 대응하는 과학 방법론이다. 포퍼의 눈으로 보면 『자본론』이 시장 경쟁 자체의 고찰을 플랜상의 범위 밖으로 삼고, 자본제 생산의 내부 조직의 「이념」적 평균으로 대상을 한정했던 것 자체가, 처음부터 독단적인 「본질주의」적 태도이다. 그런 의미에서 포퍼는 완전히 스치고 지나가듯이 마르크스를 비판했다고 볼 수 있다.[6]

8.4 독일 사회(과)학 논쟁
—포퍼의 실증적 제도 분석과 아도르노의 헤겔주의—

포퍼와 아도르노(1903~69)는 1961년, 다렌도르프가 사회를 보는 가운데 독일의 튀빙겐에서 열렸던 독일사회학회의 연구 집회에서 각각 사회과학의 논리에 대해 보고했다. 이것을 둘러싼 토론은 그 장소에서 그치지 않았고 하버마스, 한스 알베르트, 피로트 사이에서 9년에 걸친 논쟁이 전개되었다. 이 논쟁에서는 포퍼 등이 현대 실증주의를 대표하고 아도르노 등 프랑크푸르트학파가 변증법주의(헤겔주의)를 대표했다. 여기에서 아도르노 등을 헤겔주의자라고 부르는 이유는 다렌도르프의 다음 언명에서 비롯된 것이다.

"토론에서 아도르노는 마르크스주의가 교조적인 것이 되었고, 억압적

---

6 포퍼의 마르크스 비판이나 과학 방법론의 내용에는 더 논해야 할 점이 있지만 여기에서는 헤겔과 마르크스의 방법에 한정한다.

인 이데올로기로 변해 버렸고, 결국 이론이 사람을 움직이지 못하고 현실이 행동의 가능성을 가두어 버리기 때문에 우리는 헤겔 좌파의 입장으로 되돌아가야 한다고 했다."[7]

먼저 포퍼는 다음과 같이 주장했다. (1) 인식은 알면 알수록 무지가 분명해지는 「외견상의 모순」을 밝힌다. (2) 인식은 지각이나 경험 혹은 데이터나 사실의 수집과 함께 시작하는 것이 아니라 이미 알고 있는 지식과 사실 사이의 모순을 발견하는 것에 의해 생기는 문제의 산출로부터 시작한다. (3) 이와 같은 논리적 모순의 객관성과 사실에 의거한 반박이라는 비판적 방법에 의해서만 문제 해결의 시도(가설)는 잠정적으로 받아들여진다. (4) 관찰과 추정으로부터 귀납법에 의해서 보편화를 전개한다고 하는 일부 자연과학의 방법은 사회과학에서는 타당하지 않다. (5) 이론과 초기 조건을 전제로 해서 거기서부터 결론을 도출하는 연역적 논리야말로 어떤 언명이 사실과 일치한다는 진리를 밝혀낸다. (6) 인간의 사고나 행동이 사회 상황의 논리에 의존하는 것을 객관적으로 이해하는 방법과 제도의 발생과 전개나 전통의 이론이 사회과학의 논리이다.

이러한 포퍼의 보고는 앞서 소개했던 과학 방법론만으로는 그다지 선명하지 않았던 사회과학의 논리로 상황 분석 및 제도 분석을 명확히 내세우고 있다는 점에서 주목된다.

이에 반해서 아도르노는 무지와 지의 구별이나 자연과학의 방법을 절대화하는 과학주의를 반대하는 점, 진리나 객관성에 대한 생각 등, 포퍼와의 사이에 "많은 점에서 실질적 일치가 있다."고 말하면서도 다음과 같은 주장을 전개했다. (1) 사회라는 대상의 구조와 사회학이 다루는 데이터 사

---

7 아도르노 / 포퍼 외 『사회과학의 논리—독일 사회학에서의 실증주의 논쟁』(1969)

이에 어떻든 간에 모순이 생긴다. (2) 그것은 사회라는 「총체성」이 개별적 관찰로는 도저히 짜맞추어지지 않기 때문이다. (3) 사회 속에 있는 모순을 「개념적으로 파악하는」 일은 가능하다. (4) 사실에 의한 비판이 못 미친다는 이유를 들어 「사상」을 가설로 폄하하는 일은 문제이며, 비판적 방법은 명제나 정리 등의 주관적 측면에 그치지 않고 사회라는 대상의 비판에까지 이르러야 한다.

아도르노의 보고는 포퍼가 제기했던 사회과학의 논리에 정면으로 응대하는 것을 피하면서도, 오로지 변증법이나 그 범주로서의 총체성을 내세우는 모습을 보여 준다.

이후 1963년에 하버마스가 「추가 논쟁」이라는 제목의 논문을 썼고, 이것을 둘러싸고서 논쟁이 더 전개되는 모습을 보였다.

이 논문에서 하버마스는 다음과 같이 기술했다. (a) 변증법은 오성적 사고에 의거하는 분석적·종합적 방법을 내재적으로 비판하고, 더더욱 앞으로 진행하도록 되어 있다. (b) 변증법적 총체성에 의한 개념적 파악에 대해서 분석적·종합적 방법은 「시스템 이론」으로 사회 전체의 경험적 규칙성의 기능적 연관을 파악한다. 거기에는 수학적 함수의 연역적 연관 속에 묘사된 시스템과 그 요소 사이의 관계가 있으나 이것은 실재하는 대상과의 일치에 대해서는 아무것도 말해 주지 못하는 임의로 구성된 도식이다. (c) 분석적·종합적 방법은 고립된 조건 아래에 있는 임의의 주관에 의한 관찰이라는 형식의 경험만을 허용하지만, 변증법적 사회 이론의 발단은 "전과학적(前科學的)으로 축적된 경험이라는 기초로부터 나오는" 것으로, "이 선행적(先行的) 경험이 이론에 방향을 주고 경험을 분절화하며, 그것을 통해서 이론은 경험에 입각하여 제어되는" 것으로, "경험에 반하는 것은 허용되지 않으"나, 이런 제어를 피하려는 그런 사상을 모두 단념하는 것이 의무 지워 지지도 않으므로, 이 사상은 엄밀한 반증을 요구하지 않는다. (d) 변증법적 사회 이론은 역사적 발전의 방향도 규정하는 객관적 연관을 분석한다. 그것이 밝히고 있는 역사적 법칙은 행동 주체의 의식에 의해서 매개되면서 관철되어 감과 동시에 역사적·사회적인 생활 연관의 객관적 의미도 표현한다. (e) 경험과학에 의한 사회적 관리 기술과 변증법적 사회 이론에 의한 실천적 문제 관심 사이에는 균열이 있다. 전자는 후자에 의해서 평가되어야 한다. (f) 변증법적 사회 이론은 사회적 관계들이 제도적으로 물상화되어 있다고 이해하므로 물상적 관련만을 분석하는 객관주의를 피하면서 동시에 물상적 관련의 주관적 의미만을 따지는 이데올로기화로부터도 스스로 지키고 있다.

이런 하버마스의 입론에 대해서 알베르트는 ① 총체성의 의미가 불분명하다. ② 포퍼가 이론을 도구주의적으로 해석하는 실증주의 전통과도 대결한다는 사실을 간과하고 있다. ③「전과학적으로 축적된 경험」이 오류를 포함하지 않는다는 보증이 어디에 있는가? ④ 변증법적 총체성에 의거하는 개념이 왜 반증 가능한 이론이 아닌가? ⑤ 역사 법칙의 테스트는 어떻게 되는가? ⑥ 실천적 문제 관심에 의거하는 역사 해석이 자의적이라는 것을 어떻게 피하는가? 총체성은 역사의 자의적 해석을 은폐하는 가면이 아닌가? 하는 취지로 비판을 개진했다. 알베르트의 비판에 대한 하버마스의 회답은 필자가 읽은 한에서 난해하고 명쾌하지 못했다고 생각한다.

독일 사회학회의 실증주의 논쟁은 실증주의와 헤겔주의의 두 조류가 처음으로 명확하게 서로의 입장을 내세운, 드물게 보이는 기회였다. 이 논쟁에서 포퍼 측이 변증법은 과학이 아닌 단순한「결단」을 숨기고 있다고 하며 변증법에 대해 회의를 표명했던 데 반해, 아도르노 측은 가설의 비판적 음미라는 방법을 인정하는지 아닌지, 그 한계나 위치 매김을 명확하게 하지 못하고 변증법이나 그 범주인 총체성의 의미도 명확하게 하지 못했다. 그런 의미에서 논쟁은 실증주의와 헤겔주의 사이의 입장의 엇갈림으로 시종일관했다.

포퍼의 견해에 대한 의문은 앞에서 기술한 바 있으나 이 논쟁에서 더욱 보태지면서 더욱 명확하게 되었는데, 그 논점은 개념적 파악의 변증법의 제한 내지 한계는 무엇인가? 변증법적인 전개에서 사실의 검증은 어떻게 해서 이루어지는가? 포퍼가 강조한 문제 발견과 가설의 반증에 의한 탐구를 분석적 방법 속에 어떻게 자리매김하는가? 하는 것이다.

8.5 현대 사회과학에서 실증주의 대 이념주의

독일사회학회를 무대로 해서 실증주의와 이념주의 사이에 전개되었던 논쟁은 실은 20세기의 사회과학 전체에서 방법론의 대립축을 이루는 실증주의와 이념주의를 대표한 것이었다. 이것은 겐이치 토미나가(富永健一, 1931~)가 20세기 사회과학을 총괄할 때 취했던 기본적 취급 방식이다. 겐이치에 의하면, 사회과학을 자연과학적인 방법으로 생각하는 제1의 흐름으로부터는 경험과학·실증과학의 입장이 생겨나고, 반면에 전통적인 형이상학적 방법의 관점에서 사회과학을 생각하는 제2의 흐름으로부터 이념주의적·사변적 입장의 사회과학이 생겨났다. 전자는 고전적 실증주의로부터 신실증주의로, 후자는 헤겔을 포함한 독일관념론을 유력한 하나

의 형태로 하고 이것을 모체로 삼는 현대 사회과학으로 전개되어 왔다.[8]

제1의 흐름인 실증주의 사고는 다음 점들을 특징으로 한다.

"(1) 인식에서의 객관주의(상호감각성·상호주관성의 확보). (2) 보편화적 경험주의[주: 경험을 근거로 해서 검증 가능한 가설 명제를 정식화하는 일을 과학의 목적으로 간주한다]. (3) 경험과 논리의 이원론[주: 경험 외에 보편화를 위한 추리 규칙에 의한 연역을 불가결한 절차로 간주한다]. (4) 측정과 데이터 처리의 과학적 절차를 중시한다. (5) 가치·이념으로부터 과학적 인식의 자유. (6) 과학 일원론[주: 자연과학과 사회과학 사이에 원칙적으로 상이함은 없다는 입장]."(겐이치 토미나가, 『現代の社会科学者—現代社会科学における実証主義と理念主義(현대의 사회과학자—현대 사회과학에서의 실증주의와 이념주의)』 101~102쪽) 현대의 실증주의 사회과학(경제학·정치학·사회학)에서 공통의 이론적 짜임새로 균형이론, 시스템 이론(체계 이론), (구조=)기능 이론 이렇게 세 가지가 제시된다.

다른 한편 실증주의의 조류와 대립하며 이념주의라고 일컬어지는 사고의 특징은 (1) 인식에서의 주관주의[주: 인식 주체의 의식 내의 요인에서 의미를 찾아낸다]. (2) 보편화를 지향하는 경험주의의 부정. (3) 반합리주의 내지 반논리주의[주: 논리학이나 수학이나 통계학과 같은 추리 규칙의 기술학을 싫어한다]. (4) 반도구주의[주: 측정이나 데이터 처리를 싫어한다]. (5) 사실판단과 가치판단을 분리하지 않는다. (6) 자연과학과 사회과학의 원리적으로 상이하다고 주장한다. 이런 점들이다.(같은 책, 377~378쪽) 그리고 이념주의 조류 가운데 중요한 것으로 역사주의, 현상학, 마르크스주의 및 프랑크푸르트학파의

8 富永健一(토미나가 겐이치), 『現代の社会科学者—現代社会科学における実証主義と理念主義(현대의 사회과학자—현대 사회과학에서의 실증주의와 이론주의)』, 講談社学術文庫, 1993(초판 1984).

비판 이론 등을 제시하고 각각 검토한다.

다만 마르크스주의와 관련해서 겐이치는 의미심장하게도 마르크스의 방법이 「이념주의와 실증주의」를 모두 동시에 갖추고 있다고 지적한다. 헤겔 철학 출신으로 독일적 이념주의적 학풍을 몸에 익혀 왔던 마르크스가 그것과는 이질적인 영국 고전파경제학을 습득하여 실증주의적 학풍을 겸비하게 되었다고 한다. 그때 "변증법이라는 헤겔 철학의 소위 포맷(format) 그 자체는 계승되고 있다." "그런 한에서 마르크스는 결국 헤겔주의자였다." "마르크스의 역사유물론은[주: 변증법에 의해서 역사를 논리화하려고 했다는 점에서] 바로 헤겔의 의도를 다시 실현한 것에 지나지 않는다."(같은 책, 449쪽) 그리고 "초기 마르크스의 소외론은 아직 헤겔 철학의 울타리 안에 머물러 있었던 시기의 마르크스의 이념주의를 표현하고 있다."(같은 책, 460쪽 이하)

게다가 마르크스 이후의 마르크스주의에 대해서 겐이치는 다음과 같이 쓴다. 수정주의를 제창한 것으로 유명한 베른슈타인은 "경험적 사실의 수준에서 구조 변동에 관한 통찰은 올바른 방향으로 진행하고 있었다."고 했다. 고도 산업사회에 이르러 사실을 인식할 때 마르크스의 오류가 밝혀지면, 마르크스의 이론적 연역 장치가 지지받을 수 없게 될 것이라는 추론은 당연하며, 사회과학의 방법이라는 주제에 입각해서 말하면 "베른슈타인의 수정주의는 수정주의라고 말하는 것보다도 실증주의 관점에서 수행한 이념주의적 마르크스주의에 대한 정당한 비판이라고 해야 할 것이다."(같은 책, 454쪽)

반면에 선진 산업사회에서 마르크스주의가 살아남는 길에는 "실증주의적 사회과학으로서의 측면을 단념하고 이념주의로 철저히 나아가는 것"이 있다. 이런 가능성을 보여 준 하나의 시도가 호르크하이머, 아도르노, 하버마스 등 프랑크푸르트학파의 비판 이론이다. 겐이치에 의하면, 프랑크푸르크학파의 마르크스주의는 "경제학 없는 마르크스주의이다. 오히려 경제학을 알지 못한 까닭에 마르크스 경제학의 궁핍화론이나 자본주의 붕괴론을 무비판적으로 수용하여 그것들이 기정사실인 것처럼 말한다." 비판 이론은 실증주의의 과학 이론을 전면적으로 거부한다. 비판 이론의 이론가들은 요컨대 경험과학을 반대하는 철학자이다.

원래 겐이치는 사회과학에서 철학 혹은 이념주의 자체를 당연히 부정하고 있지 않았다. "실증주의 과학의 한계를 철학으로 보완한다는 생각이라면, 우리는 그것을 받아들일 수 있다."(같은 책, 461~2쪽)고 쓰고 있다. 또 겐이치는 실증주의자로서 자신의 입장을 가지고 "독일 사회학의 실증주의 논쟁"에 대해서 일정한 평가를 내리고 있는데, 여기에서는 그것은 제쳐 놓고 겐이치가 헤겔=마르크스 관계를 어떻게 이해하는가를 검토해 보려고 한다.

먼저 첫 번째로, 겐이치가 마르크스의 방법을 깊이 검토하고 이해하고 있다고 볼 수 없다. 말하자면, 마르크스의 방법 속에 실증주의와 이념주의 두 가지가 있다고 하는 것이 무엇을 말하는지를 분명히 밝히고 있지 않다. 마르크스의 역사적유물론은 이념주의이지만, 경제학은 실증주의이다. 혹은 초기의 철학자 마르크스는 이념주의이며, 중후기의 경제학자 마르크스는 실증주의라는 식으로 마르크스를 난폭하게 가르고 있다. 요컨대 겐이치는 경제학의 방법에서 헤겔=마르크스의 비판적 계승 관계를 이해하지 못하고 있다.

두 번째로, 마르크스 이후의 마르크스주의에서, 베른슈타인 등의 실증주의와 프랑크푸르트학파에게서 보이는 헤겔주의(겐이치에 의하면, 「이념주의」) 조류가 생겼다고 하는 것은 올바른 이해라고 생각되지만, 양자에게서 공통으로 자본에 의한 전개가 부정된다는 지적은 성립되지 않는다. 헤겔이 「이념」(정신, 의미 등의 의식)으로부터 출발한 데 반해 마르크스의 경제학은 어디까지나 「부르주아사회」의 「개념」(예: 상품, 화폐, 자본 등)으로부터 출발하였으며, 이 둘은 전혀 다르다. 마르크스가 자기 자신의 것으로 삼았던 실재적 대상의 개념 파악에 의거한 서술 전개(『요강』과 『자본론』의 방법)에 대해서 아무것도 검토하지 않고서 마르크스의 사회과학 방법을 이념주의에 포함하는 것은 무리이며, 마르크스의 경제학 방법을 실증주의라고 할 수도 없다. 게다가 겐이치는 실증주의 사회과학으로서의 마르크스주의가 파탄 났기 때문에, 철저한 이념주의를 통해서 살아남으려고 시도했다고 파악했고, 20세기에 이룩된 마르크스 경제학의 전개와 그 성과를 인정하지 않았다.

세 번째로, 겐이치는 실증주의 사회과학과 이념주의 사회과학 사이의 접점 혹은 교류의 산물을 막스 베버(Max Weber, 1864~1920)의 행위 이론과 탈코트 파슨스(Talcott Parsons, 1902~79)의 행위 이론에서 찾는다. 그리고 이런 연장선상에서 앞의 「독일 사회학의 실증주의 논쟁」으로 되돌아가서 하버마스와 알베르트의 논쟁을 대비하면서 「현대 사회과학의 조류들」을 조감하는 자신의 작업을 마치고 있다. 마르크스의 방법이 실증주의와 이념주의 쌍방으로 이루어져 있다면, 현대 사회과학은 마르크스-베버-파슨스라는 주선율의 흐름에서 재검토되어야 하지 않을까? 겐이치는 그 연주자의 역할을 하버마스에게 맡기고 싶은 듯하지만, 겐이치 자신에 의한 마르크스 사회 이론의 재검토를 구하고 싶다.

8.6 경제학 비판의 방법과 과제

이번 장의 마지막으로 신고전파경제학의 실증주의적 방법을 논했던 밀턴 프리드먼(Milton Freidman, 1912~2006)의 논문을 검토하고 경제학 비판의 방법과 과제를 기술하여 종합하려고 한다.

포퍼는 제2차 세계대전 후 "논리실증주의는 죽어 버렸다." 이런 일은 "오늘날에는 누구나 다 알고 있다."(포퍼, 『끝없는 탐구—내 삶의 지적 연대기』, 17절)고 말하는데, 신고전파경제학의 방법은 오늘날에도 여전히 논리실증주의라고 말해진다. 그래서 1950년대에 실증적 경제학의 방법을 논했던 프리드먼의 유명한 논문을 검토하겠다.[9]

프리드먼에 의하면, 실증적 경제학(positive economy)이란 "이렇게 있음"에 관한 지식 체계이고 자연과학과 같은 의미로 객관적 과학이다(포퍼가 말하는 「자연주의」). 그리고 "이렇게 있어야 함의 기준"에 관한 지식 체계인 규범적 경제학은 실증적 경제학에 의존한다. 실증적 경제학의 과제는 사태의 변화를 「예측」하는 일반 명제의 체계를 제공하는 일이다. 그 성과는 체계의 정확함, 범위, 경험과 그 예측과의 적합성에 의해 판단된다(경험에 의한 검증주의). 이론 가설은 「사실의 증거」만으로는 증명될 수 없다. 가설에 의거한 예측과 경험의 비교가 중요하다. 그러나 경제학의 경우, 예측을 실험에 의해서 테스트하는 것은 곤란하다. 그러므로 경험적 근거는 당면한 목적에 충분하게 근사(近似)하면 되는 것이어서, 가설이 지닌 가정에 대해서 물어지는 것도 그러한 것들이다. 어떤 가설의 증거는 문제들에 무수

9 M. 프리드먼 『실증적 경제학의 방법과 전개』(1953)

히 적용하여 얻어진 경험과, 그 가설의 함의가 반복해서 부인되지 않았음에 입각한다. 그 가설을 구축하는 과정은 논리의 범주에서 의론되어야 할 것이 아니라, 심리적인 범주에 속하는 것이다.

먼저 첫째로 프리드먼이 말하는 예측은 어떤 사건의 설명과 같은 의미가 아니라 천문학의 예측과 같은 것(예를 들면, 경기변동이나 인플레이션의 예측)을 의미하는데, 그와 같은 인과관계에 의거한 확정적인 예측은 현재의 경제학에서는 곤란하다. 그런 의미에서 실증과학으로서의 경제학을 예측에서 찾는 것은 무리이다. 또한 프리드먼의 방법론은 포퍼의 방법론과 유사한 점이 있지만, 양자 모두 가설(일반 이론)이 어떻게 획득되는가에 대해서는 언급하지 않는다. 일반적으로 개별 경험 내지 명제로부터 귀납적으로 보편명제(이론 가설)를 찾아낼 수는 없기 때문에 이론 및 가설의 획득을 "전적으로 사적인 일에 속한다."(포퍼, 『역사법칙주의의 빈곤』)고 말한다든가 보편적인 개념의 파악을 「본질주의」라고 하여 거부하는 것은 과학적 사고의 정지(停止)라고 할 것이다. 또한 프리드먼처럼 가설의 구축을 영감, 직감, 발명 등 심리학적 범주에서 논의되어야 할 것으로, 자서전이나 전기에서 연구되어야 할 것이라고 하는 것, 이것 또한 결국 문제라 할 수 있다.

그렇다면 마르크스의 방법은 어떻게 되는가? 마르크스가 개념을 파악하는 방법과 실증적 태도에 대해서 엥겔스는 흥미로운 기록을 남겼다. 먼저 헤겔주의의 몰락과 헤겔 비판의 필요성에 대해서 엥겔스는 다음과 같이 쓰고 있다.

1831년 헤겔 사후, 공인된 헤겔학파와 헤겔주의자는 "변증법으로부터 아주 간단한 수법의 조작만을 남겨 놓고, 그것을 모든 일에 게다가 익살스러울 정도로 졸렬하게 적용하여 왔다." "사상과 실증적 지식을 결여한" 헤겔 후계자들. 이어서 "실증적 지식의 우월" "과학의 실증적 내용이 다시 그 형식적 측면보다 더 중요시되는 시대가 도래하고 있다." 그러나 "부르주아적 오성"은 본질과 현상, 원인과 결과를 나누는 도랑 앞에서 멈추어 선다. 그래서 "과학은 어떻게 취급되어야 할 것인가라는 문제가 해결되어야 했다." "필요한 일은 유물론적인 세계관을 더욱더 전개하는 것"이었고 또한 "헤겔의 방법을 철저한 비판에 내맡기는 것이었다."

이 서술은 엥겔스가 쓴 마르크스 『경제학 비판』(1859)에 관한 서평 가운데 일부이다. 이 속에 나오는 헤겔주의를 「20세기 마르크스주의」로 치환해 보면, 마치 100년 후인 1930년대 이후의 철학과 방법론의 상황을 말하고 있는 듯이 보인다.

엥겔스는 이 뒷부분에서 이렇게 획득된 방법에 의한 마르크스의 「경제학 비판」은 "헤겔이 죽은 이래 거의 이루어지지 않은, 어떤 학문[주: 이 경우는 경제학]을 그것 자신의 내적 연관에서 전개하는 시도"라고 썼다. 이렇게 「그것 자신의 내적 연관에서 전개한다.」고 하는 것은 개념적 파악에 의거한 논리적 전개를 의미한다.

정작 마르크스의 개념은 정의(定義)가 아니라 전개되는 것이다. "마르크스가 전개하는 경우에 마치 거기에서 마르크스가 정의하려고 하는 것처럼 생각"하든지, "일반적으로 마르크스에게서 고정된 기성의 절대적으로 타당한 정의가 찾아지는 것처럼 생각"하는 것은 오해이다. "사물과 그 상호 연관이 고정된 것으로서가 아니라 가변적인 것으로 파악되는 곳에서는 그것들을 사고로 모사(模寫)한 개념도 또한 같은 식으로 변화나 변형을 겪는다." "그것들은 경직된 정의 속으로 처넣어지는 것이 아니라 그것들의 역사적 또는 논리적 형성 과정 속에서 전개되는 것이다."(『자본론』 제3판 서

문, 1894)

다음으로, 개념적 파악에 의거한 전개와 실증 분석의 관계에 대해서 엥겔스는 다음과 같이 기술한다. "이 방법에서 논리적 전개는 순수한 추상의 영역에 머무를 필요가 전혀 없다. 반대로 그것은 역사적 예증을, 현실과의 부단한 접촉을 필요로 한다. 실제 [이 책에서는] 이러한 증거가 대단히 많이 삽입되었고, 사회 발전의 여러 가지 단계에 있는 현실의 역사적 경과에 대해서도, 경제학의 문헌에 대해서도 지시가 제시된다."(마르크스 『경제학 비판』의 서평, 1859년에 공표되었다.)

이와 같이 경제 이론의 전개(서술)는 「순수경제학」일 필요가 없고, 현실적·역사적 실증 분석과의 접촉을 필요로 한다. 그때, "우리가 경제학을 하나의 실증적 과학으로 전화시키는 것은 상쟁하는 현실과, 그 배경을 이루는 현실적 대립을 바탕에 두는 것에 의해서 만이다."(엥겔스에게 보낸 마르크스의 편지, 1868년 10월 10일)

그러므로 『자본론』을 개념적 파악의 논리적 전개로 읽지 않고, 생산-유통-총과정의 구분을 단지 형식적으로만 이해하여 「생산론-유통론-분배론」으로 편성한다든지, 사실의 분석을 포함하지 않는 「순수경제학」으로 만들어 대체한다든지, 폐쇄된 『자본론』「체계」로 절대화한다든지 해 버리면, 개념 파악에 의거한 논리 전개는 토대 없는 것이 되어 버리고 거기에서 정지하고 말 것이다. 이것은 방법론에서의 헤겔주의적 태도에 지나지 않는다. 그것 이후의 연구는 실질적으로 실증주의적 연구로 바뀌지 않는 것, 혹은 자본주의라는 불변의 본질을 위한 단순한 예증을 찾아내는 것에 지나지 않는 연구 태도로 빠져 버리게 될 것이다. 우리는 어떤 의미에서 불완전함이 체계 확대의 원동력임을 알아야 한다. "과학적인 사고 과정은 전체로서 연역·귀납·유비라고 하는 세 가지 추리를 하나의 부분 과정으로서 안에 포함하고 있는 과정이고, 이 중 어떤 것도 하나로 환원해 버려야 할 것일 수는 없다." 이런 과정은 더 크게 구별하면, 하향과 상향이라는 역의 관계에 있는 두 가지 과정으로 이루어져 있다.[10]

이상으로부터 필요한 것은 첫째로 경험적 분석의 방법이나 성과를 흡수하고 비판적인 분석을 대치하는 일이다. 자본제 시장경제에는 여러 가지 균형이나 기능, 시스템적 연관도 있으나 거기로부터 불균형, 현실적 대립이나 투쟁, 재생산과 발전을 놓쳐서는 안 된다. 둘째로 그것들에 관한 경험적 분석의 성과를 자본 개념 파악의 전개와 접속함으로써 자본 개념을 더욱더 풍부하게 하는 일이다. 그것은 첫머리에서도 기술했듯이 자본제 생산관계의 물상화로부터 경쟁, 신용, 경제 권력의 행사와 저항이나 항쟁, 제도, 기능, 행위, 모순, 비용 나아가 현실적·구체적인 인간성에 이르는 전개로 될 것이다.

거기에 20세기의 「비」마르크스 경제학의 성과를 비판적으로 흡수하고 전개하는 하나의 길이 열려져 있다고 생각한다.[11] 그래서 다음 최종 장

---

10 『論理學: 思考の方法と科學の方法(논리학: 사고의 방법과 과학의 방법)』(1987), 78~79쪽. 그 외에 아시사카 마코토 편, 『헤겔 논리학 입문』(한마당, 1990)을 참조할 것.

11 필자는 다른 글에서 집합 행위(collective action)와 비용 분석을 매개로 해서 생산관계를 제도화론으로 삼아 구체화하는 방향을 제기했다.(「제도·조직론의 생산관계 접근」, 關西唯物論研究會, 『唯物論と現代(유물론과 현대)』, 제18호, 1996년 11월) 또한 경쟁 차원에서 자본 - 임노동 관계를 분석하였던 새뮤얼 보울스 등의 항쟁 교환 이론의 의의를 마르크스에 의한 「가변자본 절약의 법칙」으로 논했다.(「항쟁적 교환과 가변자본 절약의 논리」, 『立命館經濟學』, 제43권 제1호, 1994년 4월)

에서는 현대 경제학으로서의 마르크스 이론의 가능성을 총괄적으로 논해 보고자 한다.

有井長島 편, 『現代認識論とヘーゲル=マルクス(현대 인식론과 헤겔=마르크스)』(青木書店, 1995)는 「존재주의」 대 「인식주의」를 20세기 마르크스주의 내부의 대항축이라고 보는 입장이지만, 이상에서 기술하였듯이 사회과학 나아가 마르크스주의 내부에서 방법론상의 대항축은 「실증주의」 대 「헤겔주의」 아니었나가 본서에서 나의 생각이다.

제9장
현대 경제학으로서 마르크스 이론의 가능성
—그 머리말—

9.1 경제학의 존재 방식을 묻다

제9장에서는 현대 경제학의 상황을 간략하게 정리하고 마르크스의 경제 이론이 현대 경제학으로서 지니는 가능성을 총괄적으로 논한다.

마르크스는 19세기의 인간이고 그의 경제학 전체는 19세기 경제학의 짜임새 속에 있다. 따라서 현대 경제학에서는 마르크스가 차지할 자리는 없다고 보는 견해가 있다. 이런 삼단논법은 정확할까? 본서의 가설은 19세기 경제학의 모든 조류가 마르크스에게로 흘러들어가 있고 20세기 현대 경제학의 조류들은 그러한 마르크스를 기준으로 해서 바로 평가될 수 있다는 것이다. 이 가설에 입각하면, 현대 경제학으로서의 마르크스의 가능성을 최대한으로 끌어내어 21세기에 소생시킬 수 있지 않을까?

주지하는 바와 같이 마르크스의 주저 『자본론』은 당초 「경제학 비판」을 표제로 달았다. 『자본론』의 부제는 「경제학 비판」이라고 되어 있으며, 마르크스는 과거 및 동시대의 모든 경제학자들의 저서에 대해서 비판해야 할 것은 철저히 비판하고 섭취해야 할 것은 적극적으로 평가하였다. 이런 점은 『경제학 비판 요강』도 그러하지만, 『자본론』에 있는 주석이나 인용, 「잉여가치에 관한 학설」 노트에서 분명하게 볼 수 있다. 만약 마르크스가 지금 살아 있다면, 무엇보다도 먼저 세계경제의 현실을 관찰하고 분석하고 동시에 「현대 경제학 비판」에 적극적으로 개입했을 것이다.

주지하는 바와 같이 일본의 경제학계에서는 「근대경제학」(미시·거시경제학)과 「마르크스 경제학」이 병존하고 계속 대립하여 왔다. 주류파 경제학은 미국이 빚어낸 「신고전파경제학」인데, 일찍이 주류파였던 케인스 경제학은 오늘날에 와서는 떠내려가 버렸다. "전체적으로 보면, 오늘의 경제학에 심각한 문제가 있다고는 생각하지는 않는다. 위기감은 전혀 없다." 이 말은 주류파(=신고전파) 경제학자들의 기분을 대표한다. 「근대경제학」은 「(모던) 이코노믹스」라는 이름을 내세웠고, 일본에서의 그 중심적 학회였던 「이론·계량경제학회」는 1997년 「전미경제학회AEA」를 모방하여 「일본경제학회」로 개명했다. 주류 경제학자 가운데 많은 사람들이 경제학으로서의 위기감을 지니지 않는 것은 첫째로 그들이 아카데미니즘(학계의 전통이나 형식)에 갇혀 있기 때문이고 둘째로 그 이론이 가진 내용과 인간관, 경제관에 원인이 있다.

9.2 「근대경제학」의 인간관과 경제관

(근대의) 경제학이 우울한, 비인간적인 학문이라고 하는 비판은 19세기 영국에서 나왔다. 그것은 신고전파경제학이 의거하는 인간관이 「호모 이코노미쿠스(경제인)」라고 하는 인간 유형, 즉 다른 사람들의 일에 무관심하고, 자신의 사적인 이익이나 욕구(「효용」이라고도 한다.)만을 추구하는 인간 유형을 기초로 하는 데 있다. 「경제인」은 완전한 지식을 가지고, 자신의 목적을 달성하는 수단들을 비교하는 가운데, 자신에게 최고로 적합하고 최대의 효과를 거둘 수 있다는 의미에서 효율적인 수단을 자유롭게 선택한다는 이유로 「합리적인 개인」으로 여겨진다. 소비자(「가계」)는 물론 기업이나 정부의 담당자도 모두 그러한 합리적 개인으로 이루어진다. 따라서 만사는 당연히 「척척 잘」 진행된다. 가령 「척척 잘」 진행되지 못하는 사태가 생긴다고 해도 그것은 경제(시장) 자체에 문제가 있는 것이 아니다. 경제(시장) 이외의 구조나 인습 등의 불합리함이나 비효율에 문제가 있는 것이다. 금융기관의 파행도 실업자의 증대도 시장의 실패나 비효율을 보이는 것이 아니라 시장경제에 어울리지 않는 제도나 전통이 무너져 가는 과정에서 수반되는 결과에 지나지 않는다. 시장경제가 다른 것들에 의해 방해받지 않고서 기능한다면, 문제는 해소된다. 이와 같이 생각하면 현실에서 일어나는 문제를 뿌리치고 냉정하게 바라보고 있으므로 시장을 잘 기능하게 하는 일 이외에 새로운 방책은 나오지 않는다.

이와 같은 인간관이나 경제관은 실은 구태의연한 것으로 이미 19세기부터 존재했던 것이다. 그 사회관은 개인주의적이고 사회경제 사상으로서는 자유주의라고 해도 과언이 아니다. 개인주의나 자유주의에 의거하는 경제학이 19세기 중반까지는 사회나 국가에 대해서는 일정 정도 혁신적인 역할을 수행했던 점도 있었지만, 자본제를 본질로 하는 시장경제나 자유 경쟁의 급격한 진전과 함께 생겼던 계급 대립이나 빈부격차, 노동·사회 운동의 역할에는 눈을 돌리지 않는, 현상 유지의 사상이나 학문이 되어 왔다. 경제학의 방법에서도 사회나 경제의 구조를 개인으로부터 발상하고 경험주의적, 실증주의적 방법에 의해서 이해한다.

이와 같은 신고전파경제학이 의거하는 인간관이나 경제관, 나아가 방법론은 19세기 말부터 20세기 초에 이르러 확립되었지만, 구미에서는 1930년대의 세계적 불황이나 파시즘과의 전쟁으로 인한 자본주의 경제체제의 위기 속에서 후퇴하지 않을 수 없었다. 그것을 대신해서 정부에 의한 시장으로의 개입을 정당화하는 복지국가의 경제사상이나 케인스주의 경제학이 주류를 이루게 되었다. 케인스 자신은 자유주의자였지만 『자유방임의 종언』(1926) 등에서 신고전파경제학이 의거한 인간·경제관을 비판했다. 『고용 이자 및 화폐의 일반이론』(1936)에서는 자본제 경제에서 인간의 자유를 실현하기 위해서는 실업이나 불공평한 분배를 해결해야 한다고 하고 있다. 이를 위해서는 재정이나 금융 등의 수단을 이용하여 정부 기능을 확대하고 자본가의 투자 의욕을 북돋울 필요가 있다는 경제 이론을 전개했다.

일반적으로 「수정자본주의」라고도 부르는, 제2차 세계대전 후에 일반화되었던 이러한 사상도 고도 경제성장의 결과 1970년대의 스태그플레이션(불황과 물가 상승의 병존)과 재정 위기 와중에 후퇴하게 되었다. 그것을 대신해서 1980년대의 영국 수상 대처·미국 대통령 레이건 시대에는 일찍이 자유경쟁지상주의에 의거하였던 신고전파경제학이 「새로운 옷을 걸치고」 재생했다. 마르크스의 기세만이 아니라 케인스의 기세도 「꺾이게」 되었다.

일본의 자본제 경제는 메이지 시대 이래, 그리고 전후에도 국가 주도형 아래서 이루어져 왔다. 경제학에서는 전쟁 전부터 마르크스 경제학이 일본형 자본주의의 비판자로서 일정한 학문적·사상적 권위와 영향력을 지녔으나 제2차 세계대전 후, 서구의 「근대경제학」이 본격적으로 도입되었고 고도성장기에는 케인스 경제학이 국가 개입을 정당화하는 이론으로 소위 편리하게 이용되었다. 나아가서는 일본 경제가 순조로웠던 시기에는 반드시 이러한 경제 이론과 서로 껴안는 모습으로 일본형 자본주의를 찬미하는 논의가 제창되었다. 그런데 일본 경제가 순조롭지 않으면, 일본형은 후진적이고 서구형과 부합하지 못하기 때문이라는 의론이 통용된다. 이런 흔들림은 항상 생겨나고 있다. 경제학이 다른 모습의 자본제 경제를 잘 파악하지 못하고 있다는 것을 표현한다고도 할 수 있다. 1990년에 들어서고 일본의 대기업이나 대은행의 본격적인 다국적화에 대응하여 자본의 국제 경쟁력을 강화하기 위해서 「자유로운 시장」「규제 철폐」가 제창된다. 국가의 개입에 대해서는 복지나 교육 등은 쓸데없는 비용이지만, 기업의 국제 전개나 미국에 대한 군사를 포함한 국제 협력은 필요한 비용이라고 하는 아주 편의주의적인 의론이 등장한다.

주류파 경제학의 인간관이나 경제관은 일본에서는 1980년대 후반부터 지배적으로 되어 왔다. 일본의 자본제 경제가 성숙했기 때문에 이와 같은 시장경제 중심적인 견해가 어느 정도 받아들여지는 경제 사회적 혹은 대중적 기반이 형성되어 왔다고도 생각된다. 그런 한에서 시장경제지상주의나 그 인간관을 비판하고, 그것을 대신할 경제관이나 인간관을 적극적으로 밝혀야 한다.

9.3 제도·게임·복잡계—현대 경제학의 새로운 조류

최근 경제학에 제도주의, 복잡계, 진화경제학 등의 용어가 몇 가지 등장했다. 이것들은 주류파 경제학에 대한 비판(경제학)이라는 성격을 농후하게 지니고 있으므로 여기에서 먼저 현대 경제학(비판)의 새로운 조류에 대해서 언급하고자 한다.

제도주의 혹은 제도학파 경제학은 20세기 초두에 생겨났고 1940년대까지 미국에서 독자적인 영향력을 지녔던 조류이다. Th. 베블렌(Th. Veblen), J. R. 코먼즈(J.R.Commons), W. C. 미첼(W.C. Mitchell) 등이 유명한데, 1970년대 이후의 새로운 제도주의 경제학과 구별하는 의미에서 이들을 구제도학파라고도 부른다.

제도학파 경제학은 원래 19세기말의 신고전파경제학에 대한 비판으로 생겨났다. 거기에는 마르크스의 영향도 보인다. 19세기의 고전파경제학이나 마르크스의 경우 임금, 가격, 이윤, 자본이라는 경제학적 범주들을 어떻게 이해하는가를 주된 내용으로 해서 각각의 체계를 성립해 왔으나, 제도학파의 경우는 훨씬 구체적으로 영리기업이나 주식회사, 각종 조합, 공익단체, 금융기관, 정보 조직과 그 규제, 경기순환, 법률이나 관습 등을 대상으로 한다. 제도학파는 이와 같은 구체적인 제도적 환경에 의해서 인간의 경제적 거래 행위가 제약된다고 생각하므로 "개인적 행위를 콘트롤하려는 그런 집단적 행위"(J. R. 코먼즈)를 대상으로 한다. 이것이 제도학파의 인간관에 의거한 경제학의 연구 대상이다. 그러므로 이 인간관은 원래 자신의 효용을 최대한으로 만족시키는 추상적이고 합리적인 개인이라는 신고전파경제학이 의거하였던 인간관과는 다르다. 또한 사람이 일정한 제도적 환경에 의하여 제약되고 있는 이상, 경제의 제도들을 연구할 뿐만 아니라 그 제도의 개혁에 의해서 서로 충돌하는 이해를 조정하고 자본제 경제를 더 나은 제도적 환경을 지닌 것으로 변혁·개량한다. 이것이 제도학파의 실천적·정책적 의미였다. 실제 뉴딜 시기의 미국 경제 정책은 제도학파 경제학으로부터 영향 받은 바가 컸다.

그런데 1950년대 이후 미국 경제학은 케인스 경제학 일색으로 바뀌었고 그것에 신고전파경제학을 합체해 놓았던 「신고전파 종합」이 1960년대 학계의 주류를 이루었다. 그 대표자는 폴 새뮤얼슨이다.

1970년대가 되어 신고전파경제학의 연장선에서 제도학파의 발상을 섭취한 학파가 생겨났다. 곧 O. 윌리엄슨 등의 「신제도주의 경제학파」이다. 이것은 종래의 신고전파경제학의 「비용」론에 「거래비용」(R. 코스)이라는 개념을 새롭게 보태고, 게다가 인간 행동과 관련된 「한정합리성」(bounded rationality, H. 사이먼)이나 「기회주의」「정보의 편재」「분위기」(모두 윌리엄슨을 따랐다.)라는 개념까지 가미하면서 시장과는 다른, 제도로서의 기업이나 조직 등을 분석하려고 한 것이다.

또한 계량경제사 분야에서 노벨 경제학상을 수상했던 D. 노스는 신고전파의 선택 행동 이론을 보충하고 수정하는 이유로 제도(rule)에 의한 제약을 다룬다. 그와 동시에 신고전파가 결여한, 제도의 기초에 있는 인간 상호 간 「조정과 협동」을 고찰할 필요가 있다는 것을 주장한다.

다른 한편, 주류파 경제학에도 게임이론이 융성하게 되어 큰 변화가 생기게 된다. 게임이론에는 고전적으로는 「죄수의 딜레마」가 유명하다. 공범이 확실한 두 명의 죄수를 각기 다른 건으로 체포하고 각기 다른 취조실에서 각자에게 공범을 자백할 것인지 아니면 묵비할 것인지를 압박하고 자백과

묵비를 짜맞추는 결과에 따라 죄의 경중이 다르다는 룰을 설정했을 때 두 사람의 행동을 예측한다는 사례인데, 이러한 단순한 사례에서 아주 복잡한 사례까지 복수의 의사결정 주체(플레이어)의 상호 관계에 의해서 일어날 수 있는 사태를 수리적으로 밝히는 이론이다. 스즈키 미츠오(鈴木光男)의 『新ゲーム理論(신게임이론)』(勁草書房, 1994)에 따르면 게임이론은 개개의 플레이어에게는 행동의 지침으로, 정책 입안자에게는 룰(제도)의 설계에 각각 도움이 되므로 사회제도의 비교나 설계, 변혁의 이론으로서 「수리제도경제학」이 될 수도 있다.

신고전파경제학에서는 이 게임이론에 의해서 종래의 일반균형 이론을 뒷받침하는 방향으로 연구가 진행되어 가는 듯하지만, 게임이론은 「자유 경쟁에 의한 효율적인 자원 배분」이나 완전한 균형이 이루어지지 않는 상황에서 「경제 주체」 간 상호 행위를 분석하고 그 결과를 예측한다는 점에서 종래의 신고전파를 뛰어넘는 내용을 담고 있다.

이상과 같이 지금 현대 경제학에서는 신고전파의 시장 중심적, 균형론적인 좁은 이론적 짜임새에서 탈피해서, 복잡하고 불확실성으로 가득 찬 인간의 경제 행위를 분석할 수 있는 이론을 발전시키려는 새로운 시도가 성행하고 있다. 그런 이론적 내용에는 위의 것 이외에도 정보가 불완전하게 편재해 있는 「비대칭성」, 정보나 교환 혹은 계약을 맺고 감독하는 데에 필요한 비용, 최근의 금융기관 구제를 둘러싼 논의에서 등장하는 모럴 해저드(moral hazard), 의뢰인과 대리인 사이의 감시와 제재의 관계, 혹은 계약을 강제하는 권력(파워), 행위에서의 유인(인센티브), 자신의 비용 부담보다도 큰 편익을 얻는 무임 승차자, 지식이나 학습의 역할 등 그 자체로 대단히 흥미 깊은 문제나 개념이 등장하고 있다.

현대 경제학에서 이러한 새로운 이론 내용들은 신고전파경제학의 주류파 내부에서는 조직에 고유한 문제라든가, 시장이 불완전한 경우에 타당하다든가 하는 취급으로 체계 내에서 처리가 이루어지는 듯하지만, 자본제 경제의 근본에 대한 견해에서는 다르다 할지라도 마르크스를 기초로 하는 사회경제학이 비판적으로 소화해야 할 내용을 담고 있다고 생각된다.

또 하나, 현재까지 형성 과정에 있는 것으로 복잡계 경제학이 있다. 「복잡계」는 일종의 유행어가 되었으나 원래는 일리야 프리고진(Ilya Prigogine, 1917~2003) 등에 의해서 창설된 자연과학계의 과학 용어이다. 단순한 계, 요소로는 환원될 수 없는 것으로 요소들이 서로 작용하여 다양한 패턴을 형성한다든지 하는, 혼동된 상황을 만들어 내는 것을 복잡계라 한다. 경제야말로 복잡계의 대표적인 것이라고 주장하는 일부의 경제학자들이 「복잡계 경제학」을 주창하고 나섰다. 이론상의 계보로는 사이버네틱스나 시스템론에 있는 피드백 제어, 학습에 의해 스스로의 조직을 바꾸어 가면서 환경에 적응하는 자기조직계라는 생각으로부터도 나오고 있지만, 신고전파경제학이 의거하여 견지하는 인간관이나 경제관에 대한 도전으로는 흥미 있는 내용을 지니고 있다. 결국 복잡한 것을 파악하는 인간의 인식이나 계산 능력에 한계가 있다는 것을 끼워 넣어서 경제 행동을 생각해 보면, 신고전파경제학에서 상정하는 그런 행동이 되지는 않는다고 한다. 또한 신고전파경제학의 이론적 전제인 「수확체감」과 「완전합리성」에 대해서 「수확체증」과 「한정합리성」을 대치한다.(塩沢由典(시오자와 요시노리), 『複雑系經濟學入門(복잡계 경제학 입문)』, 동 『複雑さの歸結(복잡함의 귀결)』) 여기에 공통의 기반이 형성되고 있는 듯하다. 그러나 어느 것도 경제학의 체계로서는 전통적인 주류파(「근대경제학」)도, 마르크스도 아니고, 아직 체계적인 것이라고 할 수 없다.

마지막으로 「진화경제학」인데, 이것은 상당 정도 앞서 말한 새로운 제도주의 경제학이나 복잡계 경제학의 움직임과 겹쳐지고 있다. 영국의 경제학자 제프리 호지슨(Geoffrey Hodgson) 등이 중심이 되어 창설했던 「유럽진화정치경제학회EAEPE」라는 조직은 유럽 제도학파의 학회이다. 또 일본에서도 1997년 3월에 「진화경제학회」가 설립되었다. 경제가 역사적이고 누적적인 진화의 과정에 있다고 파악하는 것을 하나의 공통 원칙으로 삼고 있는 듯이 보인다.

어느 것이든 20세기 말부터 21세기 초에 걸쳐서 경제학의 세계에서도 기존의 패러다임(학문상의 이론 짜임새)을 다시 묻고 있고 새로운 이론 전개를 향한 다양한 운동이 일어나고 있다.

9.4 현대 경제학으로서의 마르크스

이상과 같은 현대 경제학에서의 신구의 조류와의 관계에서 마르크스의 경제학을 어디에, 어떻게 위치 매겨야 하는가? 또 21세기에 어떤 내용이 계승되어야 하는가? 그를 위해서 무엇을 확인해 둘 필요가 있는가? 현대 경제학의 새로운 동향과 맹렬히 싸우면서 이를 어떻게 비판하고 섭취하는가?

1989년부터 1991년에 벌어진 소련·동구 「사회주의」 체제 붕괴의 세계사적인 대전환이 경과한 후, 마르크스 경제학의 「종언」을 말하고 「마르크스 경제학이란 무엇이었는가?」(잡지 『經濟評論(경제평론)』 최종호 특집, 1993년 5월)라고 과거형으로 묻는 상황이 일어났다. 경제이론학회에서는 「마르크스 경제학의 유효성」을 물었고(1992, 제40회 대회), 경제학교육학회에서는 「경제학의 기초 이론 교육」에서 「마르크스 경제학과 근대경제학을 구별해서 가르칠 필요가 있는가?」라는 문제 제기를 받았던 토론이 이루어졌다.(동 학회 『經濟學敎育(경제학교육)』 제13호, 1994)[12]

---

12 이 중 주목해야 할 점은 종래 교조적인(orthodox) (혹은 구소련 류의) 마르크스 경제학에 가담하지 않고, 『자본론』의 해석학이 아닌 마르크스 경제학에 대해서 발언해 왔던 연구자들의 움직임이다.

예를 들면 오키시오 노부오(置塩信雄)는 노동가치론이 없어도 착취는 설명될 수 있다고 주장했으나, 『経済学はいま何を考えているか(지금 경제학은 무엇을 생각하는가?)』(1993) 등에서는 마르크스 노동가치론의 새로운 적극적 전개를 서술했다. 또한 타카스카 요시히로(高須賀義博)는 일찍이 『マルクス経済学の解体と再生(마르크스 경제학의 해체와 재생)』(증보판, 1988)에서 「전화」론을 부정하고 변증법 「혐오」를 공언했으며, 공황을 자본주의의 자동 조정 기구로 일면화하고 모순론과 발달론을 결여한 단순한 물상화론을 적극적으로 평가했으며, 그의 유고 「『資本論』の問題點と「下降の經濟學」(『자본론』의 문제점과 「하강의 경제학」)」(『經濟硏究』, 제43호, 제1호, 1992년 3월)에서는 시장가격 체계와 가치 체계를 구별하고 가치 체계가 특수 평가치이고 평균화 기구에 의해서 매개되는 것이라고 주장하면서 『자본론』의 독자적인 체계성을 강조하였다. 히라타 키요아키(平田清明) 또한 『經濟學批判への方法序說(경제학 비판으로의 방법서설)』(1982)에서 「물상화론이란 질료(소재)적 생산관계와 그 사회적 역사적 (형태) 규정성 간의 유착에 대한 비판(해체)」임을 강조하고 마르크스의 자유시간론에서 「시민사회론」의 활로를 발견했다. 더 나아가 「노동의 사회화론」으로 알려진 야마구치 마사유키(山口正之)는 마르크스 경제학에서 스탈린주의에 대한 이론적 비판은 아직도 시작 단계에 있을 뿐이라는 인식에서 『社会経済学 なにを再生するか(사회경제학 무엇을 재생하는가?)』(1994/2006)를 편찬했다.

이와 같은 몇 가지 예들을 보면, 일본의 마르크스 경제학에는 마르크스의 이론적 가능성을 정당하게 평가하는 전통이 있다. 그것은 『자본론』의 범위에서의 첫머리의 가치론 그러나 현재는 마르크스 경제학의 종래 짜임새 속에 머물지 않고 마르크스가 했던 일뿐만 아니라 그가 하다가 남겨 두었던 일도 역사적, 전면적으로 검토해 가는 와중에 있고, 거의 완전한 재료가 신MEGA를 비롯하여 우리들에게 주어지고 있는 시대이다. 이런 시대에 마르크스 경제학의 「종언」을 말하는 것은 역사의 웃음거리라 해야 할 것이다. 20세기 마르크스 경제학 자체도, 말하자면 「지의 사회학」의 대상이 되어 총괄되어야 할 것이다.[13] 그러나 마르크스의 이론적·사상적 가능성은 여전히 다 퍼내어지지 않았다. 그의 이론은 원 오브 뎀(one of them)이 아니라 베스트 원(best one)이고, 마르크

으로부터 최후의 「계급들의 수입」론 전체에 걸치고 있다.

다른 한편으로는 오노 사다오(大野節夫)의 『マルクス経済学のパラダイム, 労働による商品の取得(마르크스 경제학의 패러다임, 노동에 의한 상품의 취득)』(1992)과 같이 타카스카 요시히로와 같은 「전화」론의 부정론을 더욱더 전개하고 「가격의 가치화」와 개별 자본을 「주체」로 삼았던 패러다임 「전환」론도 제출되었다.(오노의 견해에 대해서는 中川スミ(나카가와 스미), 「大野節夫氏による『資本論』批判について」, 『高田短大紀要(오노 사다오 씨에 의한 『자본론』 비판에 대해서)』, 1993년 3월. 참고)

13 20세기 혹은 마르크스 사후의 마르크스 경제학의 흐름을 총괄했던 문헌이 몇 개 있다. 마르크스주의 사상을 중심으로 한 것에는 David McLellan, *Marxism after Marx*. Macmillan, 1979.(한국어판 『마르크스주의 논쟁사』, 안택원 옮김, 인간사랑, 1986), 마르크스 경제학에 대해서는 M. 하워드, J. 킹의 『마르크스 경제학의 역사』(M. C Howard, J. E. King, *History of Marxian Economics I, II*. Macmillan, 1989, 1992)가 있는 데에 그친다. B. 파인, L. 해리스, 『서구 마르크스 경제학 논쟁』(B. Fine, L. Harris, *Rereading 'Capital'*. Macmillan, 1979. 한국어판 『현대 정치경제학 입문』, 김수행 옮김, 한울, 1983)도 참고가 된다.

스 경제학은 먼저 20세기(21세기가 아니라) 경제학의 출발점으로서 정당하게 자리매김해야 한다.

경제학 안에서 마르크스 경제학은 말하자면 보통의 경제학들 중 하나의 생각일 뿐이라고 말했던 미치오 모리시마(森嶋通夫)는 마르크스가 현대 경제학의 최전선에서 여전히 활동하고 있다고 평가하고 있다.(Michio Morishima, *Marx's Economics: A dual theory of value and growth.* 1973) 그런데 이른바 「마르크스 경제학」 중에는 경제학의 다른 조류를 연구하지 않고, 바꾸어 말하자면 마르크스가 해 온 그러한 「경제학 비판」을 하지 않고, 마르크스가 써 놓은 저작이나 노트를 중심으로 연구하고 이것을 엄밀히 연구하는 일이 이론의 발전이라고 보는 경향이 있었다. 물론 마르크스 자체의 연구는 의의 있는 일이고 새로운 진전도 보인다. 다른 한편 응용 분야에서는 현실을 분석하는 일이 정력적으로 이루어져 왔고 일정한 성과도 거두어 왔다. 그러나 아주 긴요한 경제 이론에서는 마르크스로부터 한 걸음도 더 나아가지 못하고 있기 때문에 새로운 현실과 마주쳤을 때 "마르크스는 이제 낡았다." "19세기의 경제학이다."라는 식으로 보는 견해도 생겨나게 하고 있다. 「마르크스 경제학」자들에게도 「이론과 실천의 쌍칼」이라는 점에서 약함이 있고, 세분화가 이루어졌다고 할 수 있는가? 불가지론에 서지 않는 한, 과학에서는 경험적인 사실의 관찰과 분석에 의거하여 이론을 발전시키는 일이 중요하기 때문에 이런 점에서 이론적 전진이나 이론적 심화를 위한 노력과 센스가 「마르크스 경제학」자들에게 부족하지 않았는가?

앞에서 20세기 경제학의 조류들을 마르크스 이론을 기준으로 해서 평가할 수 있다고 적었다. 이것은 마르크스 이후의 경제학자들이 해 왔고 지금도 하고 있는 일들 모두가 틀렸다는 말이 아니라, 마르크스가 하고 남겨 놓았던 분야로 파고들어가 자본제 경제의 새로운 현상에 조응하여 이론을 발전시키려고 한다면, 물론 다른 경제학의 조류들로부터 배워야 할 것도 많지만, 마르크스의 이론으로 그 후의 경제학과의 위치 관계를 가늠하고 그것들을 비판하는 데 기준을 삼을 수 있다는 의미이다.

먼저 마르크스의 인간관은 신고전파경제학의 인간관의 일면성을 진지하게 비판한다. 마르크스는 먼저 인간 본성을 "자유롭고 의식적인 활동을 하는 사회적 존재"로 파악한다. 게다가 그러한 인간의 본성이 발달할 수 있다고 여기고 있다. 이런 발달론적인 인간 파악은 마르크스 이후의 자연과학, 문화인류학, 언어학, 인지과학 등의 발달에 조응하여 더욱더 심화되어야 할 과제이다. 마르크스는 시장 중심적인 인간관이 단순히 표면적 일면적인 것일 뿐만 아니라 상품 화폐 관계를 통해서 소외되는 인간성의 반영이라고 파악했다. 신고전파경제학이 의거하는 인간, 즉 사적 이해를 추구하는 인간은 시장경제(상품 교환)의 한 부분에 나타나는 인간이라고 기술한다.(『자본론』 제1권 제1부 제4장) 따라서 사적 이해를 추구하는 인간을 기준으로 자본과 임노동의 경제 관계를 판단하는 것은 잘못이라고 말한다. 동시에 시장 경쟁에서는 자본가든 노동자든 사적 개인으로 등장하고 서로 경쟁 관계로 들어가지 않을 수 없다. 『자본론』은 거기에서 생기는 경제 현상에 대해서는 대상의 범위 밖에 두고 있었기 때문에 마르크스 이후의 경제학 조류들이 경쟁 장의 뒷면에 관한 분석으로 풍부한 이론 소재를 제공하고 있다면, 자본과 임노동의 경제 관계에 대한 정확한 이해를 바탕으로 해서 그것들을 받아들여 전개하는 일을 거부하면 안 된다.

마르크스의 인간관이라고 할 때, 『자본론』에 있는 인간의 취급이 문제가 된다. "이 저작에서 인격들이 문제가 되는 것은 단지 그들이 경제적 범주들의 인격화이고 특정한 계급 관계들이나 이해의 담당자인 한에서이다. / 개인은 주관적으로는 관계들을 어떤 식으로 초월하더라도 사회적으로는 여전히 관계들의 피조물이다."(『자본론』 초판 서설) 1960년대에 『집단행동의 논리』를 썼던 미국의 M. 올슨은 마르크스를 다음과 같이 비판했다. 마르크스는 경제적 이해로 계급을 정의하면서 다른 한편으로 이기주의적인 개인의 행동을 강조한다. 이것은 모순이고 개인이 경제 합리적으로 행동하면, 계급적 행위는 있을 수 없기 때문에 이 역시 모순이다. 그러나 계급적 이익이나 목표가 있다는 것에 대해서, 개개인이 자신의 부담을 줄이고 타인에게 기대하는 행동을 취하는 경향이 있음은 부정할 수 없다. 거기를 뛰어넘어서 협조하고 단결해야만 하는, 그렇게 할 수밖에 없는 필연성이 있다. 그런 것을 마르크스의 분석은 밝혀내고 있다.

그 다음으로, 경제사회를 파악하는 방법론에 대해서다. 마르크스는 자본제 경제사회를 「변화의 과정에 있는 유기체」(『자본론』), 역사적으로 생성하고 발전하는 「총체성으로서 유기적 체제」(『요강』)로 파악했다. 여기에서 마르크스가 의거했던 방법은 헤겔에게 있다. 헤겔 철학을 견실하게 거기에 더해서 비판적으로 학습하지 않고서는 마르크스의 방법을 이해할 수 없다. 이 점을 소홀히 한다든지 멀리한다든지 하면서 여러 가지 새로운 방법으로 덤벼드는 경향이 보인다. 가령 「총체성으로서의 유기적 체제」가 「복잡계」에 해당한다고 해서 복잡계라는 방법으로 어떠한 새로운 시야가 넓혀지는가? 「복잡계 경제학」이 사용하는 「수확체증」이나 「한정합리성」이라는 용어는 신고전파경제학과 대치하는 것인데, 그것들이 의미하는 내용을 마르크스에 조응하여 어떻게 평가할 것인가? 이런 것을 명확히 해 두어야 한다.

자본제 경제도 살펴보자. 『자본론』의 인간관에서 「경제적 범주」라는 용어가 나왔다. 가치와 가격, 임금, 자본과 이윤, 이자나 지대라는 것이 「경제적 범주」에 해당하지만 자본제 경제의 담당자가 이 범주의 인격화이기도 하다는 것은 동시에 인간 상호의 경제 관계가 이들 「경제적 범주」로서 표현되고 있음을 의미한다. 본서 제7장에서 밝혔듯이 이것을 「물상화」라 한다. 자본제 경제에서는 계급 관계나 자본축적에 의한 발전이라 해도 이런 「물상적」 세계 속에서 전개된다.

따라서 계급 관계도 경제적으로는 여러 가지 수입(소득)과 그것을 산출하는 원천(자본, 임노동, 토지 소유)의 관계로 판명되며, 봉건시대의 신분과 같이 직접 인격적인 것이 아니다. 자본제 경제에서 계급은 「경제적 범주들」로 덮어진다. 그것을 벗겨내고 계급 관계에 의해서 사람이나 제도가 제약되고 있음을 밝혀낸 점. 이것이 『자본론』의 불후의 공적이다.

『자본론』 제3부 제7편(특히 제48장)에서 마르크스는 이제까지의 전 3부의 서술을 총괄하고 「물상화」에 대해서 다음과 같이 쓰고 있다. 이 "마법에 홀려 전도하고 거꾸로 된 세계"에서 "생산관계들이 물상화되고, 생산 당사자들로부터 생산관계들이 자립화하는 것을 서술하는 곳"에서는 연관들이 "세계시장, 장사의 경기, 시장가격의 운동, 신용의 기간, 상공업의 순환, 변영과 공황의 교차"에서 나타나지만, 『자본론』에서는 그것이 나타나는 "방식·양식에는 더 이상 파고들어가지 않고" 자본주의 경제의 내부 편제를 소위 「이념적 평균」으로 서술한다.

이와 같이 『자본론』은 경쟁이나 불균형 혹은 생산관계로부터 생기는 제도적 골조의 분석, 관계나 제도에 의해서 제약되는 사람들의 구체적인 경제 행위(경쟁, 항쟁, 대립 등)나 그것이 산출하는 현상들을 취급하지 않는다. 그러한 의미에서 마르크스 이후의 「근대」 경제학은 의식하든 의식하지 않든 간에 관계없이 마르크스가 말한 물상화된 세계를 전개해 왔다.

또 하나, 마르크스가 자본제 경제를 분석하며 밝혔던 것은 협동노동(협업)에 기초한 경제의 사회화 경향이 모순을 안고 있으면서 적대적인 모습으로 전개되어 나가게 되는 것의 불가피성이다. 경제의 모든 분야에서 사회화가 자본의 사적인 관계·골격·제도와 모순하고 후자를 사회화에 더 적합한 모습으로 바꾸지 않을 수 없다. 공업이나 기업 혹은 회사 조직, 노동 입법을 통한 자본과 임노동 개입, 각종 유통비의 절약에 의거하는 자본의 유통 형태의 변화, 신용제도의 발전 등 자본제 경제의 변화를 초래하는 원동력은 생산력의 발전이 산출하는 사회화 경향에 있다고 마르크스는 파악했다. 그리고 새로운 사회를 산출하지 않을 수 없는 원동력도 또한 이런 사회화에 있다고 보았다. 물론 거기에 이르는 과정은 모순으로 차 있고 인간성의 발달과 그 왜곡, 물상화의 진전이 동시 평행적으로 진행해 간다. 또 경제학의 역사상, 경제의 사회화는 마르크스 이후 케인스나 슘페터에 의해서도 강하게 의식되었다. 이런 점에서는 경제의 사회화를 문제 삼지 않는 신고전파경제학과는 크게 다르다.

이런 점에서 서구사회에서 마르크스를 계승하는 경제학의 조류를 간단히 살펴보겠다.

그 하나는 프랑스의 레귤라시옹 학파(regulation school)이다. 「레귤라시옹 이론」에 대해서는 일본의 연구자들이 정력적으로 번역하고 소개하고 있다. 레귤라시옹이라는 프랑스 말은 영어의 레귤레이션(regulation)과도 다르고 「조절학파」라고 번역하면 코디네이션이라는 영어도 있으므로 곤란하지만, 하여간 이 이론의 기본은 자본제 경제가 자본과 임노동을 축으로 한 여러 가지 이해 대립이나 충돌을 「조정」하는 특정한 「축적 체계(Regimes of

Accumulation)」에 의해서 성립되어 있고, 그 축적 체계의 변환에 의해서 자본제 경제의 발전을 찾으려고 하는 것이다. 특히 전후 자본주의의 축적 체계를 「포디즘」이라는 용어로 알기 쉽게 표현하고, 구소련형 마르크스주의의 「국가독점자본주의」라는 용어에 반발하는 취지로, 그것을 대신해서 '그랜드 시오리Grandtheory'라고 받아들이고 있다. 레귤라시옹 학파의 창시자인 M. 아글리에타는 미국 자본주의를 소재로 해서 이론적 골조를 세웠으며, 스스로는 이것을 「중간 이론」이라고 부른다. 축적 체계나 임노동 체계 등은 유효한 개념이라고 생각되지만, 일반 이론 내지 기초 이론은 불명확하다. 이런 애매모호함을 레귤라시옹 학파가 이어받고 있다는 점을 주의해야 한다.

또 하나는 미국의 「급진파 사회경제학」이다. 신고전파경제학이 압도적으로 지배하고 있는 미국 사회(대학)에서 마르크스뿐만 아니라 케인스 경제학의 성과도 계승하고 민주적인 경제 정책을 실현하기 위해서 경제학을 연구하고 보급하는 그룹(학회)이다. 그들은 자유롭고 민주적인 자본주의가 지닌 모순들을 해명하고 민주주의를 확대하고 실현하기 위한 경제학을 구축하려고 시도하고 있다. 특히 그 중심인 보울스 등은 노동자-자본가 관계를 자본제 경제의 중심에 있는 것으로 보면서 노동력 상품의 교환에서 보여지는 지배·종속관계를 「항쟁적 교환」이라고 명명하고, 신고전파 경제학자들도 쉽게 알아들을 있는 말로 「마르크스 경제학의 미시 이론적 기초」를 세우려고 하고 있다. 또 제도학파 경제학의 전통을 계승하고 자본축적의 제도적 환경을 중시하며 그것을 「축적의 사회적 구조(SSA : social structure of accumulation)」라는 용어로 보여 준다.[14]

---

14 미국 급진 경제학에 대해서는 다음의 졸고를 참조하기 바란다. 가쿠다 슈이치, 「ラディカル派 政治經濟學(급진파 정치경제학)」(山本廣太郎 外 編, 『經濟學史』, 青木書

게다가 1980년대 중반에 신고전파경제학의 인간관이나 방법론, 게임이론 등을 사용하여 마르크스 이론을 현대 경제학의 용어로 치환하려고 하는 「분석적 마르크스주의」라는 유파가 등장하였다. 그 대표는 J. 로머이다. 그들의 이론이나 방법에 대해서는 高增松井 편 『アナリティカル·マルキシズム(분석적·마르크스주의)』(ナカニシヤ出版, 1999)에서 상세히 다루고 있다.

9.5 마르크스 이론의 가능성

마르크스의 저작이나 노트는 행운인지 불행인지 구소련의 붕괴로 더 자유로운 연구 조건 아래에서 연구 가능하게 되었다. 다른 한편 자본제 경제는

店, 1995, 제8장 수록), 동 「アメリカ經濟の民主的改革と政治經濟學(미국 경제의 민주적 개혁과 정치경제학)」(橫田茂 편 『アメリカ經濟論を學ぶ人のたぬに(미국 경제론을 학습하는 사람을 위해서)』 世界思想社, 1997, 제8장 수록), 동 「抗爭的交換と可變資本節約の論理(항쟁적 교환과 가변자본 절약의 논리)」(『立命館經濟學』, 제43권 제1호, 1994년 4월), 동 「協同社會の經濟システム(공동사회의 경제 시스템)」(野村秀和ほか 『協同の社會システム(협동의 사회 시스템)』, 法律文化社, 1994)

최근의 대표적 테스트는 Bowles, S., R. Roosevelt, *Understanding Capitalism,* 3rd ed., 2005(한국어판 『자본주의 이해하기』, 최정규, 최민식, 이강국 옮김, 후마니타스, 2009)이다. 이 책에서는 정치경제학(Political Economy)을 ① 수평적(시장) ② 수직적(지령) ③ 변화의 3차원 경제학이라고 성격 짓고 그것의 원천으로서 스미스, 마르크스, 케인스, 슘페터에 더해 R. 코스와 A. 센을 들고 있고, 인간관으로서 호모 이코노미쿠스를 비판하고 「협동하는 종(coordinated species)」을 내세우는 등 흥미로운 점을 가지고 있다.

자본의 전 지구적 전개에 수반하여 발생하는 지구 환경, 자원, 인구, 기아, 빈곤, 복지, 지역 분쟁, 전쟁, 더 나아가 경제위기의 문제들에 직면해 있다. 21세기 초의 자본주의 세계는 "20세기 초의 자본주의 세계경제의 개관도를 국제적 상호 관계에서 제시해"주었던 레닌 『제국주의』의 새로운 버전을 찾고 있다.

21세기의 경제학에서 마르크스의 이론을 정확하게 이해하고 그것을 기초로 해서 자본제 경제의 새로운 사태를 분석하고 이론 내용을 풍부하게 하는 것은 새로운 과제이다. 현상 분석을 위해서 풍부한 용어나 개념을 개발하고 이론 내용이나 체계를 풍부하게 할 필요가 있다. 마르크스에 의거한 경제학이 마르크스 이후의 20세기 경제학의 성과를 섭취하는 데에 주저하지 않고 새로운 움직임에 뒤떨어지지 않도록 21세기의 현대 경제학이기 위해서 무엇이 필요한가를 생각해보고자 한다.

먼저 강조해야 할 점은 마르크스의 자연·인간관의 우위성이다. 마르크스는 자연의 소여성을 인정하고 인간의 대상적 활동을 자연이 다른 자연에 작용하는 것으로 파악하였으며 이를 토대로 해서 인간의 경제활동을 파악했다. 그 경제활동이란 자연과의 물질대사를 매개하고 규제하는 생명활동으로서의 노동을 의미한다. 마르크스는 인간의 생명활동인 노동에서 변화하고 발달하는 인간적 본성(=자연)을 파악했다. 그리고 양성(남여) 관계는 인간의 인간에 대한 직접적·자연적인 관계이고 인간적 본질의 정도를 나타내는 것이라고 생각했다. 이것은 동시에 「생산-소비」를 단순한 재화=경제적인 물(소재)의 흐름이 아니라 노동=생활과정으로 파악한다는 것을 말한다. 생활은 사회적 생산이고 생산은 생활이다.

이런 생각은 소위 초기 마르크스(『경제학 철학 초고』나 『독일 이데올로기』로 대표된다.)에만 고유한 것이 아니다. 『자본론』 여기저기서 보이는 그의 자연·인간관이다. 그러나 이런 것을 정리해 적어 놓지 않는 것은 무엇보다도 『자본론』의 대상과 그 성격에서 비롯된다. 이를 이해하기 위해서는 마르크스의 경제학에 있는 「소재와 경제적 형태 규정(성)」의 구별을 기술해야 한다.

마르크스의 경제학 방법은 미타 세키스케에 의하면 「분석적 방법을 기초로 한 변증법적 방법」이라는 성격을 가진다. 이와 관련해서 구루마 사메조(久留間鮫造)는 『マルクス経済学レキシコン(마르크스 경제학 렉시콘)』② ③ (大月書店, 1969. 한국어판 『마르크스 경제학 연구 지침』, 김한민 옮김, 솔밭, 1988)에서 「경제학의 방법」을 편집할 때에, 「총설」 「연구의 방법과 서술의 방법: 하향의 길과 상향의 길」 「분석적 방법」 「추상」 「변증법적 방법」이라는 항목 뒤에 「경제적 형태 규정」을 배치해 두었다. 결국 미타 세키스케가 마르크스의 방법을 성격 지었던 것과 관련된 「분석적 방법」과 「변증법적 방법」의 항목에 이어지는, 이른바 실질적으로 의미 있는 중요한 내용이 이 「경제적 형태 규정」에 정리되어 있다. 그리고 이 항목에 담아 둔 내용은 마르크스가 말하는 「물상화」의 의미 내용을 정확하게 이해하기 위한 열쇠이다. 즉 「물상」은 경제적 「소재」에 대한 인간 상호 간의 「관계」로부터 생겨나는 「형태」에 의해 규정되고 있다.

마르크스에 의해 사용되는 경제적 형태 규정의 의미는 이렇게 「소재」와 「물상」과 「관계」라는 세 항을 축으로 하여 다음의 여섯 명제로 집약된다.

첫째, 특정한 경제적 형태 규정성(가치, 일반적 등가물, 가격, 잉여가치, 임금, 이윤, 지대 등)은 인간 상호 간의 특정한 경제사회 관계(자유나 지배, 생산, 소유, 특권 등)를 표현한다. 이런 점에서 볼 때 마르크스의 경제학은 무엇보다도 **[관계의 경제학]**이다.

둘째, 경제적 형태 규정성은 무엇인가 소재적 내용(노동, 사용가치, 노동과정-기술·조직, 잉여생산물, 노동력을 포함한 인간의 생산력, 경영체, 토지 등)을 지닌다. 각각의 경제적 형태 규정의 이런 면에 주목하면, 마르크스 경제학은 **[소재의 경제학]**으로서의 성격을 지니게 될 것이다.

셋째, 경제적 물상(=사태. 예를 들면 상품, 화폐, 자본 등)은 어떤 특정한 경제적 소재와 이것들에 대응하는 특정한 경제적 형태 규정성 사이를 매개하는 것으로 파악되었을 때에 특정한 「개념」이 된다. 따라서 물상은 생산관계가 물상「화」된 것이다. 물상은 물상화이다. 이를 이해하지 못하면, 물상은 단순한 물상에 불과하게 되고 물상화론은 단지 물상을 강조하는 것으로만 여겨진다. 물상은 특정한 경제적 소재와 결합·유착하고 있으므로, 이것을 소재와 형태 규정으로 「분석」하고 물상을 양자의 「종합」으로 파악하는 것이 중요하다. **[물상의 경제학]** 혹은 물상화론으로 마르크스 경제학을 성격 짓는 것과 분석적 방법의 중요성을 강조하는 것은 내용상으로 보면 하나다.

넷째, 조잡한 관찰자는 이 「소재」와 「형태」 양쪽을 혼돈하게 된다. 어떤 소재가 「생겨나면서」 어떤 특정한 경제적 규정성을 지니는 듯이 보인다. 어떤 「물상」이 「소재」와 유착하고 있는 사태가 「물상」이고 그 「사물=소재」에 대한 인간의 태도가 「경제적 페티시즘(fetishism)」에 지나지 않는다. 마르크스에게 범주 비판으로서 **[경제학 비판]**의 의미는 이런 관계를 폭로하는 데 있다.

다섯째, 어떤 경제적 소재와 역사적으로 그것이 달라붙어 있는 특정한 경제적 형태 규정성 사이에는 일정한 필연적인 관계가 있다. 그러나 이는 어떤 제한된 시간과 범위에서의 관계이다. 소재와 형태 사이에는 일정한 조응과 비조응이라는 「모순」된 관계가 성립한다. 이런 모순의 전개를 파악하는 일이 경제의 발전관계를 이해할 때 필요한 일이다. 마르크스의 경제학은 경제를 단순히 동태적으로 파악하고 그 변화를 강조할 뿐만 아니라, 변화가 어떤 경제적 소재와 그 특정한 형태 사이의 「모순과 그 전개」에 의해서 생겨나는지를 밝혀내고 따라서 그 변화의 방향성도 명확히 한다. **[모순의 경제학]**

여섯째, 이상으로부터 고도로 복잡한 경제적 형태 규정 자체의 발전 관계를 추적하는 일은 마르크스의 경제학 체계에서 주요 내용이 된다. "연구는 그 소재의 여러 가지 발전 형태를 분석하고 이것들 발전 형태의 내적인 Band(연관)를 탐구해 낸다."(『자본론』 제1권 제2판 후기) 사물의 형태의 발전관계를 파악하는 가운데 「보편과 특수의 변증법」이 중요한 방법이 되는 것은 미타 세키스케가, 또한 본서 앞선 장에서도 강조했던 바이다. 또한 경제적 형태 규정의 전개와 동시에 경제적 소재(물)내용의 변화나 발전도 아울러 연구한다. 양자의 조응·비조응 관계가 문제가 되는 것은 다섯째에서 지적했던 바이다. **[형태 규정의 경제학]**

또한 마르크스는 「기능」이나 「제도」(예를 들면 화폐나 신용)라는 말을 사용하지만, 상술한 「형태 규정」과 「기능」이나 「제도」 사이의 관계에 대해서는 거의 기술하지 않았다. 그러나 생산의 사회적 관계는 개인들이나 주체의 「기능」으로 나타나고 더욱이 특정한 「제도」로 고정된다. 혹은 관계의 변화·발전은 기능이나 제도의 변화·발전을 수반한다고 생각된다. 이런 점에서 마르크스의 경제학을 「관계의 경제학」으로서만이 아니라 「제도의 경제학」 더 나아가서는 「기능의 경제학」으로 더욱더 전개하는 일은 「마르크스 이후의 마르크스 경제학」의 발전에서 당연히 중요한 과제가 되었다고 하겠다.

이상, 경제학에서 소재, 관계, 물상이라는 3항 관계를 축으로 하여 경제적 소재와 형태 규정성 간의 관계를 여섯 명제로 집약했다. 이 명제가 지닌 구체적인 의미는 여기에서 상세히 기술할 수 없으나 추상적 인간 노동과 가치 형성 노동, 사용가치와 가치, 노동과 임노동, 생산수단과 불변자본, 생활수단과 가변자본, 노동의 생산력과 자본의 생산력, 잉여노동과 잉여가치, 토지와 토지 소유와 지대라는 문제들과 관련해서 이것들 사이의 관계를 이해하는 데 중요한 명제가 될 것이다. 또한 추상적 인간 노동 논쟁, 사회적 필요노동시간에서의 기술설과 수요설, 기술과 조직의 자본주의적 성격을 둘러싼 논쟁, 인간 소외와 인간 발달론, 생산적 노동 논쟁, 지역경제와 환경 경제를 파악하는 이론적 짜임새를 고찰하는 데에도 중요한 명제가 되리라 생각한다.

이 명제들을 더욱 전개해 보면 『자본론』의 기본적 성격을 물상화·인간 발달·모순이라는 세 가지 실로 짜여지는 직물이라고 말할 수 있다.

9.6 마르크스 『자본론』의 기본적 성격
—세 가지 실로 짜여지는 「직물」—

『자본론』은 마르크스의 주저이기는 하나, 몇 가지 제약을 지니고 있다. 자본론은 무엇보다도 당시의 정통파 내지 주류파 경제학이었던 고전파경제학에 대한 「체계」에 의한 비판적 서술로서 쓰여진 것이었다. 그러므로 경제학적 범주들에 대한 비판이라는 것을 보아도 알 수 있듯이 분명히 당시 경제학의 도달점에 제약을 받는다. 또한 자본론은 마르크스의 플랜에 따라서 「이상적 평균」 아래에서의 내적 법칙들을 서술한다는 한정된 목적=범위에서 쓰였다(원래 이런 점은 마르크스가 「경쟁」「토지 소유」「임노동」 그 밖의 항목들을 완성시키는 일에 어디까지 진지하게 임했는가라는 문제에 있다). 셋째로 "여기에서는 인격은 경제적 범주들의 인격화이고 특정 계급 및 이해관계의 담당자인 한에서 문제가 된다."고 말하고 있듯이 더 깊은 인간(적 본성)론으로부터의 전개로서 자본제 경제의 학 및 경제학 비판을 전개한 것이 아니라(또한 그것을 초기의 초고와 같이 한꺼번에 행하는 일은 불가능할 것이지만), 주어진 경제적 관계들과 거기에서의 경제적 법칙들로 대상을 한정하고 있다. 바꾸어 말하면 『자본론』으로 저술되는 한에서 마르크스의 인간론을 읽으려고 하는 것은 잘못의 원인이 된다. 생산관계들의 대상화가 있고 더 나아가 그 물상의 인격화까지 문제 삼아지고 있지만, 인격의 대상화라는 역의 관련은 직접 문제가 되지 않고 있다. 게다가 자본제 경제의 사회주의적 비판을 「자유로운 과학 연구」로서 행한 것이라고 해도 사회주의 경제나 사상이나 운동 그 자체를 논했던 것이 아니다.

이상을 바탕으로 해서 말하자면, 본서 제7장과 졸저 『生活様式の經濟學(생활양식의 경제학)』(1992) 제4장에서 상세히 검토하였듯이 『요강』 및 『자본론』의 이론 내용은 ① 물상화론 ② 인간 발달론 ③ 모순론이라는 세 가지 성격을 두루 갖추고 있다. 즉 첫째로, 자본론은 상품으로부터 경제적 삼위일체 정식(「여러 계급의 수입과 그 원천」)의 비판에 이르기까지의 물상화의 발전론이다. 「경쟁 형태」에 관한 분석이나 「임노동의 특수 연구」 등은 그것에 대한 가일층의 추적으로 플랜상의 연장선에서 예정되어 있었다. 둘째로, 생활의 생산(소재적) 과정의 주체로 개개인이 지닌 능력들이 발달하게 되는 경제적 필연성과, 그것을 촉진하면서 동시에 제한하는 특수한 자본주의적인 형태 규정의 전개를 취급한다는 의미에서 자본론은 하나의 인간 발달론이었고 거기에는 마르크스 고유의 인간관과 통하는 것들이 있다. 그리고 셋째로, 경

제적 소재의 내용 발전과 특정한 경제적 형태의 발전 사이에 생기는 경제적 모순들을 서술한다는 의미에서의 경제발전론이다.

이 세 가지 성격은 실은 서로 다른 것이 아니다. 그것들은 모두 9.5에서 기술하였던 경제적 소재와 형태 규정의 전개에 관한 여섯 가지 명제로부터 생겨난 것이기 때문이다. 그런데 일본뿐만 아니라 세계적으로 보아도 이들 성격을 각각 따로따로 , 그리고 일면적으로 강조한다든지 단순화하는 데에서 많은 편향=오해가 생겼다. 그것들을 여기에서 상세히 특징 짓기는 어렵다.「단순한 물상화론」, 관계주의 혹은 구조주의, 더 나가서는 방법론적 전체주의와 방법론적 개인주의, 물상화와 물화 간의 혼동, 인간성과 인격의 일면적 파악(발달론의 부정, 혹은 변혁 주체의 낙관적·기계적인 성장 발달론), 단순한 대립이나 투쟁을 통한 모순들의 해소, 전반적 위기론, 주관주의와 객관주의로의 분열 등은 어느 것이나 이런 『자본론』의 기본 성격을 일면적으로 파악하거나 잘못 이해함으로부터 생겨난 것이다.

이런 의미에서 소위 스탈린형 경제학을 특징 지워 본다면 「물상화론 없는 생산관계론」(소위 생산관계가 공공연하게 나타나 존재하는 것으로 여기고 그것을 소유관계로 일원화함), 「모순론 없는 위기론」(출구와 발전이 없는 기계론적 위기론, 따라서 만년 위기론), 「인간 발달론 없는 계급투쟁론」(인간성 발달의 가능성이나 조건에 관한 고찰을 결여한 계급투쟁의 강조) 이 세 가지를 들 수 있다.

구소련·동구 「사회주의」 체제의 붕괴와 관련해서 마르크스 사회주의 「상」에 대한 의심이 널리 퍼져 왔으나, 『자본론』에서의 자본제 경제 분석의 기본 성격으로 보면 마르크스가 이해했던 사회주의·공산주의 경제사회의 기본 성격은 물상화 즉 비인격화의 해소에 의한 인격적 관계를 기본으로 하는 경제이고 인간 발달을 보장하는 경제 시스템이며, 당연히 자본주의 경제의 모순들을 해결하는 새로운 경제 시스템이었다. 이러한 내용들은 이제까지 마르크스의 공산주의상으로 주로 논의의 재료가 되어 왔던 『고타 강령 비판』(1875)보다도 경제학적으로 훨씬 더 명쾌하다.

9.7 『자본론』과 「마르크스 경제학」
—「근대경제학」과의 연속성과 단절성—

어찌되었든 인간 마르크스의 사고는 1883년에 끝났다. 우리가 어느 정도 새로운 초고를 발견하고 그 연구를 추진해 보아도 그의 경제학에 있는 시대적 제약을 벗어날 수는 없다. 이른바 마르크스 이후의 마르크스 경제학의 진행은 9.6에서 기술하였던 『자본론』의 기본 성격과 1930년대 이후 마르크스의 원본 초고의 발표와 그에 대한 연구에 비추어 재평가되어야 한다.

마르크스 이후의 마르크스 경제학은 개인적으로든 집단적으로든 새로운 자본제 경제의 변화나 발전을 마르크스의 사고 방법과 「자유로운 과학적 연구」에 의해서 어디까지 밝혀내고, 「한계혁명」 후의 경제학을 (마르크스가 말한 의미에서) 어디까지 비판해 왔는가? 현재 진정 질문해야 할 것은 마르크스 이후의 마르크스 경제학의 성과이다. 그리고 우리가 여기에서 마르크스의 이론적 가능성을 논하는 것도 마르크스 경제학이 처한 현재 상황을 타개하기 위해서이다.

기존 마르크스 경제학의 문제점에 대해서 논하는 것은 다른 기회로 미룬다.[15] 여기에서는 마르크스 경제학과 이른바 한계혁명 후의 「근대경제학」

---

15 『經濟』, 「シンポジウム 經濟學の動向と課題(심포지움 경제학의 동향과 과제) 角

사이의 연속성과 단절성에 대해서 앞의 『자본론』의 기본 성격의 이해를 기초로 해서 간략하게 스케치해 두겠다.

첫째, 물상화의 더 나아간 전개를 비판적으로 추구하는 과제가 있다. 소위 한계혁명이 1870년대에 생겼던 것은 우연이 아니다. 그것에는 사회적·역사적 배경도 있으나, 마르크스가 비판했던 고전파경제학의 이론적 세계에는 신고전파경제학으로 탈피할 필연성이 있었다. 간단히 말하면 『자본론』이 최종적으로(이론적으로는 구체적으로) 비판의 대상에 올려놓았던 「경제적 삼위일체」 정식을 무비판적으로 수용하고 거기에서 더 나아간 이론적 전개를 도모했던 것이 신고전파경제학이었다. 즉 생산관계들과 경제적 소재의 유착에 의거한 전도된 관계를 기초로 해서 「자본-이윤 혹은 이자」 「노동-임금」 「토지-지대」를 경제적 담당자의 미시적인 행위, 경제적 기능들, 더 나아가 그것에 의해서 형성된 경제적 제도들로 무비판적으로 이론으로 전개하려는 시도는 고전파와 같은 평균 원리의 세계에서는 무리였다. 비용(가격)과 효용의 관계나 한계 원리에 의거하고 경제적 요소들의 외면적인 균형 관계를 수리적으로 전개할 필요가 있었다. 그것은 경제학자의 사상적 입장과는 무관하게 진행되어야 할 필요(필연)성이 있는 과제였다.

또한 마르크스가 자본주의적 생산관계들에서 「인간(성)의 물상화」를 토대로 해서 「물상의 인격화」까지 추구하였다고 한다면, 신고전파경제학은 「물상의 인격화」를 더욱더 추상적으로 추진해 나갔고, 이른바 완성시켰던 것이 「호모 이코노미쿠스」다. 그리고 마르크스는, 「이상적 평균」의 상정 아래에서 경제의 내적 경향들이나 법칙을 추구했고, 경향들·법칙이 경쟁에서

田修一, 中谷武, 平野喜一郎, 米田康彦」(新日本出版社, 2000년 5월호)를 참고하기 바란다.

외재화하는 것을 「경쟁의 특수이론」의 범위=대상으로서 자각하고 있었는데, 신고전파경제학은 마르크스가 말한 외재화의 특수 이론을 내적·평균적 법칙들과는 무관하게 적극적으로 전개했다.

이와 같은 의미에서 마르크스의 경제학과 신고전파경제학 사이에는 연속성이 있고 또한 동시에 단절성이 있다. 그러나 (신고전파경제학에 대해서는 마르크스 경제학과 다른 문맥에서 비판이 있다.) 예를 들면 앞서 기술했던 베블렌 등의 제도학파, 코스의 『기업의 본질』(1937)에서의 거래비용론, 그것을 수용해 계승했던 신제도학파에 의한 기업 내의 히에라르키론, 조직·관리론의 고전이 된 버나드의 『경영자의 역할』(1938)에서 제시되는 「협동」론 등은 신고전파가 무시해 왔던 것을 대상으로 삼아 섭취하여 얻어낸 결과이다. 이것들이 마르크스의 노동과정=시장론 및 대기업에서의 기술=조직 과정론과 연속성을 가지고 있다고 하더라도, 그것 때문에 마르크스의 선구성을 보여 준다고 말할 수는 없을까? 그러나 그렇다고 종래의 마르크스 경제학이 이 문제 제기(사실과 의론 양 측면에 의한)들을 어디까지 비판적으로 발전시켜 왔다고 말할 수 있을까?

둘째, 인간 발달의 가능성을 더욱 전개하고 그것을 이론화하는 것이다. 마르크스 이후 자본(여러 기업)의 히에라르키적 지배·관리 아래에서 매니지먼트 노동(관리 노동)을 포함한 협동 능력은 큰 발달을 보이고 있고, 자유로운 경쟁 시장에서 개인의 자립적인 학습 혹은 선택 능력은 사회적으로 발달할 수밖에 없었다. 또한 이것과 결합하여 사회적인 분업은 더더욱 광범위하게 넓어졌고, 이것이 수반한 전 사회적, 더 나아가서는 지구적 규모에서 경제의 관리 혹은 제어의 필연성이 증대했으며, 자본주의국가의 대규모적인 경제적 개입을 필연화했다. 이것에 대응한 케인스 경제학을 거쳐 거시경제학이 성립했다. 이것들은 소위 사회의 「공동 업무」와 이를 위한 새로운 기술의 성립이라고도 할 수 있다. 개인의 자립의 발달은 협동 능력의 발달도 필요로 한다. 그러나 앞의 과제와 마찬가지로 종래의 마르크스 경제학이 어디까지 이러한 문제 제기를 받아들이고 비판적으로 발전시켰다고 할 수 있을까?

셋째, 생산의 「사회화」가 진전되면서 그것이 산출하는 모순들의 전개를 이론화하는 것이다. 노동의 기술적 과정과 조직적 과정(기업 내의 계층제)의 발전과 그 제한된 성격은 대규모 생산 단위로서 기업의 매니지먼트를 둘러싼 모순들을 산출한다. 조절학파 등에 의한 「포드주의적 노동과정」이나 「포스트 포디즘」 혹은 일본적 경영 시스템에 관한 문제 제기는 바로 이것들을 모순물로 파악할 필요성을 제기하고 있다. 또한 「시장의 실패」나 한계, 「정부의 실패」 게다가 「기업의 실패」로 말해지는 이론적 문제들은 바로 생산의 「사회화」 진전이 수반하는 모순의 현현을 파악하는 것이다. 혹은 동학적 불균형의 문제도 자본주의 경제의 모순들을 이론적으로 전개한 것으로서 적극적으로 자리매김해야 할 것이다.

9.8 이제부터 사회경제학!

지금 우리에게는 개인을 축으로 하여 기업, 시장, 협동, 정부(국가)의 상호 경제적 관계를 포괄하는 새로운 민주주의 경제 이론이 요구된다.[16]

종래의 마르크스 경제학은 'Political Economy'라는 이름으로 일컬어졌고, 「근대경제학」은 'Economics'로 지칭되어 불려 왔다. 그러나 예를 들

16 가쿠다 슈이치 편, 『社會經濟學入門(사회경제학 입문)』(2003)을 참조하기 바란다.

면 제임스 뷰캐넌(James M. Buchanan) 등의 공공 선택론은 입헌적 정치경제학을 내세웠고 자유로운 개인에 의한「합의의 계산」에 의거하는 집합적 행위 혹은 협력의 가능성을 찾고 있다. 그런 사상적인 입장에서 신보수주의, 케인스 비판, 정부의 실패론이라는 강한 인상으로만 부각되어 오고 있으나, 정치와 경제에서 민주주의의 확보라는 문제는 평가받을 수 있고, 마르크스 경제학의 사회주의론에 대해서 유력한 도전을 하고 있다. 이것에 대해서 이제까지 마르크스 경제학은 현재 민주주의의 경제 이론으로 보면 거의 유력한 이론 내용을 담고 있지 않다.

경제에 정치성을 탈색하고 본래의 정치와 경제의 관계를 묻지 않는 신고전파에 반대하면서 민주주의를 실현하는 방향으로 사회경제학을 복원하는 일. 또 계급이나 빈곤, 성차별이나 인종차별, 도시·환경·복지 등의 사회문제에 대응하면서 인권을 실현하는 방향으로 새로운 사회경제학을 세우는 일. 이런 의미에서 마르크스의 사회=경제 이론은 지금도 여전히 큰 가능성을 지닌다. 이런 의미를 평가할 수 없는 마르크스 경제학은 새로운 사태에 대해서만이 아니라 비마르크스 경제학으로부터의 이론적·사상적 도전도 감당할 수 없을 것이다.

참고문헌

アグリエッタ, M.『資本主義のレギュラシオン理論—政治経済学の革新(자본주의의 레귤라시옹 이론—정치경제학의 혁신)』(1976, 1997) 若森ほか 역, 增補新版, 大村書店, 2000. [미셸 아글리에타, 『자본주의 조절이론』 성낙선 외 옮김, 한길사, 1994.]

アドルノ, ポパー ほか『社会科学の論理—ドイツ社会学における実証主義論争(사회과학의 논리—독일 사회학에서의 실증주의 논쟁)』(1969) 城塚浜井 역, 河出書房新社, 1979. [아도르노·포퍼 외, 『사회과학의 논리: 실증주의 논쟁』 김종호 옮김, 이문출판사, 1986.]

鰺坂真『現代思想の潮流(현대 사상의 조류)』白石書店, 1985.

鰺坂真·有尾善繁·梅林誠爾『論理学: 思考の方法と科学の方法(논리학: 사고의 방법과 과학의 방법)』世界思想社, 1987.

鰺坂真·有尾善繁·鈴木茂 편『ヘーゲル論理学入門(헤겔 논리학 입문)』有斐閣, 1978. [아지사카 마코토 외, 『헤겔 논리학 입문』 권오걸 옮김, 한마당, 1990.]

アルチュセール, L.『マルクスのために(마르크스를 위하여)』(1965) 河野·田村·西川 역, 平凡社, 1994. [루이 알튀세르, 『마르크스를 위하여』 서관모 옮김, 후마니타스, 2017.]

アルチュセール, L. ほか『資本論を読む(자본론을 읽다)』(1965) 権神戸 역, 合同出版, 1982. / 今村 역, 上·中·下, ちくま学芸文庫版, 1996. [루이 알튀세르, 『자본론을 읽는다』 김진엽 옮김, 두레, 1991.]

有井行夫·長島隆 편『現代認識とヘーゲル＝マルクス(현대 인식과 헤겔=마르크스)』青木書店, 1995.

バーナード, C.『経営者の役割(경영자의 역할)』(1938) 山本·田競·飯野 역, ダイヤモンド社, 1968. [체스터 바너드,『경영자의 역할—경영자는 어떻게 조직의 성패를 결정짓는가?』이정혜 옮김, 이동현 감수, 21세기북스, 2009.]

Bowles, S., R. Edwards, F. Roosevelt, *Understanding Capitalism*, 3rd., 2005, N.Y. [새뮤얼 보울스, 리처드 에드워즈, 프랭크 루스벨트,『자본주의 이해하기』최정규, 최민식, 이강국 옮김, 후마니타스, 2009.]

ブキャナン, J. , G. タロック『公共選択の理論—合意の経済論理(공공 선택 이론—합의의 경제 논리)』(1962) 宇田川璋仁監 역, 東洋経済新報社, 1979. [제임스 M. 뷰캐넌, 고든 털럭,『국민 합의의 분석』, 황수연 옮김, 지만지, 2012.]

コース, R.『企業·市場·法(기업·시장·법)』(1988년) 宮沢ほか 역, 東洋経済新報社, 1992. [로날드 H. 코즈,『기업, 시장, 그리고 법』, 김일태, 이상호 옮김, 전남대학교 출판부, 1998.]

コモンズ, J. R.『集団行動の経済学(집단행동의 경제학)』(1950) 春日井ほか 역, 文雅堂銀行研究社, 1958. [존 R. 커먼스,『집단행동 경제학』, 박상철 옮김, 한국문화사, 2012.]

——『資本主義の法律的基礎 上(자본주의의 법률적 기초 상)』(1924) 新田·中村·志村 역, コロナ社, 1964.

ファイン, B. , L. ハリス『西欧マルクス経済学論争(서구 마르크스 경제학 논쟁)』(1979) 大島雄一監 역, 大月書店, 1981. [B. 파인, L. 해리스,『현대 정치경제학 입문』김수행 옮김, 한울, 1983.]

フリードマン, M.『実証的経済学の方法と展開(실증적 경제학의 방법과 전개)』(1953) 佐藤·長谷川 역, 富士書房, 1977.

ヘーゲル論理学研究会 편「ヘーゲル大論理学 概念論の研究(헤겔 대논리학 개념론 연구)』大月書店, 1991.

平田清明『経済学批判への方法叙説(경제학 비판으로의 방법서설)』岩波書店, 1982.
平野喜一郎『経済学と弁証法(경제학과 변증법)』大月書店, 1978. [히라노 기이치로, 『정치경제학과 변증법』 과학과사상 편집부 옮김, 과학과사상, 1989.]
——『現代思想と経済学(현대 사상과 경제학)』青木書店, 1986.
ホジソン, G.『現代制度派経済学宣言(현대 제도파 경제학 선언)』(1988) 八木ほか 역, 名古屋大学出版会, 1997.
——『進化と経済学(진화와 경제학)』(1993) 西部ほか 역, 東洋経済新報社, 2000.
——『経済学とユートピア(경제학과 유토피아)』(1999) 若森·小池·森岡 역, ミネルヴァ書房, 2004.
ハワード, M. C. , J. E. キング『マルクス経済学の歴史(마르크스 경제학의 역사)』(1989, 1992) 振津純雄 역, ナカニシャ出版, 1998, 1999.
岩佐茂ほか 편『ヘーゲル用語事典(헤겔 용어 사전)』未来社, 1991.
岩崎允胤, 鯵坂真 편『西洋哲学史概説(서양철학사 개설)』有斐閣, 1986.
——『現代哲学概論(현대 철학 개론)』青木書店, 1990.
角田修一『生活様式の経済学(생활양식의 경제학)』青木吾店, 1992.
——「書評: 見田石介著作集 第1巻(서평: 미타 세키스케 저작집 제1권)」『立命館経済学』제26권 제2호. 1977년 6월.
——「抗争的交換と可変資本節約の論理(항쟁적 교환과 가변자본 절약의 논리)」『立命館経済学』제43권 제1호, 1994년 4월.
——「協同社会の経済システム(협동 사회의 경제 시스템)」野村ほか『協同の社会システム(협동의 사회 시스템)』法律文化社, 1994. 수록.
「制度·組織論の生産関係アプローチ(제도·조직론의 생산관계 어프로치)」関西唯物論研究会『唯物論と現代(유물론과 현대)』제18호, 1996년 11월호 수록.
——「アメリカ経済の民主的改革と政治経済学(미국 경제의 민주적 개혁과 정치경제학)」横田茂 편『アメリカ経済論を学ぶ人のために(미국 경제론을 학습하는 사

람을 위해서)』 世界思想社, 1997. 수록.
角田修一·中谷武·平野喜一郎·米田康彦「シンポジウム20世紀の経済学·21世紀の経済学(심포지움: 20세기의 경제학·21세기의 경제학)」『経済』 新日本出版社, 2000년 5월호 수록.
角田修一 편 『社会経済学入門(사회경제학 입문)』 大月書店, 2003.
ケインズ, J. M. 『自由放任の終焉(자유방임의 종언)』(1926), 宮崎·伊東 편 『ケインズ ハロッド(케인스/해로드 서간집)』(世界の名著) 中央公論社, 1977.
『雇用, 利子および貨幣の一般理論(고용, 이자 및 화폐의 일반이론)』(1936) 塩野谷祐一 역 『ケインズ全集(케인스 전집)』 東洋経済新報社版, 제7권, 1983.
経済理論学会 편 『経済理論学会年報(경제이론학회연보) 제33집』 青木書店, 1996.
——— 『経済理論学会年報(경제이론학회연보) 제34집』 青木書店, 1997.
久留間鮫造 편 『マルクス経済学レキシコン·2-3, 方法 I. II(마르크스 경제학 렉시콘 2-3, 방법 I. II)』 大月書店, 1969. [구루마 사메조, 『마르크스 경제학 연구 지침』 김한민 옮김, 솔밭, 1988.]
許萬元 『弁証法の理論(변증법의 이론)』 上·下, 創風社, 1988. / 初出, 青木書店, 1972, 1978.
ルカーチ, G. 『歴史と階級意識(역사와 계급의식)』(1923) 城塚古田 역, 白水社, 1968. [게오르그 루카치, 『역사와 계급의식』 조만영, 박정호 옮김, 지만지, 2015.]
マクレラン, D. 『アフター·マルクス(에프터 마르크스)』(1979) 重田ほか 역, 新評論, 1985. [D. 맥렐런, 『마르크스주의 논쟁사』 안택원 옮김, 인간사랑, 1986.]
見田石介 『見田石介著作集(미타 세키스케 저작집)』 전6권, 大月書店, 1976, 1977.
——— 『価値および生産価格の研究(가치 및 생산가격 연구)』 新日本出版社, 1972.
——— 『ヘーゲル大論理学研究(헤겔 대논리학 연구)』 ①~③, 大月書店, 1979, 1980.
森嶋通夫 『マルクスの経済学(마르크스의 경제학)』(1973) 高須賀義博 역, 東洋経済新報社, 1974. [모리시마 미치오, 『맑스의 경제학』 류동민 옮김, 나남, 2010.]
中川スミ「大野節夫氏による『資本論』批判について(사다오 오노 씨에 의한 『자본

론』 비판에 대해서)」『高田短大紀要』 1993년 3월.
中村哲 編著 『「経済学批判要綱」における歴史と論理(「경제학 비판 요강」에서의 역사와 논리)』 青木書店, 2001.
中村哲 「資本主義的生産に先行する諸形態(자본주의적 생산에 선행하는 형태들)」『マルクス·カテゴリー事典(마르크스·카테고리 사전)』 青木書店, 1998. 수록.
ネグリ, A. 『マルクスを超えるマルクス(마르크스를 넘어선 마르크스)』(1984) 清水·小倉ほか 역, 作品社, 2003. [안토니오 네그리, 『맑스를 넘어선 맑스』 윤수종 옮김, 중원문화, 2012.]
ノース, D. 『制度·制度変化·経済成果(제도·제도 변화·경제 성과)』(1990) 竹下公視 역, 晃洋書房, 1994. [더글러스 C. 노스, 『제도, 제도변화, 경제적 성과』 이병기 옮김, 자유기업센터, 1997.]
置塩信雄 『経済学はいま何を考えているか(경제학은 지금 무엇을 생각하고 있는가?)』 大月書店, 1993.
『経済学と現代の諸問題(경제학과 현대의 과제들)』 大月書店, 2004.
大野節夫 『マルクス経済学のパラダイム(마르크스 경제학의 패러독스)』 大月書店, 1992.
ォルソン, M. 『集合行為論(집합행위론)』(1965) 依田·森脇 역, ミネルヴァ書房, 1983. [멘슈어 올슨, 『집단행동의 논리』 최광, 이성규 옮김, 한국문화사, 2013.]
ポパー, K. 『果てしなき探究—知的自伝(끝없는 탐구—지적 자서전)』(1976) 岩波書店, 1978(同時代ライブラリー版, 1996). [칼 포퍼, 『끝없는 탐구』 박중서 옮김, 갈라파고스, 2008.]
———『歴史主義の貧困(역사주의의 빈곤)』(1957) 久野市井 역, 中央公論社, 1961. [『역사법칙주의의 빈곤』 이한구, 정연교, 이창환 옮김, 철학과현실사, 2016.]
———『推測と反駁(추측과 반박)』(1963) 藤本ほか 역, 法政大学出版局, 1980. [『추측과 논박 1, 2』 이한구 옮김, 민음사, 2001.]
———『開かれた社会とその敵(열린 사회와 그 적)』(1950) 小河原内田 역, 未来社,

1980. [『열린 사회와 그 적들』 이한구, 이명현 옮김, 민음사, 2006.]
ローマー, J. 「これからの社会主義(앞으로의 사회주의)』(1994) 伊藤誠 역, 青木書店, 1997. [존 로머, 『새로운 사회주의의 미래』 고현욱, 강문구 옮김, 한울, 1996.]
――― 『分配的正義の理論(분배적 정의의 이론)』(1996) 木村川本 역, 木鐸社, 2001.
ロスドルスキー, R. 『資本論成立史(자본론 성립사)』1~4(1968), 時永ほか 역, 法政大学出版局, 1973~74. [로만 로스돌스키, 『마르크스의 '자본론'의 형성 1, 2』 양희석, 정성진 옮김, 백의, 2003.]
サイモン, H. A. 『経営行動(경영 행동)』(1945, 1976) 松田高柳·二村 역, ダイヤモンド社, 1989.
進化経済学会 편 『進化経済学とは何か(진화경제학이란 무엇인가?)』 有斐閣, 1998.
塩沢由典 『複雑系経済学入門(복잡계경제학 입문)』 生産性出版, 1997. [시오자와 요시노리, 『왜 복잡계 경제학인가』 임채성 옮김, 푸른길, 1999.]
――― 『複雑さの帰結複雑系経済学試論(복잡함의 귀결 복잡계경제학 시론)』 NTT出版, 1997.
鈴木光男 『新ゲーム理論(신게임이론)』 勁草書房, 1994.
鈴木茂ほか 『知識とは何か(지식이란 무엇인가?)』 青木書店, 1984.
鈴木茂 『鈴木茂論文集(스즈키 시게루 논문집)』 13, 文理閣, 1989.
高増明·松井暁 編 『アナリティカル·マルキシズム(분석 마르크스주의)』 ナカニシャ出版, 1999.
高須賀義博 『マルクス経済学の解体と再生(마르크스 경제학의 해체와 재생)』 御茶の水書房, 증보판, 1988.
――― 「『資本論』の問題点と下降の経済学(『자본론』의 문제점과 하강의 경제학)」 『経済研究』(一橋大学) 제43권 제1호, 1992년 3월.
武市健人 『ヘーゲル論理学の世界(헤겔 논리학의 세계)』 上·中·下. 福村出版, 1947~48. 개정판 1967.
――― 『ヘーゲルとマルクス(헤겔과 마르크스)』 福村出版, 1950.

———『ヘーゲル論理学の体系(헤겔 논리학의 체계)』岩波書店, 1950.
富永健一『現代の社会科学者—現代社会科学における実証主義と理念主義(현대의 사회과학자—현대 사회과학에서 실증주의와 이념주의)』講談社学術文庫版 1993(初出. 1984).
内田弘『「経済学批判要綱」の研究(「경제학 비판 요강」 연구)』新評論, 1982.
———『中期マルクスの研究(중기 마르크스 연구)』有斐閣, 1985. [우치다 히로시, 『마르크스 『요강』과 헤겔의 『논리학』』 김종기 옮김, 문원, 1995.]
宇野弘蔵『資本論五十年(자본론 50년)』上·下. 法政大学出版局, 1970.
ヴェプレン, Th.『企業の理論(기업의 이론)』(1919) 小原敬一 역, 勁草書房, 1965.
ウィリアムソン, O.『市場と企業組織(시장과 기업 조직)』(1972) 浅沼岩崎 역, 日本評論社, 1980.
山田鋭夫『経済学批判の近代像(경제학 비판의 근대상)』有斐閣, 1985.
山田鋭夫·森田桐郎 편『コメンタール「経済学批判要綱」(코멘터리 「경제학 비판 요강」)』上·下. 日本評論社, 1974.
山口正之『社会経済学 なにを再生するか(사회경제학 무엇을 재생하는가?)』青木書店, 1994.
山本広太郎『差異とマルクス— 疎外·物象化·物神性(차이와 마르크스—소외·물상화·물신성)』青木書店, 1985.
山本広太郎ほか絹『経済学史(경제학사)』青木書店, 1995.
吉田浩『ウェーバーとヘーゲル, マルクス(베버와 헤겔, 마르크스)』文理閣, 2005.

저자 후기

필자는 1992년 4월에 『生活様式の経済学(생활양식의 경제학)』을 간행했다. 그 책에서 현대의 생활양식을 비판하고 변혁을 전망하면서, 헤겔의 「생명」론, 마르크스의 「생활과정」론, 「생활수단」의 경제학적 형태 규정을 거쳐서 생활양식 개념과 자본주의적 생활양식의 특징을 밝혔으며, 소비 사회론, 페미니즘, 환경 문제에 대한 비판까지 다루었다.

그 직후부터 1993년 여름까지 1년 동안 필자는 워싱턴D. C에 있는 아메리칸대학에서 국외 연구의 기회를 얻었다. 당시 최신의 논의였던 새뮤얼 보울스의 「抗争交換(Contested Exchange: 항쟁 교환) 이론」을 알게 되었고 그것의 이론적 배경과 주변 이론을 학습하는 것을 통해서 마르크스 경제학을 현대에 계승하는 방법을 사유하는 데에 대단히 많은 도움을 받았다.

귀국 후 1996년부터 1999년까지 4개 학부의 야간 주 코스(전에는 2부) 교학을 총괄하는 업무를 담당하였고, 2000년부터 2004년까지 경제학부장을 역임하게 되었다. 그 때문에 연구 과제를 부득이 한정할 수밖에 없었지만, 마침 1996년 3월부터 2000년까지 교토에서 열리는 『경제학 비판 요강』 연구회에 참가하게 되었고 오사카에서는 헤겔 『대논리학』 강독회에 참가하는 기회를 얻게 되었다. 이를 통해 두 대저를 병행해서 재독하고 검토할 기회를 얻는 혜택을 받게 되었다.

이 책은 이상과 같은 개인적 경위를 통해 헤겔 논리학과 『자본론』의 관계를 『요강』을 소재로 해서 전면적으로 연구한 결과 나온 것이다. 그것은 단순히 고전의 재해석에 그치지 않았고 헤겔=마르크스의 방법론적 관계가 현대 사회과학 및 경제학의 연구에 큰 의미가 있다고 하는 확신으로 이어졌다. 이후에는 이를 토대로 해서 현대 경제학 비판(「마르크스 이후의 마르크스 경제학」을 포함한다.)이라는 더 큰 주제에 몰두하고 싶다는 마음을 갖게 되었다.

『요강』 연구회를 주최했던 나카무라 사토루(中村哲: 쿄토대학 명예교수) 씨와 연구회 참가자들, 헤겔 논리학 연구회의 운영자였던 스즈키 켄(鈴木健: 모모야마가쿠인(桃山學院)대학) 씨, 연구회에서 당초에 강의를 맡았던 아지사카 마코토(鰺坂真: 칸사이대학 명예교수) 씨, 현재 강의를 담당하고 있는 마키노 히로요시(牧野広義: 한난대학) 씨 및 연구회 참가자들, 경제학 방법론 연구회의 히라노 기이치로(平野喜一郎: 미에대학 명예교수) 씨를 비롯하여 모든 분들께, 그리고 사회경제학 연구회에서도 연구 교류를 해 오고 있는 대학 동료들께도 이 자리를 빌려 감사의 말을 전하고 싶다.

본서를 간행하는 데에 있어 오츠키(大月)서점 편집부가 대단히 많은 도움을 주었다. 감사한다. 필자를 헤겔 논리학으로 이끌어주었던 미타 세키스케(見田石介) 선생, 스즈키 시게루(鈴木茂) 씨, 및 학부 학생 시절의 자본론-철학 연구회였던 도시샤(同志社)대학 「수요회」를 추억하면서 이 책을 세상에 내놓는다.

2005년 7월 12일

저자

본서 수록 논문의 초출 일람(발표순)

「マルクスのはじまり―マルクスの政治経済学の理論的可能性について(마르크스의 시작―마르크스 정치경제학의 이론적 가능성에 대해서)」(基礎経済科学研究所『経済科学通信(경제과학통신)』 제77호, 1994년 10월)

「『経済学批判要綱』における資本制生産の総体把握の方法(『경제학 비판 요강』에서 자본제 생산의 총체 파악의 방법)」(阪南大学(한난대학)『阪南論集 人文·自然科学編(한난논집 인문·자연과학편)』 제32권책 4호, 1997년 3월)

「ヘーゲル論理学·有論『質』と『資本』の論理(헤겔 논리학·존재론 『질』과 『자본』의 논리)」(京都大学(쿄토대학)『経済論叢(경제논총)』 제161권책 1호, 1998년 1월)

「経済学はどうなつている?―現代経済学としてのマルクスの可能性(경제학은 어떻게 되고 있는가?―현대경제학으로서의 마르크스의 가능성)」(『経済(케이자이)』 新日本出版社, 1998년 5월호)

「ヘーゲル論理学·本質論『本質』と『資本』の方法―『経済学批判要綱』の方法(헤겔 논리학·본질론 『본질』과 『자본』의 방법―『경제학 비판 요강』의 방법)」(『立命館経済学(리츠메이칸경제학)』 제48권책 5호, 1999년 12월)

「ヘーゲル論理学『現象』『現実性』と『資本』の方法―『経済学批判要綱』の方法(헤겔 논리학·본질론 『현상』 『현실성』과 『자본』의 방법―『경제학 비판 요강』의 방법」(中村哲(나카무라 아키라) 편 『「経済学批判要綱」における歴史と論理(「경제학 비판 요강」에서의 역사와 논리)』 青木書店, 2001년 1월, 제2장 수록)

「経済学の方法におけるヘーゲル主義と実証主義(경제학의 방법에서 헤겔주의와 실증주의)」(基礎経済科学研究所『経済科学通信(경제과학통신)』 제95호, 2001년 4월)

「ヘーゲル論理学·概念論と『資本』の方法(헤겔 논리학·개념론과 『자본』의 방법)」(『立命館経済学(리츠메이칸경제학)』 제51권 제2호, 2002년 6월)

찾아보기

|ㄱ|

|ㅊ|

|ㅌ, ㅍ|

|ㅎ|